PROGRAMA CURUMIM
MEMÓRIAS, COTIDIANO E REPRESENTAÇÕES

SERVIÇO SOCIAL DO COMÉRCIO
Administração Regional no Estado de São Paulo

Presidente do Conselho Regional
Abram Szajman
Diretor Regional
Danilo Santos de Miranda

Conselho Editorial
Ivan Giannini
Joel Naimayer Padula
Luiz Deoclécio Massaro Galina
Sérgio José Battistelli

Edições Sesc São Paulo
Gerente Marcos Lepiscopo
Gerente adjunta Isabel M. M. Alexandre
Coordenação editorial Clívia Ramiro, Cristianne Lameirinha, Francis Manzoni
Produção editorial Ana Cristina Pinho
Coordenação gráfica Katia Verissimo
Produção gráfica Fabio Pinotti
Coordenação de comunicação Bruna Zarnoviec Daniel

Coleção Sesc Memórias
Coordenação Marta Colabone
Colaboração Henrique Barcelos Ferreira, Iã Paulo Ribeiro, Márcio Batista Kawano
Apoio José Olímpio Zangarine

PROGRAMA CURUMIM
MEMÓRIAS, COTIDIANO E REPRESENTAÇÕES

Margareth Brandini Park
Renata Sieiro Fernandes
(org.)

Preparação Luiza Delamare
Revisão Beatriz de Freitas Moreira, José Muniz Jr.
Projeto gráfico de miolo e diagramação Estúdio Kiwi
Capa Mariana Bernd
Foto de capa Marcos Takeda
Fotografias Cristiane Perencin 35, 166, 187, 194; Divulgação 67, 88, 108, 209, 240; Cristina Gomes 139; Isabel D'Elia 49; Mariana Guarnieri 80; Marcos Takeda 116, 118; Márcia Andrulis 119; Nilton Silva 12, 26, 99, 106, 135; Sueli Alves 160

P96457
Programa Curumim: memórias, cotidiano e representações / Organização de Margareth Brandini Park e Renata Sieiro Fernandes. – São Paulo: Edições Sesc São Paulo, 2015. –
316 p. Fotografias, ilustrações.

Bibliografia
ISBN 978-85-7995-178-7

1. Sesc São Paulo. 2.Programa Curumim. 3. Educação não formal. 4. Memória. I. Subtítulo. II. Park, Margareth Brandini. III. Fernandes, Renata Sieiro. IV. Serviço Social do Comércio.

CDD 370.732

© Margareth Brandini Park, Renata Sieiro Fernandes (org.), 2015.
© Edições Sesc São Paulo, 2015.
Todos os direitos reservados

Edições Sesc São Paulo
Rua Cantagalo, 74 – 13º/14º andar
03319-000 São Paulo SP Brasil
Tel.: 55 11 2227-6500
edicoes@edicoes.sescsp.org.br
sescsp.org.br/edicoes
/edicoessescsp

SUMÁRIO

Apresentação, 9
Danilo Santos de Miranda

Introdução, 13
Margareth Brandini Park
Renata Sieiro Fernandes

1. *Curumim: reflexões coletivas sobre um mesmo programa*, 23
Maria Alice Oieno
Henrique Barcelos Ferreira

2. *Educação não formal: um mosaico*, 45
Valéria Aroeira Garcia

3. *A criança, a infância e a sociologia da infância*, 73
Anete Abramowicz

4. *Arte e expressão*, 95
Maria Isabel Leite

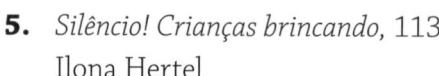

5. *Silêncio! Crianças brincando*, 113
Ilona Hertel

6. *Rodas de conversa: a circularidade dialética e a experiência curumim*, 123
Mara Rita Oriolo

7. *Sustentabilidade e educação ambiental*, 153
Maria de Lourdes Spazziani

8. *A criança e suas relações intergeracionais*, 183
José Carlos Ferrigno

9. *Programa Curumim, mídia e divulgação científica e cultural*, 205
Leila Bonfietti Lima

10. *Representações curumins*, 233
Margareth Brandini Park
Renata Sieiro Fernandes

Sobre os autores, 308
Agradecimentos, 312

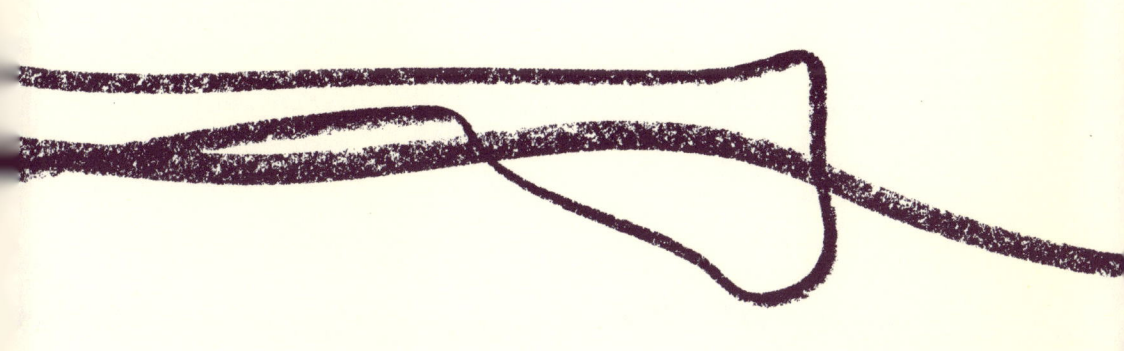

Só lhe falta expor esses belos pensamentos de forma sistemática, mas um escrúpulo o retém: e se daí decorresse um modelo? Assim, prefere manter suas convicções em estado fluido, verificá-las caso a caso e fazer delas a regra implícita do próprio comportamento cotidiano do fazer ou do não fazer, no escolher ou no excluir, no falar ou no calar-se.

Italo Calvino, *Palomar*

APRESENTAÇÃO
AO QUE VEIO E AO QUE VIRÁ

Quando entramos em alguns centros culturais e desportivos do Sesc São Paulo, dependendo da hora, geralmente nos deparamos com uma cena que dificilmente nos escapa à atenção. Dezenas de crianças tomam os espaços e espalham-se ainda uníssonas no vozerio agudo que apregoa uma alegre bagunça. Retornando do doce espanto e entendendo novamente o entorno chacoalhado, vemos um ou dois adultos que as tangem à procura de ordem, por mínima que seja. Elas, sem nenhum constrangimento, abalam o silêncio, não só o do ambiente, mas principalmente o instalado em nós pelo cotidiano repleto de regras a que somos submetidos à medida que amadurecemos.

A cena nos invade como se, de repente, do degelo de um vasto terreno surgissem pequenas flores coloridas e insetos voejando ruidosamente à procura de pólens repletos de vida. O espanto parece estar no encontro inusitado com uma pureza perdida no tempo, que desfila desinteressada pelo mundo adulto, mostrando-nos o que já fomos no limiar de uma liberdade. Tão próxima e, no entanto, inalcançável, a infância – ainda não de todo perdida – pinta, por alguns minutos, um quadro de nossa própria história. Nessas horas, o presente alegre e estridente se faz de passado vivo, joelhos esfolados, casquinhas incansáveis de ferida, atropelos na corrida do lanche, a bola, a trave, o pique ecoam na felicidade da memória.

Nem tudo é harmonioso e tranquilo com todos. Muitos sofrem as mazelas humanas e a infância nem sempre é lugar de uma totalidade magnífica. Mas os olhos das crianças enxergam as cruezas do mundo de modo muito mais íntimo, que vamos tingindo de morais e valores, disfarçando com as palavras rebuscadas do intelecto, perdendo no esfumaçar dos vícios e nas molduras envidraçadas das virtudes que penduramos nos escritórios. Veem o que muitas vezes esquecemos, quando adultos, de continuar olhando. E neste olhar, carregam o deslumbramento do mundo, como se cada movimento ancestral da Terra fosse o primeiro, novo em seu jorro sublime.

Maravilhar-se parece ser uma condição que as crianças abraçam para o entendimento das coisas a seu redor. Há quem diga que os filósofos se mantêm assim, ébrios de um mundo sempre renovado, adorando aprender com os imprevistos que nos são lançados à cara, com o que é inusitado nas repetições das cores pintadas pelas horas. Assim, quando o Sesc implanta um programa de educação não formal para atender crianças de 7 a 12 anos, talvez o faça para suprir deficiências de políticas públicas; talvez para complementar a grade curricular das escolas formais (com seus estatutos e normas) de mais brincadeiras, imaginação, liberdade e arte; talvez para encher de encantos os dias frios e cinza, ensolarados e límpidos, sejam do clima, sejam da alma; ou, muitas vezes, talvez para alimentar uma filosofia mais ingênua e duradoura.

O Programa Sesc Curumim tem uma história de quase 30 anos (foi implantado em 1987). O conceito de educação não formal que carrega busca ser explicitado nesta publicação, que, com felicidade, oferecemos ao público. Sua história, muito mais guardada na oralidade, agora pode ser encontrada não como um fim, mas como a continuidade com a qual poderíamos nos apresentar ao mundo, carregando todas as idades para uma compreensão mais integral da vida, e tendo a alteridade como valor intrínseco ao ser na busca de um convívio mais harmonioso entre iguais e diferentes, entre maiores e menores. Organizado pelas professoras Margareth Brandini Park e Renata Sieiro Fernandes, é um livro para nos fazer refletir e, quiçá, ser referência para aqueles que pretendem mergulhar no vasto universo da educação para crianças.

Com isso, o Sesc compartilha uma experiência com o que entende ser algumas formas de educar. Explicitando seus erros e acertos, os empirismos e as teorias, neste livro de hipóteses e memórias, volta-se a sua vocação primordial – a educação – e a apresenta como forma de manter seu fôlego infantil, pronto para novos deslumbres ante os desafios que a vida incansavelmente nos apresenta.

Danilo Santos de Miranda
Diretor Regional do Sesc São Paulo

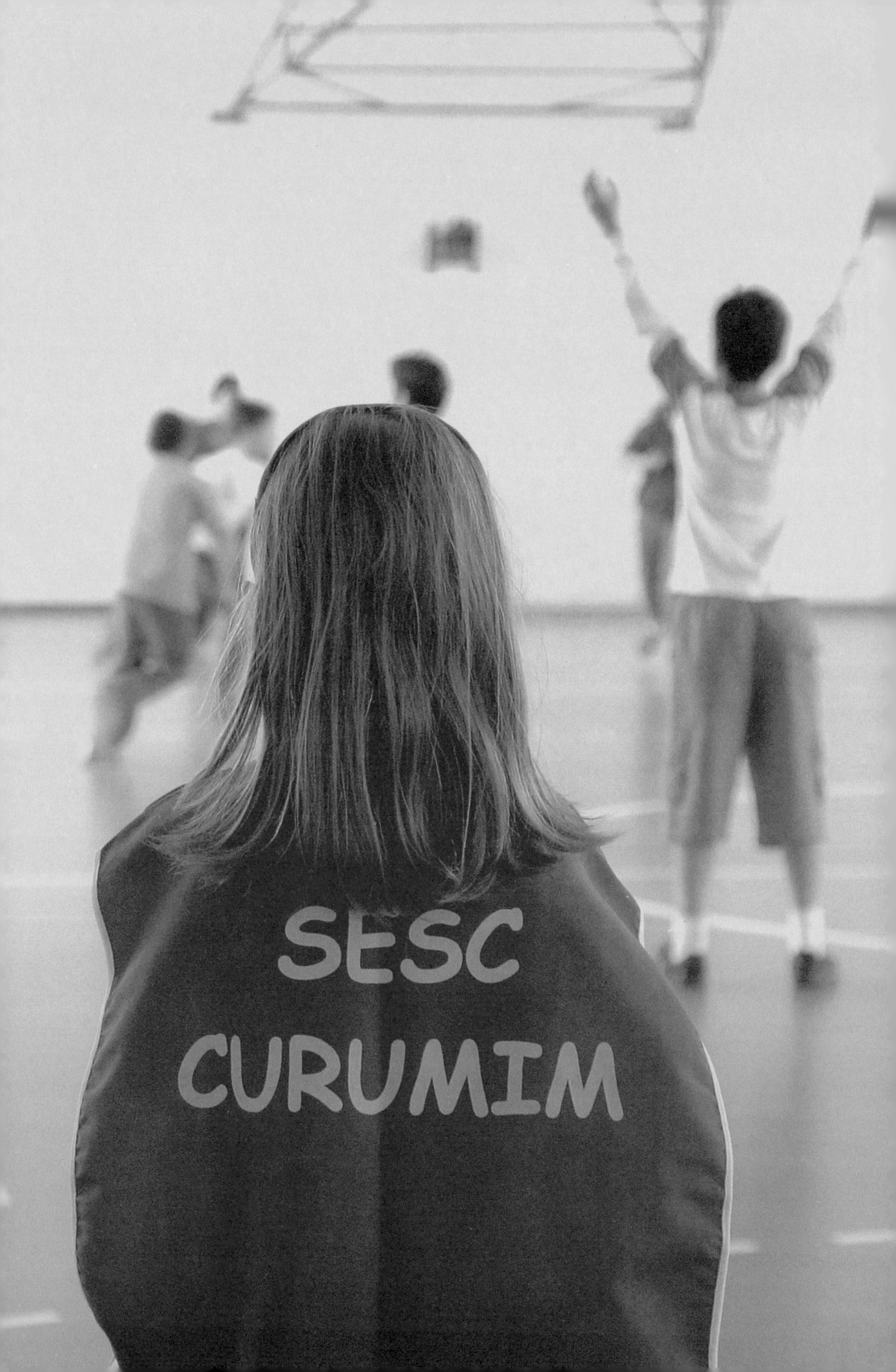
SESC
CURUMIM

INTRODUÇÃO

Há algum tempo desejávamos organizar um material que trouxesse a público as práticas e reflexões que vêm sendo feitas no campo da educação não formal, e o aniversário de 28 anos do Programa Curumim, oferecido pelo Sesc, veio como a oportunidade que buscávamos.

Nossa experiência de estudo e pesquisa sobre o campo educacional e o da memória permite que nos aventuremos a descobrir e tentar delinear, ainda que sem fronteiras demarcadas, algumas pistas para compreender o *ethos* da educação não formal presente nas instituições ou fora delas, no espaço da cidade.

Desde que nos deparamos com o pensamento do espanhol Jaume Trilla, que, ao conceituar a educação não formal, se vale de uma ideia-força, a de cidade educativa ou sociedade educativa, ampliaram-se para nós as possibilidades de pensar a educação, para além dos espaços escolares e institucionais. Dessa forma, unem-se ou interligam-se práticas e ações culturais, esportivas, artísticas, sociais e históricas que acontecem no cotidiano e têm a cidade como espaço privilegiado.

O Sesc, em suas unidades e por meio de instalações de qualidade distribuídas pelo Estado, sempre primou por oferecer o que de mais relevante vem sendo produzido nas áreas de cultura, artes, lazer, saúde e turismo para cidadãos e cidadãs de todas as idades e classes sociais.

O que havia sido pensado pelo Sesc São Paulo na década de 1980, como uma oferta de oportunidades e vivências para o público infantil, baseadas no desenvolvimento de projetos com diferentes formas, aspectos e dimensões e que exploravam possibilidades do fazer sociocultural, a partir de 1987 delineou-se como um programa de formação e desenvolvimento infantil denominado Programa Integrado de Desenvolvimento Infantil (PIDI). Esse programa, desde então, mantém sua "espinha dorsal" apoiada no direito à informação, ao lazer e ao autoconhecimento, e no conhecimento do mundo, respeitando as particularidades e especificidades das crianças de 7 a 12 anos, de forma lúdica e não escolarizada.

Suas áreas de abrangência são a expressão sensível e física, as relações com a natureza, a ciência e a tecnologia, assim como as relações com a sociedade, de acordo com o documento de apresentação do PIDI.

Desse programa surge o Projeto Curumim, que apresenta a concepção da criança como um curumim na cidade. O próprio documento original, de forma datada, tem uma proposta em que consta a referência ao termo tupi como "criança",

> que conota a vida despreocupada e descompromissada para com a comunidade (sic). O curumim denota, na língua portuguesa (brasileira), carinho, afeto de maneira ainda mais sensível do que "criança". É criança duas vezes: na inocência natural dela, à qual se acresce uma ingenuidade da criança que vive o mundo da magia, do sonho, da fantasia que as florestas, os rios, as montanhas significam[...][1].

Esse curumim das matas sai do campo e vem para a cidade, e o Sesc, atento a isso, juntamente com profissionais de diferentes áreas – filosofia, sociologia, educação física, serviço social –, passa por processos de gestação para readequar os modos e as possibilidades de ser e de vir a ser fundamentando-se em princípios freirianos e piagetianos. Os princípios delineados pelo grupo de técnicos foram: "atender crianças

---

1 Serviço Social do Comércio, Administração Regional no Estado de São Paulo, *Diretrizes Sesc Curumim*, São Paulo: Sesc, março de 2008.

que não tinham oportunidade de fazer qualquer outra coisa fora da escola; atender, prioritariamente, filhos de comerciários; não reproduzir a escola e trabalhar com o conceito de criança-cidadã"[2].

Se na década de criação do PIDI a concepção de infância vigente tinha como base o Código do Menor, em 1990, com o Estatuto da Criança e do Adolescente (ECA), a criança passou a ser entendida como pessoa portadora de direitos e em processo de formação.

Dessa forma, o Programa Curumim assumiu um desenho em que o brincar e o lúdico são os lugares de ancoragem. Ele toma como premissas a expressividade infantil, a formação integral e permanente, a ênfase na participação, a construção da autonomia, a integração/inclusão, a experimentação, a convivência/socialização e o "fazer da ação educativa uma ação brincante"[3].

Em geral o cotidiano das ações educativas exige uma quantidade de energia hercúlea e imediata de gestores, educadores e educandos, especialmente quando estes são crianças. Por isso, os registros pontuais e reflexivos, que são a base para a construção das memórias e das histórias e, logo, dos sentidos, dos significados e das importâncias para todos os envolvidos, nem sempre são contemplados de maneira intencional, sistematizada, planejada. É comum ouvir que os educadores gostariam de realizar muitas ideias e projetos no dia a dia e que, nos momentos de avaliação, têm dificuldade de enxergar "todo o feito" ou perceber os fios que orientaram as práticas e as metodologias.

As expectativas dos educadores em relação a seus fazeres dizem respeito a aumentar o número de frequentadores; diagnosticar, avaliar, mensurar e explicitar os resultados do trabalho; transformar o trabalho do Programa Curumim em tecnologia social; e criar instrumentos de sistematização permanente.

Para dar visibilidade às práticas educativas produzidas, organizamos-as para efeitos de análise. Dessa forma, é possível ter um retrato

---

2 *Ibidem*, p. 68.
3 Liliana Souza e Silva, *Qualificação do Relatório de Realizações do Sesc SP – Programa Curumim, Relatório Parcial*, São Paulo: Tauari Consultoria e Pesquisa Ltda., 2010.

do cotidiano, o que permite tecer reflexões variadas e aprofundadas que vão alimentar novas práticas.

Recuperar, retratar, reconstruir as memórias – e, portanto, as histórias – de programas institucionais representa mais que mera tarefa burocrática ou modismo. Trata-se, entre outros aspectos, de se distanciar no tempo e empregar olhos, ouvidos e demais sentidos curiosos e atentos para melhor compreender o que ocorreu e com quais motivações e preocupações, assim como de divulgar os conhecimentos gerados, os impactos produzidos e as modificações que foram incorporadas.

Levar a um público amplo uma apresentação e reflexão sobre o que tem sido feito em termos de educação e diversidade sociocultural é também uma forma de ampliar as possibilidades de entendimento do fazer educacional e de suas provocações e inquietações, especialmente em um momento histórico tão acanhado em relação a insurreições.

Os materiais anteriormente organizados por nós no campo da educação e da memória mostram a necessidade de estudos aprofundados sobre as experiências nacionais, considerando que há carência de reflexões sobre o cotidiano, o que acaba ficando muito calcado na oralidade, apenas com registros pontuais, dispersos e fragmentados. Esse cenário dificulta a socialização das práticas e discussões, tornando necessário, muitas vezes, recorrer a produções internacionais e, consequentemente, isso dificulta a construção e a identificação de um *ethos* próprio do campo da educação não formal nacional.

Neste momento, nossos objetivos são: reconstruir as memórias das unidades do Sesc São Paulo que têm o Programa Curumim em desenvolvimento, localizadas no interior, no litoral, no centro, na periferia e na Grande São Paulo, por meio de narrativas textuais e imagéticas de crianças frequentadoras e ex-frequentadoras, educadores, coordenadores, gestores, idealizadores e familiares; levantar e analisar materiais produzidos entre 1987 e 2012 pelas equipes do Programa Curumim e alocados em suas unidades ou no Sesc

Memórias[4]; produzir textos com discussão teórica calcada nas práticas realizadas; problematizar os conceitos e referenciais educacionais que permeiam a proposta do Programa Curumim; compilar e organizar textos de autores reconhecidos em suas áreas de estudo, pesquisa e atuação, convidados a apresentar reflexões sobre pontos cruciais, que provoquem novos pensares, sem a pretensão de esgotar a multiplicidade de ações que acontece no Programa Curumim; dar visibilidade a um programa de longa duração e que atingiu cerca de 1 milhão de crianças[5] em seu longo percurso histórico.

O texto de abertura, "Curumim: reflexões coletivas sobre um mesmo programa", de autoria de Maria Alice Oieno e Henrique Barcelos Ferreira, apresenta considerações decorrentes de um conjunto de ações coletivas e de reflexões acumuladas pelos educadores envolvidos no Programa Curumim. Além disso, explicita questões conceituais, estruturais e operacionais, ressaltando as características de cada um dos 27 centros culturais e esportivos do Sesc São Paulo onde o programa é desenvolvido. O texto discute a forma como se traduz a relação entre a diversidade e a unidade na prática pedagógica cotidiana, dando ênfase aos aspectos que garantem sua unicidade.

O segundo artigo, "Educação não formal: um mosaico", de Valéria Aroeira Garcia, apresenta a educação não formal como conceito e como área de pesquisa. Para isso, a autora reconstrói o percurso desse campo educacional no Brasil com base teórica nacional e internacional, bem como nas experiências postas em prática por diferentes educadores. Trata-se de uma republicação cuja produção é o resultado da tese de doutorado da autora, realizada na Faculdade de Educação da Unicamp, e que se justifica por se tratar de uma discussão sobre o marco conceitual do campo da educação não formal.

---

4 O Sesc Memórias é responsável por coletar, tratar e guardar a documentação produzida e acumulada pelo Sesc São Paulo, com o compromisso de preservação e divulgação de sua história. Todo trabalho desenvolvido no Sesc Memórias se alicerça no conteúdo do acervo institucional, que se encontra em processo de guarda e organização. [N.E.]

5 Liliana Souza e Silva, *op. cit.*, 2010.

O terceiro artigo, "A criança, a infância e a sociologia da infância", de Anete Abramowicz, nos instiga a pensar, com a ajuda de autores pós-modernos, o devir como categoria conceitual para a infância.

O quarto artigo, "Arte e expressão", de Maria Isabel Leite, problematiza o trabalho com as múltiplas linguagens desenvolvido pelo Programa Curumim, ressaltando a diversidade de manifestações culturais às quais as crianças têm acesso. Seu eixo estruturador baseia-se na necessidade de oferecer propostas de arte-educação em espaços educativos não formais, nunca descoladas de suas dimensões lúdicas. Destaca a riqueza de experiências expressivas que esse tipo de proposta faculta a meninas e meninos, favorecendo a autoria e a autonomia – tanto em seus processos de apropriação quanto em seus processos de produção de conhecimento, princípios básicos da cidadania e do desenvolvimento integral das crianças.

O quinto artigo, "Silêncio! Crianças brincando", de Ilona Hertel, é composto por textos previamente publicados na *Revista E*, do Sesc São Paulo. A autora, funcionária do Sesc desde 2003, discorre sobre as brincadeiras de criança que acontecem em diversas situações; teoriza e conceitua a ludicidade e o brincar; e convida os adultos a não interferirem nas brincadeiras, didatizando-as ou pedagogizando-as. Em seus escritos, a brincadeira e o brincar ganham uma dimensão formativa decisiva para a sensibilidade humana.

O sexto artigo, "Rodas de conversa: a circularidade dialética e a experiência curumim", de Mara Rita Oriolo, profissional do Sesc São Paulo e pesquisadora de sua própria prática, mostra a roda como metodologia privilegiada de trabalho educativo e como objeto de estudo no universo da educação não formal. A roda é parte integrante da história oral e se vale das múltiplas narrativas infantis, ao mesmo tempo que dá voz às crianças e exige a escuta apurada delas.

No sétimo artigo, "Sustentabilidade e educação ambiental", Maria de Lourdes Spazziani, estabelece uma interface entre o Programa Curumim e a educação ambiental como componente essencial e permanente da educação, que deve estar presente em todos os níveis e modalidades do processo educativo formal e não formal. O artigo apresenta uma análise sobre o caráter educativo ambiental presente nos relatos e textos que descrevem as ações permanentes do Programa Curumim, no Sesc Itaquera e no Sesc Bertioga, relacionadas ao tema do meio ambiente. Propõe, ainda, a valorização da diversidade dos grupos humanos e não humanos, para ampliar os espaços de representação e a contemplação dessa multiplicidade.

O oitavo artigo, "A criança e suas relações intergeracionais", de José Carlos Ferrigno, doutor, mestre e psicólogo pela Universidade de São Paulo e funcionário aposentado do Sesc São Paulo, apresenta a longa experiência do autor com os programas intergeracionais da instituição. De modo pioneiro, esses programas oferecem a oportunidade do convívio de diferentes gerações em sua programação cultural, considerando que, sobretudo nas grandes cidades, vem ocorrendo o distanciamento entre as gerações, principalmente em razão das marcas do capitalismo avançado. No Sesc São Paulo, desde a década de 1960, crianças e adultos compartilham atividades de lazer em áreas como música, teatro, literatura, esportes, entre outras, com o objetivo de construir uma sociedade justa e solidária para todas as idades.

O nono artigo, "Programa Curumim, mídia e divulgação científica e cultural", de Leila Bonfietti Lima, problematiza o papel das mídias em geral, inclusive das novas mídias, como suportes de divulgação cultural e científica que podem expandir a produção reflexiva e as ações práticas para um público mais amplo. O artigo tem especial pertinência para discutir a visibilidade das práticas e tecnologias educacionais, dado que a grande mídia impressa e o jornalismo cultural priorizam agendas de entretenimento e abordagens exíguas.

O décimo artigo, "Representações curumins", de Margareth Brandini Park e Renata Sieiro Fernandes, focaliza as representações decorrentes dos depoimentos de gestores, coordenadores, educadores, famílias, crianças e ex-curumins, tomando por base dados e informações produzidos num trabalho de campo especialmente pensado para fins de pesquisa e que conta com registros já existentes nas unidades e no Sesc Memórias. Um dos objetivos do artigo é discutir as terminologias da educação não formal presentes no Programa Curumim.

A cada autor convidado pedimos uma lista sugestiva para aguçar os sentidos e enriquecer os pensamentos e a imaginação, com indicações sobre o que ler, o que ver, o que ouvir. São produções nacionais e internacionais provindas da história de vida de cada um, cada qual com suas significações e pertinências.

O Sesc São Paulo é uma instituição que se pensa e, nos últimos anos, foram organizadas muitas publicações e materiais históricos sobre os inúmeros programas que a instituição abriga. Acreditamos que a compilação de vozes e documentos sonoros, imagéticos e escritos consiga nos aproximar do *ethos* do Programa Curumim e de uma taxonomia da educação não formal.

Salomon[6] postula que há determinadas pesquisas que estimulam e possibilitam a produção de novos conhecimentos. Cremos que o material aqui produzido, sistematizado e cotejado com outras fontes, poderá permitir novos construtos no campo da educação formal e não formal.

Pretendemos que este material não se esgote em si, mas que torne visível e conhecido um recorte de significativa parcela do que tem sido produzido nesse campo. Desejamos que ele seja útil a diferentes e curiosos leitores, tanto a um público específico quanto a um público mais amplo, e que todos possam se debruçar sobre ele a fim de refletir e realizar ações educativas.

Fica aqui nosso convite para que outros trabalhos sejam construídos a partir do que apresentamos aqui e do que há à disposição nos acervos fotográficos, documentais e audiovisuais do Sesc São Paulo.

Margareth Brandini Park
Renata Sieiro Fernandes

---

6 Décio Vieira Salomon, *Como fazer uma monografia*, São Paulo: Martins Fontes, 2001.

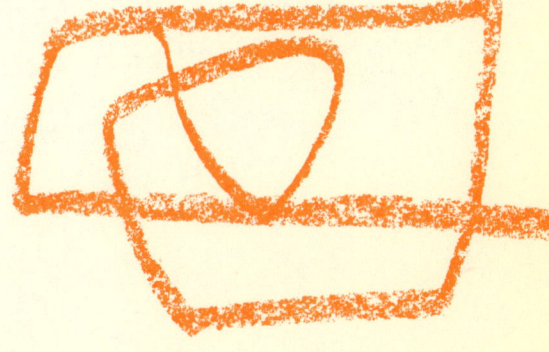

INTRODUÇÃO 21

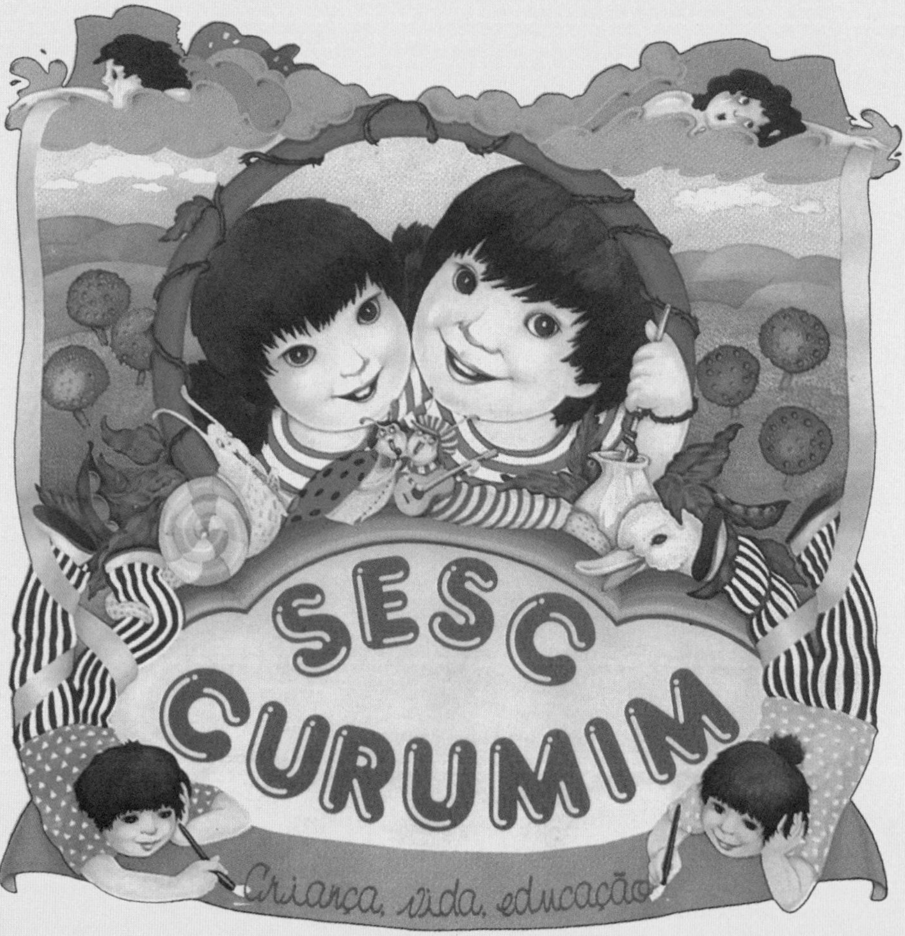

SESC
CRIADO E MANTIDO PELO COMÉRCIO

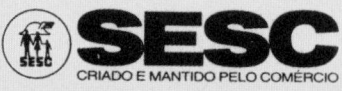

1. CURUMIM: REFLEXÕES COLETIVAS SOBRE UM MESMO PROGRAMA

Maria Alice Oieno
Henrique Barcelos Ferreira

O Curumim é um programa de educação não formal que visa, num ambiente de cooperação e de respeito mútuo, garantir espaços e tempos de brincar, criar e conviver. Seu objetivo é de proporcionar aos participantes a construção e a vivência de um conjunto de valores e de ações lúdicas e integradas, voltadas para a promoção do desenvolvimento integral dos sujeitos envolvidos.

As considerações apresentadas neste texto decorrem de um conjunto de ações coletivas e de reflexões acumuladas por educadores envolvidos no programa. No processo de atualização e explicitação das questões conceituais, estruturais e operacionais, foram consideradas e valorizadas as especificidades de cada um dos 27 centros culturais e esportivos do Sesc São Paulo onde o programa é desenvolvido, tais como: a liberdade em relação aos conteúdos; o cotidiano das ações com as crianças, a composição e a competência das equipes de trabalho; as características espaciais, estruturais e arquitetônicas, que levam em consideração o perfil das crianças, das famílias e da comunidade do entorno.

Por se tratar de um programa desenvolvido para a diversa rede de unidades do Sesc São Paulo, há também a grande preocupação de preservar a identidade do programa, mantendo a unicidade dos objetivos e das diretrizes pedagógicas e metodológicas que orientam suas ações. Este texto pretende contribuir para discutir a forma como se traduz essa relação entre diversidade e unidade na prática pedagógica cotidiana, com ênfase nos aspectos que garantem sua unicidade.

CONTEXTO DE CRIAÇÃO

Novos modelos de organização familiar; aumento da participação das mulheres no mercado de trabalho; dificuldade da criança de se apropriar, de forma efetiva, de espaços sociais públicos como as ruas, tomadas pelos carros e pelo aumento da violência; carência de programas para crianças no âmbito da educação não formal; escassez de propostas e de equipamentos públicos ou privados acolhedores, seguros e significativos para o desenvolvimento integral das crianças – a observação de todas essas circunstâncias levou a presidência do Conselho Regional do Sesc no Estado de São Paulo a determinar que a instituição implantasse um trabalho inovador, direcionado a crianças e adolescentes.

Uma comissão de profissionais do Sesc foi formada[1] com o objetivo de elaborar um documento de referência que evidenciasse as motivações e necessidades da criação de um programa integrado e permanente de desenvolvimento voltado para crianças e adolescentes, de modo a orientar uma proposta de ação programática no campo da educação não formal.

Elaborado em 1986, esse documento traçou parâmetros para o trabalho sistemático com crianças no Sesc São Paulo e apresentou um conjunto de pressupostos para o desenvolvimento do programa, dentre os quais destacamos:

- Reconhecer a criança como um ser que, mesmo em formação, tem uma realidade existencial concreta e peculiar, com uma vida própria que deve ser respeitada em sua singularidade;

---

1 A comissão era formada por: Cilene Swain Canoas, Effre Antônio Rizzo, Erivelto Busto Garcia, Estanislau da Silva Salles, Jubel Raimundo Cardoso, Luis Deoclécio Massaro Galina, Nelson Lourenço e Walter Carmelo Zóccoli. Com assessoria de: Maria Odete Ferreira Machado, Mario Daminelli e Paulo de Salles Oliveira, redação de Erivelto Bustos Garcia e coordenação geral de Jesus Vasquez Pereira.

- Admitir que todos os projetos de formação de cidadania (inclusive os processos básicos de socialização, de educação e de desenvolvimento global do indivíduo), conquanto voltados para o futuro, não podem abstrair os valores do presente, próprios do universo infantil, e com eles têm de estar necessariamente articulados;

- Reconhecer o direito da criança à informação sobre todos os aspectos de sua existência como indivíduo e como ser social, de modo a permitir-lhe o autoconhecimento e o domínio do meio em que vive;

- Assumir a ludicidade como o valor básico de toda ação pedagógica, única forma de preservar na criança sua identidade e sua razão de ser: a vida como brinquedo, que é seu modo de vivenciar e compreender o mundo[2].

O marco inicial das atividades pautadas por esses pressupostos é o dia 2 de agosto de 1987, quando ocorreu o lançamento oficial do Curumim, no Centro de Lazer Sesc Fábrica da Pompeia. O evento contou com uma intensa programação infantil e com a participação de cerca de 6 mil crianças, que puderam vivenciar diversificadas atividades[3].

O programa foi implantado, inicialmente, em seis unidades do Sesc: Pompeia, Carmo, Santos, Campinas, Piracicaba e Bauru. Já nessa ocasião estava clara a necessidade de cada unidade desenvolver projetos que considerassem suas próprias características, tais como o perfil do público, as competências das equipes, os equipamentos, as instalações e os recursos disponíveis.

Muitas das características e diretrizes descritas no Programa Integrado de Desenvolvimento Infantil (PIDI) e sobretudo aquelas ligadas às questões conceituais, ainda hoje são importantes referências para projetos e programas voltados à criança. Contudo, os contextos socioculturais e políticos são outros. A instituição também passou por inúmeras transformações, cresceu e ampliou sua rede, suas parcerias,

---
2 Serviço Social do Comércio, Administração Regional no Estado de São Paulo, *Programa Integrado de Desenvolvimento Infantil – PIDI*, São Paulo: Sesc, 1986, p. 13.
3 Idem, *Sesc Curumim: criança, vida e educação*, São Paulo: Sesc, 1987.

suas reflexões, seu público, seus programas e, sobretudo, sua ação educativa.

Esse novo cenário trouxe outras demandas e questionamentos, que exigiram revisões e reflexões, influenciando na ampliação e a proposição de novos referenciais, diretrizes e formas de mediação.

MUDANÇAS SOCIAIS, DEMANDAS E SIGNIFICADOS

O agravamento de uma série de problemas sociais que afligiram a sociedade na década de 1980 justificou a implantação do Programa Curumim e, hoje, convivemos com novas demandas educacionais que têm elevado potencial de impacto na vida das crianças e reforçam a necessidade da permanência de programas dessa natureza.

Cada vez mais, um número expressivo de crianças tem sua agenda repleta de compromissos voltados apenas para as projeções de seu futuro. Valorizam-se de forma exacerbada ideias como "ser o primeiro da turma" e, muitas vezes, estimula-se a participação e a permanência somente dos que são considerados mais talentosos, habilidosos e disciplinados. É necessário considerar, ainda, os intensos contrastes sociais, determinados especialmente pela desigual distribuição de riquezas e oportunidades. Esses fatos, aliados à significativa redução dos momentos de convivência livre e lúdica entre crianças, levam a comportamentos egoístas e excludentes.

As interações entre as gerações são cada vez mais escassas e superficiais, e, no momento em que essas relações se estabelecem, é o adulto quem, em geral, desempenha o papel de detentor e transmissor do conhecimento, restando à criança o papel de receptora passiva de informações. Essa relação não é igualitária e sim assimétrica, sustentada no poder que o adulto detém. Isso gera uma relação de dependência e torna difícil, para a criança, desenvolver a autonomia e o senso de responsabilidade consigo, com o outro e com o mundo.

Para muitos adultos, a criança continua sendo vista como um objeto vazio que precisa ser preenchido. Nessa perspectiva, a criança dificilmente é entendida como alguém que já é, como um ser humano que tem um espaço próprio de vida, mas apenas como alguém que vai ser.

É necessário romper com essa ideia tradicional e equivocada de que a criança é um ser que tudo tem a aprender para, futuramente, tornar-se alguém. Ao mesmo tempo, precisamos incentivar cada vez mais sua participação e sua autonomia.

O Programa Curumim, desde o início, já considerava a necessidade de superar a negação da criança como ser capaz de refletir, agir, questionar a realidade e seus mecanismos sociais, tirando-a da condição de vítima para dar-lhe a oportunidade de exercitar sua cidadania:

> E não se trata apenas da negação da criança, mas também da negação da sociedade real em que ela vive. Fundada sempre na projeção de futuro, essa perspectiva ignora seus problemas cotidianos e, mais que isso, nega a capacidade da criança compreender, a seu nível, os mecanismos sociais de toda ordem que regem a vida em sociedade. Ela é colocada apenas como vítima desses mecanismos, sem que lhe seja dada a oportunidade de tentar compreendê-los para, assim, poder melhor defender-se e preservar seu espaço. Torna-se uma vítima necessariamente indefesa, não apenas porque ainda lhe faltam condições objetivas para agir sobre seus problemas, mas também porque lhe são negados os meios de compreender-se a si própria e à circunstância. [...] Tornada incapaz, vítima e inde-

fesa pela ação dos adultos, é a própria cidadania que lhe é negada. Não reconhecida hoje, não o será certamente amanhã quando adulta. [...] A criança, entendida sob essas premissas, só pode ser aquela que recebe, assimila e reproduz. Ela é reduzida à condição de simples consumidora de ideias, práticas e bens materiais de um universo que não é o seu. E apesar disso, essas crianças pensam. E respondem quando indagadas, até mesmo com um nível de percepção surpreendente[4].

Há de se destacar que o agravamento de problemas sociais, tais como as condições habitacionais precárias e o constante medo da violência, além da escassez de tempos e espaços para a convivência lúdica, livre, segura e autônoma, são alguns dos fatores que isolam as crianças em casa, muitas vezes sozinhas, com reduzidas possibilidades de brincar, socializar com seus pares, exercitar e aprender a negociar, ceder, ganhar, perder, dividir, construir, compartilhar e resolver problemas de forma coletiva. Esse contexto favorece a vitimização e o excesso de proteção das crianças, privando-as de interações essenciais para seu desenvolvimento integral.

Outro problema é a reduzida prática regular de atividades físicas, associada à alimentação inadequada, que tem impacto direto na vida das crianças. Segundo dados do IBGE[5], uma em cada três crianças brasileiras está acima do peso.

A influência da mídia, especialmente da publicidade infantil, é outro tema preocupante nos dias de hoje, já que dita padrões de comportamento social e interfere no cotidiano da criança em diferentes aspectos:

> Assistindo a uma média de 5 horas por dia de televisão[6], os pequenos são alvo de uma infinidade de peças publicitárias que anunciam desde telefones celulares até produtos de limpeza, passando por produtos ali-

---

4 Idem, *Programa Integrado de Desenvolvimento Infantil - PIDI*, São Paulo: Sesc, 1986, p. 12.
5 Dados indicados em matéria publicada no caderno *Folhinha*, da *Folha de S.Paulo*, 2 fev. 2013. A matéria indica que 34,8% dos meninos e 32% das meninas, entre 5 e 9 anos de idade, estão acima do peso.
6 Segundo o Ibope Media Workstation: "No ano de 2007, o tempo médio de exposição à TV de crianças das classes ABCDE foi de: entre 4 a 11 anos de idade: 4:50:11; entre 12 a 17 anos de idade: 4:53:41".

mentícios e brinquedos. E enquanto descobrem novos produtos e marcas, as crianças também recebem importantes informações sobre os padrões culturais de nossa sociedade, tendo a formação de seus valores bastante influenciada por este tipo de conteúdo (publicidade). [...] Sabe-se que bastam 30 segundos para uma marca influenciar uma criança e que canais com programação direcionada exclusivamente ao público infantil possuem uma média de 9:50 minutos de peças publicitárias por hora[7] [...]. Segundo pesquisa da Interscience, realizada em outubro de 2003, o poder de influência das crianças na hora das compras chega, hoje, a 80% em relação a tudo o que é comprado pela família, desde o automóvel do pai à cor do vestido da mãe, passando inclusive pelo próprio imóvel do casal[8].

Diante desse cenário, o brincar, que traz consigo a convivência e a experiência de uma diversidade de possibilidades de socialização, tem perdido cada vez mais espaço no tempo livre da criança e do adolescente, dando lugar à parceria solitária com a TV. Tal dado torna-se ainda mais preocupante quando analisamos a qualidade da programação[9].

Todos esses fatos atuais influenciam não somente as crianças, mas também as ações, decisões e opções pedagógicas.

OBJETIVOS E CONSIDERAÇÕES METODOLÓGICAS

O Programa Curumim é uma das ações centrais do Sesc São Paulo voltadas para as crianças. Em 2013, atendeu cerca de 4.500 crianças, em 27 de suas unidades operacionais.

As crianças participantes são prioritariamente dependentes de comerciários com perfil socioeconômico predominantemente de baixa renda e moram nas comunidades próximas às unidades do Sesc.

Desde o início de suas atividades, em 1987, o Programa Curumim

---

7 Pesquisa realizada pelo Projeto Criança e Consumo do Instituto Alana, em março de 2009.
8 Tamara Amoroso Gonçalves, "Publicidade dirigida a crianças e a formação de valores". Disponível em: <www.criancaeconsumo.org.br>. Acesso em: 07 maio 2013.
9 Rogério Antonio Furlan Vieira, "Educação não formal e construção de conhecimento: a experiência do Programa Sesc Curumim". Disponível em: <http://www.aliancapelainfancia.org.br/artigos.php?id_artigo=72?>.

busca contribuir para a educação e o desenvolvimento integral das crianças participantes. Para isso, oferece acesso a um conjunto de vivências diversificadas de manifestações culturais, a fim de garantir às crianças o exercício da cidadania.

Um dos principais objetivos do programa é oferecer às crianças participantes oportunidades, espaços e tempo para brincar[10], criar, conviver, se expressar, se movimentar, desenvolver suas potencialidades, além de se sentirem pertencentes e reconhecidas, num ambiente acolhedor, alegre, seguro e cooperativo.

> A grande atividade é a convivência, é o encontro de pessoas que se respeitam mutuamente. A grande atividade é o resgate da identidade pessoal, é ser reconhecido pelo nome, ser recebido num lugar com uma alegre saudação, ser comemorado em seu aniversário. É ter seu universo respeitado (uma mancha verde pode ser uma árvore), mas também ser levado ao conhecimento de outros universos. É o abandono da alienação de si mesmo, conhecendo através do lápis, da tinta, da maquiagem, da bola, do papel, o seu próprio corpo, o seu amiguinho, e o seu espaço, sabendo que conhecer também é transformar[11].

Além disso, o programa tem por objetivo ampliar o conhecimento, o repertório e o universo sociocultural dos participantes, para que possam se expressar, se conhecer e se relacionar por meio de diferentes estímulos e possibilidades. A criança é compreendida não somente como consumidora de cultura, mas também como produtora de cultura. Nessa perspectiva, buscamos propiciar momentos em que as crianças tenham acesso a uma produção cultural diversificada, da qual possam se apropriar, e momentos em que tenham oportunidade de criar e compartilhar seus saberes e produções com os colegas.

Outro importante objetivo é fortalecer a "comunidade educativa",

---

10 É essencial garantir o direito da criança de brincar livremente, considerando o ato de brincar como um fim em si mesmo, de forma a legitimar e valorizar a cultura da criança. Esse valor não está presente somente no Curumim, e sim em todas as atividades desenvolvidas pelo Sesc São Paulo, voltadas para crianças e adolescentes.

11 Serviço Social do Comércio, Administração Regional no Estado de São Paulo, *Sesc Curumim 1987: criança, vida e educação*, São Paulo: 1987.

promovendo reflexões e ações que reforcem a corresponsabilidade na educação de crianças e adolescentes. Pensando nisso, intensificamos as ações com os familiares e com a comunidade por meio de encontros temáticos, conversas informais, palestras, debates, vivências, oficinas e atividades que envolvam as crianças e seus familiares.

Cumpre destacar, ainda, a permanente preocupação em contribuir com o processo de construção de valores, dentre os quais se destacam a autonomia, o respeito pelo próximo, a sustentabilidade, a ética, a inclusão, a justiça, a dignidade, o empoderamento, o respeito à vida e ao diverso, o pertencimento, a promoção da saúde, a cooperação, a generosidade e a solidariedade. Tais valores se tornam possíveis quando as crianças têm a oportunidade de vivenciá-los.

COMO FAZEMOS?

Todas as atividades do programa são gratuitas, integradas a um projeto coletivo desenvolvido por uma equipe de educadores com formações e experiências distintas, que planejam, discutem e constroem juntos com os participantes do programa. Isso possibilita o contato, a exploração, a criação e a vivência de diversificadas manifestações socioculturais, valendo-se de toda a infraestrutura dos centros culturais e esportivos do Sesc e da apropriação e do diálogo com sua programação cultural.

As crianças frequentam o programa de duas a cinco vezes por semana. Essa variação ocorre de acordo com a avaliação do contexto (análise do entorno, possibilidades de acesso a bens culturais, condições socioeconômicas, etc.), em um processo marcado especialmente por uma escuta dos responsáveis sobre o perfil das crianças inscritas.

Para ingressar no Programa Curumim, as crianças devem ter entre 7 e 12 anos completos, considerando a data do primeiro contato com as atividades do programa, e podem permanecer até o fim do ano em que completarem 13 anos.

A relação numérica entre o educador e as crianças inscritas respeita o limite máximo de 1 para 25, a fim de que seja possível reconhecer, legitimar e valorizar o contexto sociocultural de cada uma das crianças, garantindo o acolhimento e a atenção qualificada e, sobretudo, a participação efetiva nas ações, além de potencializar a criação e a manutenção de vínculos socioafetivos.

Além da apropriação de diversos espaços e equipamentos dos centros culturais e esportivos, há nas unidades um local de referência do programa. Ele é utilizado para estudos e reuniões de planejamento dos educadores, o acolhimento de conversas com os responsáveis pelas crianças e o acondicionamento de materiais e trabalhos processuais, muitas vezes não concluídos em um único dia.

A duração das atividades com os participantes do programa varia de três a quatro horas diárias. Os espaços, projetos e tempos de cada uma das propostas variam de acordo com o contexto de cada grupo e com as especificidades de cada unidade do Sesc. Fazem parte do programa os seguintes momentos: rodas de conversa, atividades ligadas aos projetos coletivos, tempo livre, ações de educação e promoção da saúde, lanche ou refeição.

A roda tem um caráter participativo, informativo e deliberativo: é um momento em que todos se percebem como participantes de um mesmo grupo. É o espaço da construção coletiva das regras de convivência e tomada de decisões, definição de resoluções, atenuação de conflitos, elaboração conjunta da programação e encaminhamentos das ações. A roda facilita o exercício do argumentar, do falar, da escuta do outro, do participar, contribuindo para o desenvolvimento da linguagem oral e da negociação, com o intuito de despertar nas crianças o respeito às diferenças. A roda favorece, ainda, o sentimento de pertencimento e uma maior horizontalidade nas relações. Reforçando essa ideia, Adilson Lopes, *et al.*[12] apontam as rodas de conversa como espaços privilegiados de partilha e confronto de opiniões, em que a liberdade da fala e da expressão proporciona ao grupo, e a cada

---

[12] Adilson Lopes; Zelma Castelan, Vera Pestana, "A roda de conversa e a democratização da fala – Conversando sobre educação de infância e dialogicidade". Disponível em: <http://www.ipfp.pt/cdrom/C%EDrculos%20de%20Discuss%E3o%20Tem%E1tica/02.%20Inf%E2ncia/alopeszcastelanvpestana.pdf>. Acesso em: 24 jul. 2014.

indivíduo em particular, a compreensão de seus próprios conflitos. A criança é desafiada a participar do processo, tendo o direito de usar a fala para expressar suas ideias, emitir suas opiniões, pronunciar sua forma de ver o mundo. Justifica-se por possibilitar o exercício da responsabilidade individual e coletiva, o estabelecimento de metas e normas, a avaliação do cotidiano, a administração de problemas e conflitos, a tomada de decisões coletivas e a prática da democracia. A roda, reforça Eduardo C. Souza[13], contribui para uma postura participativa de seus integrantes, uma vez que, nessa disposição, os indivíduos fazem parte de uma coletividade em que todos estão no mesmo nível de evidência e todos os atos individuais ganham relevância para o grupo.

No Programa Curumim, os participantes desenvolvem projetos temáticos mediados por ações em diversas áreas. As atividades programadas compreendem a construção, a vivência, a experimentação de atividades múltiplas, que se abrangem uma pluralidade de manifestações culturais: atividades de educação socioambiental, brincadeiras, teatro, dança, literatura, música, esporte, cinema, jogos, artes visuais, *internet*, culinária, rádio, blogue, TV, jornal, circo, contação de histórias, festas e passeios diversos. Nas atividades programadas, geralmente as crianças são divididas em grupos, para que participem de forma mais efetiva das propostas e dos projetos coletivos – que, muitas vezes, partem de sugestões das próprias crianças. Tal divisão se dá ora pela escolha da atividade pelas crianças, ora por um sistema de rodízio, de forma que todas tenham a possibilidade de experienciar as propostas organizadas e, assim, ampliar seu universo sociocultural.

Outro momento muito característico no cotidiano do programa é o "tempo livre", também denominado "horário livre", ou "livre brincar". O propósito é garantir a oportunidade para a livre manifestação das crianças, em espaços onde possam decidir livremente o que fazer. A

---

[13] Eduardo Conegundes Souza, *Roda de samba: espaço da memória. Educação não formal e sociabilidade*, Dissertação (Mestrado), Faculdade de Educação, Universidade Estadual de Campinas (Unicamp), Campinas, SP, 2007.

brincadeira e a convivência espontânea, sem a mediação direta do educador, é uma oportunidade preciosa para que as crianças autorregulem suas ações, exercitem a tomada de decisão e socializem por meio de suas próprias brincadeiras e criações. Disso decorre a importância de garantir esses momentos diários, para que as crianças e adolescentes estejam livres para decidir o que fazer e para organizar sua ocupação com a mínima interferência dos educadores.

O programa também busca estimular a reflexão e as ações de promoção da saúde, tais como a conscientização e adoção de hábitos de higiene, com destaque para a higiene bucal. Juntamente com os dentistas, os instrutores têm uma atuação essencial nesse processo. Todos os dias, antes das refeições, as crianças são estimuladas a lavar as mãos e, após as refeições, a fazer a higiene bucal. Algumas vezes, a escovação é acompanhada por dentistas que orientam individualmente cada criança, sempre na perspectiva de contribuir para o processo de construção da prática autônoma. Vale mencionar que todas as crianças recebem, no início de cada semestre, um "kit escovação" para facilitar esse procedimento.

O lanche ou refeição é oferecido a todas as crianças inscritas no programa. O momento é compreendido não apenas como uma oferta de alimentação saudável e balanceada, mas também como uma prática educativa, na qual são trabalhados conteúdos de educação nutricional, cultura e segurança alimentar. Essas ações são realizadas em parceria com as nutricionistas de cada equipe de alimentação e também da coordenação de saúde e alimentação do Sesc São Paulo.

Cabe ressaltar que esse cotidiano é flexível e que as crianças e adolescentes participam também de atividades eventuais e de programações especiais, como festivais artísticos e esportivos, gincanas, excursões, feiras, espetáculos multilinguagens, visitas a centros culturais, projetos de férias, atividades de turismo, entre outras. Na medida do possível, tais atividades relacionam-se aos temas dos projetos coletivos desenvolvidos com as crianças e/ou aos demais projetos desenvolvidos no Sesc, exercendo uma contribuição significativa para a ampliação da visão de mundo dos participantes.

A premissa do programa é que as atividades sejam realizadas de maneira lúdica, dinâmica e cooperativa, valorizando a livre expressão das crianças e as experiências de participação e cidadania.

PRINCÍPIOS E PROCEDIMENTOS

Um princípio defendido desde o início do programa é o de respeitar a necessidade intrínseca da criança de engajar-se em jogos, brincadeiras e desafios. Assim, todas as práticas devem conter o máximo possível de ludicidade.

Conforme Hertel[14], a brincadeira não é uma perda de tempo, e seria um equívoco compreendê-la como uma atividade insignificante na vida das crianças.

> Ela é, fundamentalmente, a forma pela qual conhecem o mundo. É o mecanismo que possibilita às crianças a criação no mundo. [...] Ao brincar não é necessária a vinculação com uma necessidade. A liberdade de criar e se relacionar com os objetivos e situações de seu próprio

---

14 Ilona Hertel, "Educação: é brincadeira!", *Revista E*, São Paulo: Sesc, 2008, p. 74. O referido artigo também pode ser encontrado neste livro, nas páginas 118 a 120.

repertório possibilita o desenvolvimento de um pensamento autônomo, criativo e reflexivo, aspectos estes essenciais para elaboração de teorias. [...] O brincante experimenta, cria, fantasia, toma contato com o belo, com a estética[15].

A diversificação é outro princípio fundamental do programa, porque, além de balizar toda ação pedagógica, é um valor, uma marca que caracteriza o Programa Curumim. Diversificar as formas de organização e ação grupal[16]; diversificar as possibilidades de expressão e criação; diversificar as formas de convivência e contato com as diferenças; diversificar a utilização de espaços; diversificar as responsabilidades; diversificar as experimentações, vivências e propostas.

Dessa forma, o programa não está apenas aumentando a variedade da programação, mas também, e principalmente, redefinindo a noção de cultura, aqui entendida não apenas como aquilo que o passado nos legou ou as contribuições da produção letrada e científica. As relações face a face, as atividades do corpo, as atividades manuais, as práticas de turismo, as atividades de sensibilização e criação artísticas nas mais diferentes linguagens, o uso da tecnologia, a produção e as relações com os meios de comunicação (TV, revistas, cinema, rádio, livros etc.), o contato com a natureza e com os animais, bem como outras manifestações culturais, que envolvem linguagens e formas de expressão que merecem ser conhecidas e exploradas[17].

A livre participação e a possibilidade de escolha também são princípios do programa. Um pressuposto adotado é o de que a criança não é obrigada a participar de nenhuma atividade na qual não se sinta bem. Ela sempre deverá ter a possibilidade de escolher, mesmo que sua opção seja não participar – o que não significa que ela poderá fazer

---

15 *Ibidem*.
16 Para que se estabeleçam relações sociais que facilitem o processo de socialização e, ao mesmo tempo, favoreçam o próprio desenvolvimento de práticas autônomas, a renucleação de pequenos grupos (por interesses e afinidades, faixas etárias, experiências anteriores, etc.) deve se incorporar como componente importante da ação pedagógica em todos os momentos, assim como o intercâmbio, a convivência e a produção conjunta entre gerações. Serviço Social do comércio. Administração Regional no Estado de São Paulo, *Programa Integrado de Desenvolvimento Infantil – PIDI*, São Paulo: Sesc, 1986.
17 *Ibidem*.

o que quiser. O respeito aos "combinados" elaborados pelo grupo é essencial para a harmonia coletiva, a construção do senso de cidadania e a segurança dos participantes, entendida também como um princípio. Para qualquer ação é necessário avaliar, organizar, propor mecanismos que não ponham em risco a integridade da criança, assim como pensar propostas e situações que ajudem a criança no aprendizado do gerenciamento de riscos.

No Programa Curumim, a discussão e a construção das regras de convivência envolvem a participação das crianças. Esses são os chamados "combinados". Tal procedimento contribui para que as crianças se tornem capazes de resolver conflitos coletivamente, pautadas pelo respeito aos princípios discutidos pelo grupo. Somente participando da elaboração das regras elas terão condições de se apropriar dos princípios que as fundamentam. Para que uma proposta pautada em "combinados" tenha sentido, La Taille[18] sugere observar três aspectos. O primeiro é que os princípios inspiradores orientem o acordo e sejam explicitamente apresentados, que não fiquem apenas implícitos para o grupo. O segundo ponto relevante é evitar que os "combinados" se deem por votação, priorizando o consenso. Embora mais trabalhoso, esse processo é bem mais rico, porque desenvolve a prática do diálogo, da escuta e da argumentação. O terceiro ponto indica que o educador não pode abrir mão do papel de mediador, simplesmente atribuindo ao grupo as responsabilidades pelas consequências que o combinado pode gerar.

A criança não participa somente da construção das regras. Garantir a participação efetiva e a autonomia são princípios que acompanham todo o processo pedagógico. Compreendidos no contexto da própria finalidade do programa, a autonomia e a participação devem constituir elementos básicos, que orientem toda ação, decisão e intervenção, sem excluir as responsabilidades do educador.

A fim de garantir a participação efetiva das crianças, nos ancoramos no princípio da acessibilidade. Para isso, as propostas construídas e os

---

18 Yves de La Taille, "Nossos alunos precisam de princípios, e não só de regras", *Revista Nova Escola*, Fala mestre!, São Paulo: 2008, jun./jul., pp. 26-30.

desafios apresentados devem ser significativos e condizentes com o perfil do grupo e da comunidade, adequados às possibilidades de cada um dos participantes.

O planejamento, o registro e a avaliação são procedimentos pedagógicos imprescindíveis. O planejamento compreende tanto a previsão das atividades – que serão organizadas e coordenadas em função dos objetivos propostos – quanto a sua revisão e adequação no decorrer do processo pedagógico. É considerado um pressuposto para programar as ações educativas e um momento de pesquisa e reflexão intimamente ligado à avaliação[19]. Desenvolver estratégias dialógicas para a construção participativa das ações educativas e valorizar a cultura local são aspectos que balizam o planejamento.

A avaliação também é parte integrante do processo pedagógico, seja para verificar a consonância das ações desenvolvidas com os objetivos propostos, dar um retorno aos participantes e readequar o planejamento, seja para otimizar as trocas e contribuir para a análise e autocrítica dos educadores. Para isso, é fundamental desenvolver e trabalhar com indicadores de avaliação e adotar estratégias permanentes de registro do processo educativo, que deve envolver o olhar e a escuta dos educadores, das crianças e de seus responsáveis.

Compete aos educadores criar as condições favoráveis para que o grupo possa agir com autonomia. Se a criança conviver num ambiente cooperativo e, portanto, democrático, que solicite trocas sociais por reciprocidade, onde seja respeitada pelo adulto e participe ativamente dos processos de tomada de decisões, ela tenderá a desenvolver a autonomia moral e intelectual e, consequentemente, poderá atingir níveis de moralidade mais autônomos[20]. Não adianta falar das belas virtudes da justiça e da generosidade e ter um ambiente de desrespeito e indiferença; é preciso manter a coerência[21]. Por essas razões é que se defende também, como procedimento, a necessidade de fomentar um ambiente cooperativo e facilitador de relações interpessoais.

---

19 José Carlos Libâneo, *Didática*, São Paulo: Cortez, 1994.
20 Ulisses Ferreira Araújo, "O ambiente escolar e o desenvolvimento do juízo moral infantil", em: Lino Macedo (org.), *Cinco estudos de educação moral*, São Paulo: Casa do Psicólogo, 1996, pp. 105-36.
21 Yves de La Taille, *op. cit.*

CONSIDERAÇÕES FINAIS

Ainda que as demandas educativas apresentadas em nossa sociedade sejam de caráter dinâmico e desafiador, nem sempre compatível com a realidade institucional, consideramos que o Programa Curumim tem alcançado muitos dos objetivos propostos, contribuindo para o bem-estar e o desenvolvimento integral das crianças.

Ao garantir espaços e tempos de brincar, contato e respeito à diversidade, e ações pedagógicas pautadas em valores e princípios que contribuem para a superação de diferentes tipos de desigualdades, o programa potencializa a aprendizagem das crianças e a transformação de seus contextos, que se estende também aos adultos.

O Curumim é um programa em que a criança é acolhida e chamada a acolher as outras crianças; é um lugar onde ela é escutada, percebida, e onde exercita cotidianamente a escuta qualificada do outro; um lugar onde ela vivencia inúmeras situações para o aprendizado de resolução de conflitos, e é convidada a pensar em como auxiliar na resolução de conflitos coletivos; é um programa que estimula e permite a expressão da individualidade, possibilitando que a criança fale livremente de seus sentimentos. Nas interações, preza-se o respeito às características pessoais das crianças, suas subjetividades e especificidades. A partir de situações instigantes cria-se um ambiente que propicia a reflexão e o exercício do respeito à expressão do outro, permitindo conhecer, reconhecer e respeitar o diverso, vivenciar o cuidado consigo, aprender a valorizar a própria vida e a respeitar e valorizar a vida do outro.

O Programa Curumim é um lugar que garante à criança um de seus principais direitos: o de brincar e o de ser ela mesma, ou seja, o direito de ser criança. As brincadeiras geram múltiplas situações, nas quais estão presentes questões como ética, criação, desenvolvimento de habilidades e convivência. Tais situações, que se transferem para o dia a dia das crianças e se transformam em competências, são condições fundamentais para a ampliação do repertório delas e de seus familiares, uma vez que todas as pessoas são seres capazes de refletir, agir e questionar a realidade para o exercício da cidadania.

Dessa forma, para além de uma idealização teórica sobre educação e princípios, o programa preconiza a ideia de que, mais do que compreender e afirmar valores como autonomia, solidariedade, respeito mútuo, ética, justiça e dialogicidade, é preciso vivenciá-los para reconhecê-los, percebê-los, questioná-los e descobrir que são possíveis.

Consideramos essencial, em qualquer processo educativo, que as crianças possam experienciar múltiplas possibilidades, aliadas a uma educação para o pensamento crítico, para que possam fazer suas escolhas e trilhar seus caminhos de forma mais plena, segura e enriquecedora. Negociar, conviver, experimentar, decidir, criar, expressar, argumentar, perceber, estimular, resolver conflitos – os conteúdos e estratégias do programa facilitam o exercício dessas práticas.

Os educadores exercem um papel fundamental nessa proposta, pois são os responsáveis pela criação de situações diversas, que vão permitir essa experimentação cotidiana e por mediarem as relações de modo a potencializar a autonomia dos sujeitos envolvidos e manter um ambiente acolhedor, solidário, seguro, respeitoso, alegre, dialógico.

A proposta educativa almeja compor com as crianças projetos coletivos, sem apresentar receitas, fórmulas, respostas prontas. Trabalha-se na perspectiva de que o educador, além de participar do processo de educação pelo exemplo, é aquele que semeia questionamentos, suscita problemas, aponta alternativas, aguça a curiosidade, faz mediações. Diante disso, a sensibilidade do educador para perceber e acolher as singularidades, sua postura, sua capacidade de intervenção e mediação, sua vivência cultural e a coerência de suas ações são fundamentais para estimular a ação e a interação das crianças e adolescentes. Sem se tornar o centralizador desse processo, ele estabelece uma relação horizontal com a criança e contribui para o desenvolvimento de sua autonomia. Os diferentes saberes podem ser contemplados sem que se estabeleçam relações de poder, de acordo com nível hierárquico ou posição social. Nesse sentido, o educador é um integrante do grupo que se expressa, não inibe a expressão dos outros, e sabe fazer emergir o potencial de criatividade, interação e reflexão das crianças[22].

---
22 V. V. S. Filho "Na escola do futuro só vai ter recreio", 2000. Texto fornecido pelo autor.

Para o desenvolvimento de todo esse processo conta-se com uma equipe de instrutores e coordenadores e com o envolvimento de todos os funcionários do Sesc, que, direta ou indiretamente, são também responsáveis por acolher as crianças frequentadoras, manter um olhar sensível às suas presenças e demandas, e intervir e mediar, sempre que necessário nas situações vividas por elas.

A relação com as famílias ou responsáveis, no contexto do programa, ganha importância fundamental. Se elas se sentem acolhidas e integrantes do processo, o grau de participação pode ser sempre melhorado. Com a perspectiva de difundir o conceito de "comunidade educativa", torna-se essencial trocar experiências e ampliar o escopo de reflexões com os familiares e responsáveis a respeito da ação educativa. Essa ação inevitavelmente trará benefícios para as crianças e para a sociedade.

Parte da legitimidade do Programa Curumim tem a ver com seu elevado potencial de impacto na vida das pessoas, contribuindo para o processo educativo de todos os envolvidos. Estamos convencidos de que os caminhos podem e devem sempre ser melhorados e que, quanto maior a participação das pessoas, a partir de seus diferentes olhares, melhores serão as ações desenvolvidas. Esse conjunto de reflexões faz parte de um processo permanente e se propõe, desde já, a facilitar o diálogo com outras experiências educativas, contribuindo com as ações de educadores e gestores de outras instituições. Busca, também, provocar internamente os diferentes olhares sobre o programa, tendo em vista, cada vez mais, desenvolver ações que contribuam para uma educação que se propõe libertadora.

REFERÊNCIAS COMPLEMENTARES

O QUE LER

Maria F. de A. Bastos. *O Programa Integrado de Desenvolvimento Infantil – PIDI do Serviço Social do Comércio (Sesc-SP) uma reflexão pedagógica*, 2001, 78 f. Dissertação (Mestrado), Centro Universitário Salesiano - Unisal. São Paulo: 2001.

Regiane C. Galante. *Educação pelo lazer: a perspectiva do Programa Curumim do Sesc Araraquara*, 2006. Dissertação (Mestrado), Centro de Educação e Ciências Humanas da Universidade Federal de São Carlos. São Carlos: 2006.

Serviço Social do Comércio - Administração Regional no Estado de São Paulo. *O Sesc e a criança*. São Paulo: s/d.

_____. *Diretrizes Sesc Curumim*. São Paulo: 1986 e 2008.

Rogério Antonio F. Vieira. "Educação não formal e construção de conhecimento: a experiência do Programa Sesc Curumim". Disponível em: <http://www.aliancapelainfancia.org.br/artigos.php?id_artigo=72>.

O QUE VER

Criança, a alma do negócio. Direção: Estela Renner. São Paulo: Maria Farinha Produções, 2008. 50 min. Son, Color.

Crianças invisíveis. Direção: Ridley Scott et al. França/Itália: Maria Grazia Cucinotta, Chiara Tilesi, StefanoVeneruso e Rai Cinema, 2005. 116 min. Son, Color.

Encontrando Forrester. Direção: Gus Van Sant. Estados Unidos: Columbia Pictures Corporation, Fountainbridge Films, Laurence Mark Productions, 2000. 136 min. Son, Color.

O clube do imperador. Direção: Michael Hoffman. EUA: Beacon Communications, Fine Line Features, Horsepower Films, LivePlanet, Longfellow Pictures, Sidney Kimmel Entertainment, 2002. 108 min. Son, Color.

Muito além do peso. Direção: Estela Renner. São Paulo: Maria Farinha Produções, 2012. 84 min. Son, Color.

SITES
Alana
www.alana.org.br

Aliança pela infância
www.aliancapelainfancia.org.br

CPCD – Centro Popular de Cultura e Conhecimento
www.cpcd.org.br

Sesc – Serviço Social do Comércio
www.sescsp.org.br

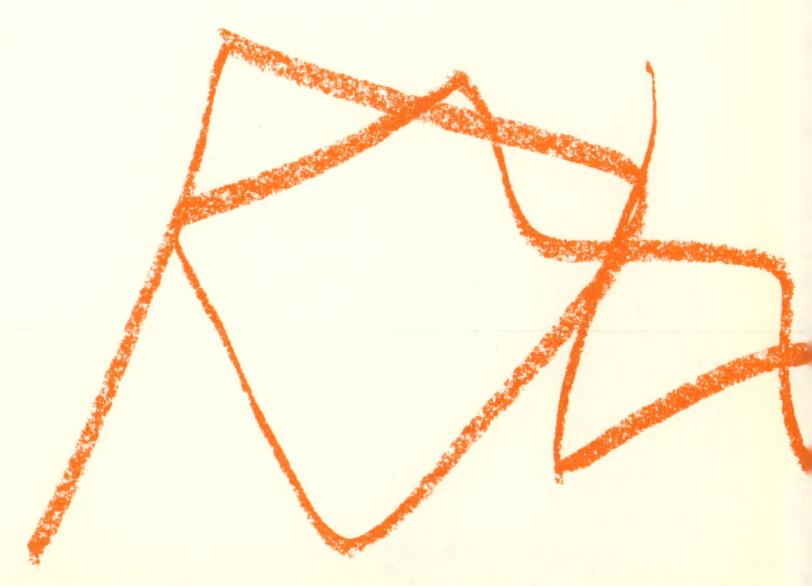

Kelly Cristina Alves da Silva
Sesc Santo André
"O Sesc, porque sem ele eu ia ficar todo dia sozinha em casa."

2. EDUCAÇÃO NÃO FORMAL: UM MOSAICO

Valéria Aroeira Garcia

Este texto[1] se propõe a mostrar, em linhas gerais, a trajetória da educação não formal no Brasil. Aborda as atuações práticas que podem ser consideradas, atualmente, pertencentes ao campo do não formal, quanto ao acontecimento desse tipo de educação, entendido como conceito a partir do nascimento de uma área de pesquisa e de um campo teórico.

É possível traçar o caminho percorrido pela educação não formal na constituição de um campo a partir de ações práticas que já aconteciam antes do estabelecimento de uma nomenclatura específica e do estudo do que vem sendo compreendido como educação não formal em outros países, uma vez que essa terminologia foi cunhada fora do Brasil, e de sua utilização por estudiosos brasileiros. Por um lado, a educação não formal se constitui conceitualmente em oposição à educação formal, em um momento que se considera de crise da educação escolar. Por outro lado, sua trajetória prática nos mostra que, na constituição desse campo de atuação no Brasil, ela deriva diferentes ações e áreas do conhecimento e transita por elas. Isso inclui as áreas histórica e ideologicamente mais comprometidas com as questões da transformação social, mas também aquelas que reforçam a manutenção da

---

[1] Agradecimento especial à Editora Setembro pela autorização de republicação deste texto, originalmente publicado em Margareth Brandini Park; Renata Sieiro Fernandes; Amarildo Carnicel (org.), *Palavras-chave em educação não formal*. Holambra: Editora Setembro, 2007. Coedição do centro de memória – Unicamp.

ordem social vigente. Essa constatação é importante por mostrar que não é a educação não formal em si que garante ações menos ou mais transformadoras.

A educação não formal no Brasil se constitui em diálogo com ações de filantropia, assistência social, educação popular, movimentos sociais e culturais, atividades recreativas, arte-educação, educação para o trabalho, ações voltadas para a recreação e a utilização do tempo livre e, mais recentemente, com características próprias, ações vinculadas ao "terceiro setor" e ao voluntariado, filantropia empresarial e educação social. Eesse emaranhado de ações se misturam tanto na prática como em suas identidades, concepções e ideologias.

Neste artigo, algumas dessas influências serão detalhadas de modo a evidenciar a constituição da educação não formal como campo do conhecimento, a partir de diferentes práticas e em intersecção com elas, e de preocupações que perpassam seu surgimento.

É possível identificar algumas áreas como fundamentais para o nascimento da educação não formal no país. Trata-se de práticas e concepções que se entrelaçam, se misturam e, em outros momentos, se contradizem. São ações que estão se consolidando como maneiras de pensar, fazer e olhar para a educação no Brasil. Do entrelaçamento dessas ações e da reflexão sobre elas, é possível observar o nascimento do campo da educação não formal, que não é isolado e não está só no processo de construção de sua estrutura.

Afinal, mais do que interlocutores, esses outros campos e áreas formam a base para a constituição da educação não formal. Nesse movimento de construir sua identidade, a educação não formal se vê portando características de outras áreas, aspectos que não são somente seus. Ao mesmo tempo que se constitui a partir deles, nega e critica vários aspectos que não lhe cabem, apesar de estarem presentes nos campos que lhe dão base.

A intenção, aqui, é apresentar a abrangência da área da educação não formal, compreendida como um segmento do campo educacional, mas com características e propriedades que lhe são particulares.

EDUCAÇÃO NÃO FORMAL NO BRASIL

No Brasil, até bem pouco tempo, a área da educação não formal quase não era considerada um campo específico dentro do contexto educacional. Essa realidade fez com que se tornasse necessário recorrer à bibliografia internacional para melhor compreender a área, analisá-la e perceber semelhanças e diferenças entre o que vinha sendo denominado educação não formal no país e o que costuma ser reconhecido teoricamente por esse termo.

O uso do termo "educação não formal" para designar ações do campo educacional começou a ser frequente no Brasil, a partir da década de 1980 – primeiro, de uma forma muito sutil e discreta e, a partir de meados da década de 1990, já de maneira bastante intensa. Considerando-se as pesquisas e estudos no campo da educação não formal, é possível considerá-lo uma nova área em formação. Dessa forma, ela não possui um referencial teórico específico, e as contribuições vêm de outras especialidades da educação e de outras áreas do conhecimento. Atualmente, a discussão sobre educação não formal no Brasil vem ocupando muitos e diferentes espaços: mídia, discussões acadêmicas, sociedade civil, projetos de educação e de assistência, ONGs, OSCIPs, propostas do poder público e fundações vinculadas a empresas.

A partir do momento em que vários setores elegem uma área para ser comentada, estudada, divulgada, ela começa a fazer parte do imaginário social de uma maneira diferente, tornando-se ponto importante de discussão nas pautas contemporâneas. É interessante apontar, nesse momento, a constituição como campo de estudo, análise e pesquisa e, portanto, a criação do conceito e a legitimação como área do conhecimento.

Como o próprio nome aponta, essa especialidade da educação considera as relações educacionais como eixo e mediadoras das propostas de mudança social que se almejam e se propõem realizar.

Com relação às atividades práticas e às ações do dia a dia, os relatos e a bibliografia de outros países tornam evidente que o Brasil desenvolve atividades e ações no campo da educação não formal há muito tempo, sem, no entanto, denominá-las com essa terminologia. Utilizavam-se, muitas vezes, termos como educação alternativa, educação complementar, jornada ampliada, educação fora da escola, projetos socioeducativos, educação extraescolar, contraturno escolar e outros. Além dessas terminologias, a chamada educação de tempo integral faz interface com a educação não formal, uma vez que, no tempo restante ao "tempo escolar", outra proposta educacional é apresentada às crianças e jovens participantes. Como exemplos, é possível citar os Centros de Informação Escolar e Profissional (CIEPs)[2] e os Centros Integrados de Atendimento à Criança (CIACs), ambos propostos pelo poder público e desenvolvidos, respectivamente, no estado do Rio de Janeiro e em diversas localidades do país. Pode-se também mensionar o recente projeto da Prefeitura de São Paulo, os Centros Educacionais Unificados (CEUs).

No Brasil, os estudos na área pedagógica têm se voltado especialmente para o sistema formal de educação; isso implica, se não um desconhecimento, uma falta de interesse do setor educacional em estudar o que não é formal, ou seja, em se debruçar sobre o que não é escolar.

Por ser um campo não inteiramente assumido pela pedagogia, as

---

2 Para uma discussão mais aprofundada sobre a educação de tempo integral e os CIEPs, ver: Vitor Henrique Paro, *et al. Escola de tempo integral: desafio para o ensino público*, São Paulo: Cortez, 1988.

atividades concretas estão sendo exercidas também por profissionais de outras áreas, tais como psicologia, assistência social, terapia ocupacional, ciências sociais, educação artística, educação física, artes e outros.

A realidade parece mostrar que muitas das ações da educação não formal acontecem em função de necessidades que emergem da própria prática; muitas situações, tais ações se constituem sem uma análise e reflexão teórica mais aprofundada por parte dos envolvidos. Dessa forma, a reflexão se dá muito mais no âmbito do cotidiano, por meio da oralidade, de tateios e da necessidade de resolver situações do dia a dia. Ou seja, é a prática que vem construindo o campo da educação não formal.

Isso significa que as discussões sobre o tema ocorrem também com esse cotidiano muito perto. Portanto, elas estão cheias de paixão, envolvimento, esperança, frustrações, angústias, decepções.

EDUCAÇÃO NÃO FORMAL E EDUCAÇÃO FORMAL

É importante destacar que a educação não formal começou a aparecer no cenário teórico como um campo de possíveis soluções para problemas que a escola não havia resolvido. Em alguns momentos, a educação não formal tem sido compreendida como outro campo educacional, diferente do formal; porém, desde o início, isso ocorre em função da possibilidade de que a educação não formal atue em questões da educação formal. Provavelmente, reside aí essa visão de oposição, de contraponto, de rivalidade, ou seja, a compreensão da educação não formal como coadjuvante e complementar à educação formal, por definição. Pode-se supor que essa rivalidade não é *natural* e não parte nem das práticas da educação não formal nem da história da educação formal, mas que se origina dos estudos sobre a educação não formal e é apresentada e instigada por esses estudos com a possibilidade de que esta – após seu reconhecimento – venha a substituir a educação formal.

O termo "educação não formal" aparece no fim da década de 1960. É o período em que surgem e penetram nas discussões pedagógicas vários estudos sobre a crise na educação, evidenciada como crise da educação formal. Esse momento é discutido por Philip H. Coombs em seu livro *A crise mundial da educação*[3]. A compreensão generalizada da educação como sinônimo de escola fez com que a crise dessa instituição passasse a ser difundida e compreendida como crise na educação.

A terminologia "educação não formal" torna-se popular no contexto educacional em 1967, com a International Conference on World Crisis in Education, que ocorreu em Williamsburg, Virgínia, nos Estados Unidos. Um documento elaborado naquela ocasião apontou a necessidade de desenvolver meios educativos que não se restrinjam aos escolares[4].

EDUCAÇÃO NÃO FORMAL COMO CAMPO DE CONHECIMENTO

A partir desse documento, a área da educação não formal começa a ser oficializada como campo que pertence ao setor educacional. Obviamente, ao procurar exemplos de ações características do setor não formal anteriores à década de 1960, vamos encontrar muitas experiências não só no Brasil – tal como diversas obras de Paulo Freire, em especial aquelas relacionadas ao movimento de alfabetização de adultos –, mas também em outros países – vide as tentativas de educação alternativa e a educação libertária proposta por anarquistas[5].

Embora a educação não formal tenha surgido como contraponto à educação formal em um momento de crise da escola, as pesquisas no campo da educação não formal – que apregoam essa oposição entre ambas – também apontam a possibilidade de existência de campos conceituais específicos para cada uma delas. Ou seja, o discurso que defende o surgimento de um novo campo para ocupar o espaço de um antigo, contraditoriamente, atesta que ambos possuem espaços e fazeres diferen-

---

3   Philip H. Coombs, *A crise mundial da educação*, São Paulo: Perspectiva, 1986.
4   George Z. F. Bereday, *Essays on World Education the Crisis of Supply and Demand, by International Conference on World Crisis in Education Williamsburg*, Va. 1967, New York: Oxford University Press, 1969.
5   Sílvio Gallo, *Pedagogia do risco: experiências anarquistas em educação*, Campinas: Papirus, 1995.

tes, já definidos na prática. É o movimento dos "acontecimentos"[6] que faz a história, pois é nas relações cotidianas que as alternativas e estratégias de solução dos problemas surgem e vão sendo elaboradas, em um processo emaranhado de reflexões, tentativas e necessidades imediatas.

É interessante considerar que a educação não formal, como área do conhecimento pedagógico, passou a ser observada como válida e como possibilitadora de mudanças, inclusive dentro da própria concepção de educação, a partir de seu aparecimento e de sua inclusão como área pedagógica em documentos e artigos relevantes da área educacional. É importante compreender a trajetória da concepção e conceituação da educação não formal, pois ela permite ver que, depois de trinta anos, o conceito permanece nebuloso. Caso contrário, somos levados a pensar que essa tentativa de definição é algo do momento presente. Ou seja, corremos o risco de ignorar que essa preocupação tem a sua historicidade e que o conhecimento dessa trajetória é importante para a compreensão do que estamos construindo hoje. Não há uma única concepção do conceito de educação não formal, pois ele está em pleno processo de construção e desconstrução.

Para Jaume Trilla[7], a compreensão das diferenças entre a educação formal e a não formal como campos distintos, ainda que com limites tênues, exige considerar dois critérios. O primeiro é o *metodológico* e diz respeito às propostas que rompem com os procedimentos e ações característicos do sistema formal de ensino, isto é, com as práticas marcadamente escolares. Nesse sentido, as propostas não usuais no sistema formal de ensino são consideradas não formais. O segundo critério, denominado *estrutural*, refere-se ao que é considerado legal no sistema educacional de um país. Ou seja, são consideradas formais aquelas propostas educacionais que têm seu lugar garantido nas políticas públicas e são consideradas de direito da população, com oferecimento obrigatório por parte do Estado. Logo, o que determina se uma proposta educacional é formal ou não formal é, também, seu caráter oficial perante a legislação de cada país.

---

6 Gilles Deleuze; Félix Guattari, *O que é a filosofia?*, São Paulo: Editora 34, 1992.
7 Jaume Trilla, *La educación fuera de la escuela: ámbito no formales y educación social*, Barcelona: Ariel, 1996.

EDUCAÇÃO DE JOVENS, ADULTOS E EDUCAÇÃO INFANTIL

Um caso importante de movimento social dentro da educação não formal é a Educação de Jovens e Adultos (EJA), que atende um público defasado em relação à idade-seriação. No início de sua existência, a EJA não possuía vínculo com a legislação educacional. Contudo, a partir da ação de movimentos sociais e do estabelecimento de parcerias – muitas vezes com o próprio poder público –, além da percepção da comunidade de que esse era um direito a ser assegurado, esse tipo de educação passou a ser compreendido como essencial e de direito da população.

A educação infantil pode ser vista de maneira semelhante. Ainda que se considerem as diferenças de lutas e de trajetória – uma vez que a institucionalização da escola para crianças pequenas, acima de 3 anos, é uma conquista do movimento feminista, enquanto a creche tem suas origens nas atividades filantrópicas –, o que se percebe, no início, é que esses atendimentos não eram considerados direitos. Apesar de já promoverem ações educacionais, não faziam parte das políticas públicas e da legislação educacional do país.

Com relação à educação de jovens e adultos, existem tanto os programas mantidos e elaborados pedagogicamente por Secretarias Educacionais (Municipal, Estadual e Federal) quanto os programas desenvolvidos por organizações ligadas aos movimentos sociais. Já com relação à educação infantil, existem, além das creches, escolas e centros de educação infantil legislados pelo poder público, propostas que não seguem prioritariamente as ações sugeridas pelas Secretarias de Educação, ou projetos de educação não formal que a própria Secretaria elabora. Em Cuba, por exemplo, há um programa não formal de educação infantil intitulado Educa Tu Hijo[8].

No campo da educação não formal no Brasil, a existência de leis específicas para o oferecimento de ações fora da escola não garante a real existência de projetos nessa área, tampouco a frequência e per-

---

8 Vários autores, *Cuba: una alternativa no formal de educación pré-escolar*, La Habana: Editorial Pueblo y Educación, 1994.

manência das crianças, adolescentes e jovens. O Estatuto da Criança e do Adolescente (ECA) e a Lei Orgânica da Assistência Social (Loas), por exemplo, preveem a existência e o oferecimento de projetos socioeducativos para crianças e jovens, mas não garantem a sua existência e, principalmente, a permanência de projetos desse tipo.

A continuidade de projetos nessa área é frágil, uma vez que, dependendo tanto de financiamento público quanto de órgãos privados, eles ficam à mercê dos objetivos que são considerados mais imediatos. Quanto aos projetos vinculados ao setor público, é comum que sejam inaugurados e encerrados em função dos vieses, interesses e princípios de cada administração, muitas vezes sem que as propostas sejam debatidos com a comunidade. Tudo isso demonstra a fragilidade das leis que legitimam a criação e a permanência de projetos dessa natureza.

EDUCAÇÃO NÃO FORMAL E IDEOLOGIA

Até os anos 1980, uma área importante de atuação da educação não formal no Brasil estava composta por projetos de alfabetização de adultos, que tinham como base as propostas de Paulo Freire e outras práticas dos movimentos sociais.

Vale lembrar que, nas décadas de 1960 e 1970, surgiram, no Brasil, experiências educacionais gestadas pelos movimentos sociais de esquerda que ofereceram oportunidades de autoconhecimento e conscientização política a muitos grupos, não só no Brasil, mas em outros países situados na periferia do capitalismo. É nesse mesmo momento que o campo da educação não formal passa a ser observado, estudado e pesquisado, nos Estados Unidos, como um campo possível e estratégico para realizar ações educacionais mais econômicas nos países considerados em desenvolvimento.

Quanto a essa visão econômica, é pertinente e atual o receio de que a educação não formal possa, ao menos em alguns níveis (ou para algumas classes sociais), exercer ações no campo da educação formal ou substituí-las de uma forma menos qualificada, como reforço escolar e iniciação profissional de baixa qualidade. De acordo com alguns autores, projetos desse tipo contribuem para o sucateamento da escola pública, justificado por um discurso neoliberal e supostamente moderno segundo o qual a comunidade, por meio de instituições da sociedade civil, estaria gerindo os equipamentos públicos, em particular aqueles vinculados ao sistema educacional.

A educação não formal não pode ser encarada como uma alternativa salvadora aos problemas encontrados no campo da educação formal. Além disso, é importante esclarecer que algumas ações no campo da educação não formal também são problemáticas e podem servir aos preceitos denunciados acima.

Por ser um campo que está se constituindo, ainda sem contornos claros, a educação não formal corre o risco de ser utilizada e compreendida como a responsável por salvar a escola. Corre o risco de ser encarada, apologeticamente, como algo que vem para dar uma nova cara ao sistema formal de ensino, servindo, assim, a um discurso e a uma intencionalidade que estão sendo difundidos pelo modelo neoliberal. Tal discurso apresenta a proposta como algo novo e melhor, que será construído com o auxílio da comunidade e em parceria com ela, sem, no entanto, discutir os problemas sociais e a diminuição do investimento no ensino formal ou sua má utilização.

Muitas vezes, as propostas na área da educação não formal nascem para responder a intenções reformistas e de manutenção do *status quo*, mesmo que estejam presentes em seu discurso intenções e ações comuns às propostas de cunho transformador.

Fica evidente que a educação não formal pode ter um caráter transformador, quando, por exemplo, é acolhida no bojo dos movimentos sociais de esquerda, como ocorre nos movimentos de alfabetização popular. Porém, pode também ser utilizada para a manutenção da ordem estabelecida ao ser apropriada por grupos e poderes que têm interesse na preservação da estrutura social vigente. A educação para o trabalho, por exemplo, vem se utilizando intensamente das possibilidades da educação não formal, servindo aos interesses econômicos da sociedade capitalista.

ASSISTÊNCIA SOCIAL

É importante conhecer a história e os compromissos da assistência social para compreender o lugar dos chamados projetos socioeducativos, casas de passagem, projetos educacionais para crianças e jovens "carentes" etc. No discurso de muitos deles, encontram-se tanto valores da assistência compreendida como direito, quanto o do assistencialismo praticado como benesse e como controle das camadas pobres da população.

Outro fator importante para a análise do serviço social é que, em muitos desses projetos e propostas, os profissionais que atuam na área da assistência (com formação em diferentes campos: serviço social, direito, saúde, educação etc.) div*idem* espaço com os profissionais da educação.

A hipótese que se levanta aqui é a de que, na intersecção da educação não formal com a chamada educação social, o campo da assistência social vem trazendo elementos que lhe são próprios, ora contribuindo para a construção desse *novo* espaço institucional, ora fortalecendo as posturas características do assistencialismo. Não se trata somente de uma postura adotada por profissionais da assistência social, mas de uma concepção de senso comum do que significa atuar no chamado setor social.

Dessa maneira, a educação muitas vezes foi compreendida como assistência, como parte de um projeto inserido na assistência ou como algo importante para possibilitar o acesso a um bem maior. O argumento educativo tem sido utilizado para justificar um modelo sem grandes flexibilidades, a serviço da adequação do indivíduo ao sistema e à normalidade.

MOVIMENTOS SOCIAIS – EDUCAÇÃO POPULAR

Os movimentos sociais constituem outra experiência e área do conhecimento que têm contribuído muito para a construção do campo da educação e extrapolaram o que regularmente tem sido esperado da educação formal.

Eles nascem com uma preocupação que compreende a educação de uma maneira muito mais ampla do que formar e informar, concebendo-a como uma área importante na formação dos indivíduos, que abrange cultura, arte, formação política etc. A questão educacional no seio dos movimentos sociais surge ligada à educação popular, em especial ao combate ao analfabetismo.

Apesar dessa concepção mais ampla de educação, no bojo de tais discussões estava presente a ideia da educação como uma importante *ferramenta* para resolver os problemas sociais.

Há bastante tempo, tem se refletido sobre as condições resultantes do modelo econômico adotado no Brasil, dentre as quais a má distribuição de renda. Mas é importante discutir o que o "social" pode representar nesse debate. Afinal, a apresentação dos problemas como "questão social" acaba por negligenciar o fato de que a origem de tais problemas pode ser interpretada sob diversas perspectivas – econômica, ideológica, sociológica, de classe etc.

Outra questão a ser discutida é a ideia da educação como salvadora ou detentora de poderes especiais para resolver (ou ajudar a resolver) os "problemas sociais". Tal como as expectativas da assistência social quanto às possibilidades da educação, também os movimentos sociais, no seu início, tiveram a educação como protagonista das conquistas almejadas, tanto em relação ao campo especificamente pedagógico quanto em relação ao político-ideológico.

A educação de adultos, no bojo dos movimentos sociais da década de 1960, teve como característica não se contentar somente com as práticas tradicionais da educação formal. Dessa maneira, ela extrapola as práticas reconhecidamente formais, passa a utilizar espaços não escolares e realiza ações que vão além do que geralmente é tido como papel da educação formal.

A nomenclatura utilizada também é mais abrangente do que aquelas geralmente utilizadas no campo educacional, e existe uma preocupação muito grande com a "difusão cultural". As expressões usadas denotam envolvimento com as comunidades, a cultura popular e a arte em geral: são comuns termos como universidade popular, educação de base, centro de cultura, clube esportivo, clube agrícola, clube de mães, biblioteca popular, animação popular. Ao contrário dos termos encontrados nas ações ligadas ao assistencialismo, eles não trazem o preconceito de cuidar, limpar e eliminar as mazelas sociais de uma maneira distante das comunidades, sem valorizá-las e sem se envolver com elas.

As ações apresentadas subvertem não só o espaço da educação formal, mas também o tempo e o calendário comuns a esse modelo: o que passa a valer é o tempo e o movimento das comunidades envolvidas.

Apesar dessa preocupação com o envolvimento das comunidades e da visão mais ampla sobre a educação, esta é encarada, mais uma vez, como mola propulsora da transformação social. O combate ao analfabetismo, por exemplo, é realizado por meio da conscientização política e dos movimentos artísticos e culturais. Portanto, também está presente, nessas ações, uma visão de que as comunidades precisam ser trabalhadas para poderem conquistar melhores condições de vida, e de que a educação, encarada dessa maneira, daria conta de realizar essa mudança.

O papel de transformação social atribuído aí à educação carece de uma análise mais profunda sobre os limites e condições de uma área – das muitas presentes nas relações sociais – que toma para si a incumbência de mudar valores e concepções ideológicas nos demais campos que compõem o complexo mundo das relações sociais. Ou seja, falta problematizar essa crença de que a educação é responsável pela resolução de problemas não exclusivamente educacionais.

É possível perceber o papel exagerado atribuído ao campo educacional, expandindo o contexto da educação formal. Nesse sentido, é de extrema importância entender como as propostas não formais de educação se fizeram presentes na história da educação brasileira. Nessas lutas pela democratização da escola popular, em um primeiro momento, e de combate ao analfabetismo, posteriormente, lutas vinculadas a uma série de movimentos existentes no período citado (estudantil, de intelectuais, de valorização da cultura popular, de artistas etc.), a educação passa a ser compreendida em seu sentido mais amplo. Apesar de ainda não ser utilizada a nomenclatura "educação não formal" – cuja precisão ainda é discutível –, outros termos que extrapolam os contornos da educação formal são *inventados* para se referir a algo que tem a educação em sua essência, mas que difere da educação formal.

Não obstante tenham como foco a educação de adultos, ao expandir suas ações para além do que é característico da educação formal, as propostas também trazem à discussão a educação elementar e sua capacidade de alcançar de fato as pessoas que a ela não têm acesso. Nesse contexto, muitas das ações propostas pelos diferentes movimentos sociais que surgem nesse período acabam se ampliando não só em relação à alfabetização dos adultos: ao sugerir atividades que extrapolavam o contorno da escola, elas também propuseram intervenções e práticas direcionadas a crianças e jovens, por meio de dos parques infantis, centros culturais, atividades extraescolares, entre outras.

Apesar do caráter *engajado* do movimento de educação de adultos, as preocupações com o cuidado e com outras esferas da ação assistencial estavam presentes. Entretanto, tais preocupações não eram centrais e não se faziam notar nas discussões reflexivas, nas propostas e nas práticas. Mais uma vez é possível perceber como se tornam nebulosas as questões educacionais quando encaradas em relação aos "problemas sociais" e às ações da assistência social.

É importante assinalar a diferença e a abrangência das ações que têm sua origem nos movimentos sociais com relação àquelas que partiram de iniciativas assistenciais, pois aquelas geralmente têm uma amplitude maior e vão para além das questões emergenciais.

Essa retrospectiva mostra que, de maneiras diferentes, tanto as práticas e propostas assistenciais como as ligadas aos movimentos sociais estão presentes nessa educação que transcende os limites do que comumente é reconhecido pela educação formal. Tal abordagem não ajuda a compreender as aparentes contradições encontradas nas propostas dos projetos de educação social.

Essa discussão é relevante porque, ao longo da história da filantropia e da ação educacional voltada para crianças e jovens oriundos das camadas pobres, existe certa mistura de formas de ações e de atendimentos. Muitas propostas educacionais tiveram origem na certeza de que uma boa educação ou reeducação poderia solucionar os problemas sociais de mau comportamento, desrespeito às regras sociais de convivência, etc.

Na educação não formal está presente a preocupação com seu sentido pedagógico. Afinal ao utilizar os discursos de parceria com a sociedade civil, a educação (no sentido de formação) perde espaço para a intenção neoliberal de individualização não só dos sujeitos, mas também de suas ações, responsabilizando-os individualmente por sua própria formação.

ONGS – TERCEIRO SETOR – FILANTROPIA EMPRESARIAL – OSCIPS

No Brasil, a educação não formal – considerando-se as propostas para crianças e jovens fora do tempo da educação formal – vem se caracterizando, nos últimos anos, por ações voltadas para a camada mais pobre da população. Algumas dessas ações são promovidas pelo setor público, enquanto outras são idealizadas por diferentes segmentos da sociedade civil, muitas vezes em parceria com o setor privado, de ONGs e grupos religiosos a instituições que mantêm parcerias com empresas.

É possível dizer que a educação não formal se expande, como campo teórico, no momento histórico de aumento significativo do número de ONGs e das demandas por políticas sociais no âmbito do "terceiro setor". A educação aparece como uma esfera importante nos movimentos da sociedade civil, destacando a ação e participação de camadas populares da população no debate e na luta pela conquista de direitos.

De acordo com Maria Célia Paoli[9], as ONGs aumentam em número em um momento de crise econômica e têm como diferenciail a competência técnica. Para sobreviverem no *mercado* de ONGs e permanecerem como instituições, necessitam competir entre si, usando sua capacidade de produzir projetos como fonte principal de financiamento. Nesse processo de constituição das identidades tão diversas das ONGs, há por vezes ambiguidades, pois as ONGs, ao mesmo tempo que necessitam garantir sua sobrevivência, defendem e fazem valer sua atuação e seu projeto político. Essas duas faces podem ser conflitantes.

Para compreender essa dualidade presente em instituições que utilizam discursos e propostas semelhantes, mas que têm em seu cerne projetos políticos antagônicos, é fundamental entender o conceito de "terceiro setor" e esclarecer a aparente confusão no contexto das instituições, ONGs, fundações e associações que propõem formas de atuação na sociedade.

Evelina Dagnino[10] apresenta a ideia de que, no contexto da lógica neoliberal, os espaços públicos vêm sendo "preenchidos" (inclusive teoricamente) pelo chamado "terceiro setor", que reduz a sociedade a apenas três setores (o Estado, o mercado e ele próprio). Tal perspectiva destitui a sociedade civil da possibilidade de assumir discussões e debates políticos e sociais a partir de uma lógica diferente daquelas do Estado e do mercado, e coloca a política como uma esfera que pertence somente ao Estado. Nesse contexto, o conceito de sociedade civil passa a ser entendido como sinônimo de "terceiro setor", que, por sua vez, é utilizado como equivalente a ONG. Nessa lógica de "colocar tudo no mesmo saco", a sociedade civil também passa a ser designada como ONG.

A filantropia empresarial também vem ocupando um espaço cada vez maior, com uma lógica diversa daquela que anteriormente estava presente nas propostas voltadas às questões sociais.

---

9 Maria Célia Paoli, "Empresas e responsabilidade social: os enredos da cidadania no Brasil", em: Boaventura de Sousa Santos (org.), *Democratizar a democracia: os caminhos da democracia participativa*, 3. ed. Rio de Janeiro: Civilização Brasileira, 2005, pp. 373-418.
10 Evelina Dagnino (org.), *Sociedade civil e espaços públicos no Brasil*, São Paulo: Paz e Terra, 2002, v. 1, p. 364.

As fundações – instituições mantidas por um percentual do faturamento bruto de grandes empresas e marcas – estão ocupando também um grande espaço e assumindo as ações delegadas ao "terceiro setor". Além disso, estão cada vez mais tomando para si as responsabilidades sociais do Estado, considerando-se as ações no denominado setor social. A lógica que orienta e move as ações das fundações advém da lógica empresarial, e elas acabam tendo um pé na sociedade civil e um pé no mercado.

Sílvio Caccia Bava[11] ressalta que o "terceiro setor", assim como o grande número de ONGs, passa a ter relevância e destaque no Brasil com a reforma do Estado, assumida por Bresser Pereira (ministro chefe da Secretaria da Administração Federal e ministro da Reforma do Estado no primeiro mandato do presidente Fernando Henrique Cardoso). Por meio dessa reforma, atribuiu-se responsabilidade social à sociedade civil, mas o controle das decisões permaneceu nas mãos do Estado: compartilha-se responsabilidade, mas sem a partilha de decisões. Também é nesse contexto que surge a Organização da Sociedade Civil de Interesse Público (OSCIP), a lei alternativa para o "terceiro setor", uma ferramenta criada para garantir ações de implantação do projeto político das classes dirigentes do país na época.

Essa lógica de desresponsabilização do Estado sobre as políticas sociais favorece as ações filantrópicas, que se apropriam de uma nova roupagem, inseridas no contexto do "terceiro setor". Tais ações de cunho reformador são, muitas vezes, encaradas como semelhantes às propostas de cunho histórico transformador.

Isso porque, neste momento de disputa por conceitos e por compreensões, disputa que extrapola as análises acadêmicas, a lógica neoliberal tem como estratégia e fazer-se passar por possuidora da mesma trajetória histórica dos movimentos com intenções transformadoras. Utiliza, para isso, discursos muito parecidos com os as propostas defendidas pelos grupos que contestam a ordem imposta pelo sistema capitalista. Essa mimetização faz com que os projetos políticos de

---

11 Sílvio Caccia Bava, "O terceiro setor e os desafios do Estado de São Paulo para o século XXI", em: Abong. (org.), *ONGs identidade e desafios atuais*, São Paulo: Abong; Autores Associados, 2000.

diferentes grupos pareçam semelhantes, dando a impressão de que todos aqueles envolvidos nas denominadas "propostas sociais" estão, de fato, lutando pela transformação social.

De acordo com Vera da Silva Telles[12], em função do avanço neoliberal há um processo acelerado de desqualificação das conquistas no campo dos direitos. O direito vem se transformando em caridade. As políticas sociais estão sendo cada vez mais focadas, ligadas à urgência, a setores específicos e por períodos nos quais a urgência se mantém.

Portanto, é importante pensar qual é o lugar ideológico que as ações solidárias e a responsabilidade social estão assumindo no âmbito da lógica empresarial e, de maneira mais ampla, na própria estrutura de mercado, uma vez que as questões sociais passam a ser compreendidas como investimento, como produto.

EDUCAÇÃO SOCIAL

Uma vez que todas as relações são travadas em contextos sociais e são intrinsecamente sociais, cabe perguntar por que o termo "social" passa a ser compreendido especificamente como auxílio voltado para setores/camadas/grupos aos quais falta algo.

O adjetivo "social" tem sido compreendido como uma prestação de serviço aos despossuídos, aos excluídos, àqueles que estão fora das condições mínimas de sobrevivência. Isso ajuda a mascarar o fato de que o lugar social desses grupos, para o capital, é exatamente à margem da sociedade de direitos, sobrevivendo das sobras e da prestação de serviços feita pelos grupos que ocupam os espaços de direitos e de consumo na sociedade. O assistencialismo contribui para esse mascaramento porque, com o discurso de que existem aqueles que necessitam e aqueles que se satisfazem em poder "fazer o bem" para "melhorar" a sociedade e auxiliar os despossuídos, a discussão sobre as causas dessas diferenças não vem à tona e não ganha repercussões

---

12 Vera da Silva Telles, *Pobreza e cidadania*, São Paulo: Editora 34, 2001.

sociais mais amplas. Para o capital não há excluídos: todos estão nos lugares de manutenção e reprodução da sociedade capitalista.

A educação não formal, e em especial sua atuação como educação social, precisa ser compreendida nesse contexto, pois carrega consigo essas questões. Além disso, é necessário ter clareza de quais são as possibilidades que esse campo tem de, sozinho, exercer ações transformadoras em relação aos projetos já instituídos. Esses questionamentos deveriam estar presentes em arenas mais amplas de discussão, porque, embora essa especificidade educacional se constitua como proposta e como área profissional, as ações efetivas e transformadoras no setor social só se efetivarão como parte de um projeto político, e não como serviço profissional.

O que vem sendo internacionalmente denominado "educação não formal" não se restringe às propostas e ações no setor social. Cabe, portanto, outra questão: como denominar as práticas que vêm acontecendo dentro do campo não formal e que se caracterizam por atuar especificamente no setor social? A resposta a essa questão parece ser uma área de intersecção com a educação não formal, que vem sendo denominada "educação social".

A pedagogia social (área de formação e atuação profissional existentes em alguns países, como a Espanha) e a educação não formal têm uma relação bastante próxima, porque aqueles indivíduos considerados em conflito social geralmente têm poucos espaços de expressão nos moldes formais de educação. Dessa maneira, a pedagogia social, costuma ser realizada em âmbitos não formais.

Considerando o setor social como aquele que tem por função exercer ações que confluem para a melhoria da qualidade de vida da sociedade, a atuação desse setor extrapola o campo educacional, havendo a necessidade de diálogos entre diferentes áreas.

Nessa discussão, há que se tomar o cuidado para que essas propostas educacionais não sejam compreendidas e realizadas de maneira segregacionista, uma vez que a chamada "educação social" corre o risco de ser destinada somente àqueles que se enquadram nos critérios de exclusão social, e conflito social, risco social etc.

Sendo assim, a educação social compreendida como uma das esferas de ação das políticas sociais – que incluem também a saúde e a assistência social – não pode ser analisada fora desse contexto mais amplo.

A educação, em sentido amplo, é uma área importante quando se consideram as ações do setor social. Por isso, é fundamental pensar sobre a função político-social à qual pode servir a educação social, dado que as chamadas políticas sociais, ao elaborar e prover ações compensatórias, estão presentes em propostas com projetos políticos bastante diferentes.

Nesse sentido, cabe pensar no papel que a educação social ocupa em sua relação com a educação não formal. Afinal a institucionalização de suas ações dirigidas aos desprovidos de direitos e àqueles em situação de conflito social pode ser mais uma esfera de escamoteamento das diferenças. Se ela realiza ações focalizadas e emergenciais, não ataca as questões que podem provocar mudanças efetivas. Por outro lado, a percepção da sociedade sobre a necessidade de outro olhar educacional para essas questões específicas pode ser encarada como um espaço de discussões e de conquista de um campo educacional diferenciado.

Vale lembrar a importância da transparência que os projetos políticos devem ter, pois tanto a educação social como outras políticas no setor social podem servir a diferentes interesses, uma vez que os hoje denominados projetos sociais escondem, sob essa nomenclatura, seus projetos de sociedade. Dessa forma, podem estar colaborando para uma cultura de favores e desarticulando as mobilizações da sociedade civil. Hoje, as ações sociais perpassam vários setores e de formas bastante variadas, criando uma cultura na qual todos – instituições, empresas, indivíduos – querem assumir "a sua parte de atuação no social". Muitas ONGs, instituições, fundações e esferas do poder público têm como parte de seu projeto político a desarticulação da arena de discussão e debate, oferecendo de maneira filantrópica alguns benefícios para grupos específicos e por períodos determinados.

EDUCAÇÃO NÃO FORMAL E CULTURA

Uma concepção mais ampla do termo "educação" está presente também em algumas propostas educacionais que extrapolaram o entretenimento da educação apenas como conhecimento e informação.

Um exemplo importante de ação educacional fora dos moldes formais, com forte ênfase nas manifestações culturais, são os parques infantis. Esses espaços não escolares tinham a educação não formal, a cultura, a assistência e a saúde como pilares do atendimento a crianças e jovens. Ofereciam atividades culturais, de recreação, criação, lazer e brincadeiras, priorizando aspectos da cultura e do folclore brasileiros. Educação e assistência não eram consideradas áreas antagônicas, mas complementares na formação das crianças que frequentavam esses espaços.

Ana Lúcia Goulart de Faria, em seu livro *Educação pré-escolar e cultura*[13], nos mostra que, priorizando as brincadeiras, bem como o direito à infância e à criação de uma cultura infantil, Mário de Andrade ofereceu educação e assistência às crianças que frequentavam os parques infantis, valorizando fortemente a criança como criadora de cultura.

---

13 Ana Lúcia Goulart de Faria, *Educação pré-escolar e cultura: para uma pedagogia da educação infantil*, 2. ed. São Paulo/Campinas: Cortez/Editora Unicamp, 2002, v. 1, p. 240.

As análises do parque infantil, fica clara a importância dada à relação educacional em interface com as ações culturais. E, uma vez consistem em são relações que acontecem em ambientes educacionais não escolares, trata-se de uma educação do tipo não formal.

Outra experiência não escolar que tinha a convivência e a vivência de atividades como base foi a Escola-Parque. Um conjunto delas foi criado por Anísio Teixeira. Em período oposto ao das escolas-classe (escolas convencionais), as crianças e jovens teriam a oportunidade de experienciar diversificadas atividades, incluindo ações vinculadas à vida social, recreação, jogos, lazer e atividades de trabalho. Em seus textos e discursos, que podem ser encontrados na *Revista Brasileira de Estudos Pedagógicos*[14] (em especial os números 73[15], 87[16] e 106[17]), Anísio Teixeira deixa claro que, dentre os objetivos centrais da Escola-Parque, estão as atividades de expressão artística e de fruição do pleno e rico exercício da vida. É em função dessa concepção que ele defende a ideia de que esse espaço seja denominado centro e não escola. Segundo ele, "centro" denota maior abrangência e complexidade, devido a todas as experimentações que ele propicia.

A Escola-Parque, que fazia parte de uma política educacional, baseava-se na ideia de que a educação formal, entendida como instrução, era pouco. Para educar a todos, tanto os filhos das classes média e alta como os filhos das classes baixas, era preciso compreender a educação como formação e, para tanto, eram necessárias as Escolas-Parques.

Mais uma vez, essas propostas buscavam ampliar a função institucional da educação, amplificando e extrapolando as funções já assumidas pela educação formal.

Dessa forma, fica claro que a educação não formal é uma área que vem se constituindo a partir de ações realizadas por pessoas vincu-

---

14 Os artigos da revista estão disponíveis em: <http://rbep.inep.gov.br/index.php/RBEP/index>. Acesso em: 24 jul. 2014.
15 Anísio Teixeira, "Centro Educacional Carneiro Ribeiro", *Revista Brasileira de Estudos Pedagógicos*, Rio de Janeiro: 1959, v. 31, n. 73, pp. 78-84.
16 Idem, "Uma experiência de educação primária integral no Brasil", *Revista Brasileira de Estudos Pedagógicos*, Rio de Janeiro: 1962, v. 38, n. 87, pp. 21-33.
17 Idem, "A Escola Parque da Bahia", *Revista Brasileira de Estudos Pedagógicos*, Rio de Janeiro: 1967, v. 47, n. 106, pp. 246-253.

ladas a diferentes áreas do conhecimento e pela prática de grupos sociais diversos, em alguns momentos mais organizados, em outros nem tanto. As reflexões e construções conceituais se realizam em conjunto com as ações, ora opondo-se, ora coadunando-se com cotidiano das práticas na área da assistência, da cultura, da educação popular e dos movimentos sociais.

Ao abordar uma série de práticas educacionais como fundadoras do que hoje concebemos como educação não formal, não estamos denominando-as educação não formal, nem queremos dizer que elas possuem todas as características dessa especificidade da educação. A intenção foi apresentar algumas características que essas propostas tiveram e que, hoje, fazem parte do que vem sendo denominado educação não formal, buscando aí pistas e passos da trajetória da educação não formal no Brasil e da constituição de seu campo conceitual.

REFERÊNCIAS COMPLEMENTARES

O QUE LER
Fátima Mernissi. *Sonhos de transgressão: minha vida de menina num harém*. São Paulo: Companhia das Letras, 1996.

Jacques Rancière. *O mestre ignorante – cinco lições sobre a emancipação intelectual*. Portugal: Edições Pedago, 2010.

Ariano Suassuna. *Romance da pedra do reino e o príncipe do sangue do vai-e-volta*. Rio de Janeiro: José Olympio, 2012.

O QUE OUVIR
Herbert Lucena. *Não me peçam jamais que eu dê de graça tudo aquilo que eu tenho para vender*. Pernambuco: Coreto Records, 2012.

Itamar Assumpção. *Pretobrás I*. São Paulo: Atração, 1998.

Tom Zé. *Estudando o pagode – Na opereta segrega mulher e amor*. São Paulo: Trama, 2005.

O QUE VER
El sistema. Direção: Paul Smaczny e Maria Stodtmeier. Alemanha, França, Japão, Suíça, Suécia: EuroArts, 2008, 120 min, son, color.

Gypsies. Direção: Stanislaw Mucha. Alemanha: Hessischer Rundfunk, 2007, 93 min, son, color.

O filho da noiva. Direção: Juan José Campanella. Espanha/Argentina: EMPSA, Patagonik Film Group, Pol-Ka Producciones, Tornasol Films, 2001, 124 min, son, color.

2. EDUCAÇÃO NÃO FORMAL: UM MOSAICO

Curumim

Maria Alice Nascimento Pupin
Sesc Piracicaba
"É o Curumim Show, que a gente faz todo ano."

3. A CRIANÇA, A INFÂNCIA E A SOCIOLOGIA DA INFÂNCIA

Anete Abramowicz

CURUMIM

Miriam Noal, em sua tese de doutorado[1], conta que Mari Gomes, a mulher índia e parteira da aldeia, pergunta à pesquisadora se ela quer conhecer sua arara. A pesquisadora, ao dizer que sim, faz com que Mari vá até sua casa buscar a arara; ao voltar, ela está totalmente vestida de arara e traz sua arara. Devir-criança, devir-arara.

Na cena descrita estão a Mari, adulta, vestida de arara, a arara e sua filha, uma menina de aproximadamente 6 anos, de mãos dadas com ela; as duas sorriem. Podemos ver que a experiência da infância atravessa a sociedade indígena, e que há uma indiscernibilidade entre criança e adulto, uma imprevisibilidade. É a adulta quem está "fantasiada".

As duas brincam, divertem-se, riem. A mulher adulta, aquela que brinca, e a menina, de mãos dadas, compõem uma cena, extraem de si uma singularidade e produzem uma infância. Infância como experiência, devolvendo ao conceito uma multiplicidade que lhe foi retirada. A ideia de infância carrega possibilidades de acontecimento, de inusitado, de disruptivo e de escape que nos interessam para pensar a diferença e, obviamente, a infância. O que se quer dizer é que a experiência da infância não está vinculada unicamente à idade, à cronologia, a uma

---

[1] Mirian Lange Noal, *As crianças guarani/kaiowa: o mita reko na aldeia Pirakua/MS*, 2006. Tese (Doutorado), Universidade Estadual de Campinas/ Faculdade de Educação. Campinas, 28 ago. 2006, pp. 155-161.

etapa psicológica ou a uma temporalidade linear, cumulativa e gradativa. Está ligada ao acontecimento; à arte, à inventividade, ao intempestivo, ao ocasional, vinculando-se, portanto, a uma des-idade.

Dessa forma, como experiência, ela pode também atravessar, ou não, os adultos. Há pessoas que são mais ou menos atravessadas por ela. É a infância que pode vir a propiciar os devires – devir não como um vir a ser, pois nada tem a ver com o futuro, com uma cronologia qualquer, mas com aquilo que somos capazes de produzir e de inventar como possibilidade de vida, potência de vida, o poder *da* vida opondo-se ao poder *sobre a* vida.

Potencializar a vida é ampliar o espaço da criação, que também deve ser produzido, numa espécie de produção da produção do espaço de criar. Há uma frase exemplar de Deleuze: "Envelhecer não é permanecer jovem, é extrair de sua idade as particularidades, as velocidades e lentidões, os fluxos que constituem a juventude desta idade"[2]. Ou seja, ao se tomar a infância como experiência, há que extrair de si próprio, em qualquer idade, a criança.

A infância pode ser uma forma de se opor ao poder sobre a vida. Em suas experimentações, ela acontece em um tempo mais generoso, por ser mais estendido, mais largo, já que é um tempo vinculado ao acontecimento, à criação. Um tempo que não se submete ao tempo imposto pelo poder e pelo capital. Já que é disso que se trata, o poder e o capital impõem um funcionamento ao corpo e à vida, subjetivando e submetendo a todos no interior de uma mesma lógica. Por isso, dizemos que não temos mais tempo, que a pós-modernidade nos roubou o *tempo*. Com os computadores em casa não há mais fronteiras claras entre trabalho e diversão, trabalhamos todo o tempo.

O trabalho com crianças, em qualquer que seja o espaço educativo, tem como função prioritária promover as infâncias e expandir essas possibilidades. Há que se inventar estratégias educacionais promotoras de infâncias e de devir(es), modelos de diferenciação, para que todas as crianças possam diferir e experimentar inúmeras possibilidades. O

---

[2] Gilles Deleuze; Félix Guattari, *Mil platôs: capitalismo e esquizofrenia*, Tradução: Suely Rolnik, Rio de Janeiro: Editora 34, 1997, p. 60.

desafio posto para aqueles que trabalham com educação é o de propor práticas educativas que não impeçam o devir, mas o implementem. O devir não é aquilo que será, e sim o que pode ser experimentado e inventado, e é devir porque é produção de algo que ainda não sabemos o que é. Portanto, o desafio é implementar o exercício de infâncias.

Curumim traz em seu significado, ao mesmo tempo, a criança e sua origem tupi. Dessa forma, carrega uma multiplicidade: a língua, um povo e infâncias. É preciso saber aproveitar essa multiplicidade que há na ideia do curumim; ela é uma espécie de início, pois está na origem tupi da nação brasileira e da finalidade que a criança enuncia e que é o desconhecido. Curumim é a experiência da infância que a sociedade indígena nos ensina e que atravessa a todos.

Friedrich Nietzsche[3], importante filósofo alemão do século XIX, escreveu um livro intitulado *Assim falou Zaratustra* e, em uma parte, descreveu o que chamou de as "três metamorfoses do espírito". Ele diz: "Vou dizer-vos as três metamorfoses do espírito: como o espírito muda em camelo, e o camelo em leão, e o leão, finalmente, em criança". Ou seja, a criança é considerada o último estágio do espírito humano: quando o homem chega à criança, é um novo recomeço, não é mais o camelo que carrega o fardo da história e dos valores, nem o leão que diz não aos valores, mas a criança que inaugura o novo. Essa é a ideia que curumim carrega.

Há muitas maneiras de voar. Mas há que se inventar.

A CRIANÇA E O OLHAR

O que uma criança vê quando olha para a cidade, cercada de carros, buzinas, concreto e/ou verde por todos os lados? O que uma criança vê quando está em um espaço educativo cercada de adultos, crianças e brinquedos? Por que algo assim, produz pesquisas, campos teóricos, associações mundiais, para descrever algo aparentemente tão simples quanto dizer o que a criança vê quando olha?

---

3   Friedrich Nietzsche, *Assim falou Zaratustra*, Lisboa/Madrid: RBA Editores, 1994, p. 25.

Poderíamos até complexificar nosso desejo de compreensão se quiséssemos saber o que a criança sente, pensa, deseja, imagina. Mas fiquemos, por um momento, naquilo que é o mais simples, somente o que ela vê. Que cidade a criança vê quando olha, e como construir e exprimir esse olhar, e a partir de que ponto de vista? O que vê uma criança? Como resgatar certa dimensão estética desse olhar? Por que isso nos interessa e por que é tão difícil?

Há algumas respostas possíveis, entre tantas outras, sobre por que temos tantas dificuldades e precisamos de ferramentas teóricas sofisticadas para captar esse olhar e esse desejo de uma criança que vê e que sente.

A sociologia da infância apresentou algumas respostas. Olhar, falar e escutar a criança para entender como ela "encarna" a condição de aluno, como ela vive uma infância, como adquire uma cultura, Mas iniciemos com a entrada da sociologia no campo da infância. E veremos que, que é possível diagramar e compreender as crianças e suas infâncias em quaisquer espaços educativos.

Criança e infância não são ideias novas. No século XIX a ideia da infância passa a ter um caráter médico, já que a mortalidade infantil, a pobreza e o trabalho infantil vêm à tona. Depois, as grandes estatísticas ajudarão a ver a condição da criança. A concepção biológica sobre a criança pasteuriza, assepsia, esteriliza, mede, esquadrinha, normatiza e normaliza a criança, e prescreve uma infância. Certa vertente da psicologia medirá a inteligência, prescreverá o desenvolvimento, dividirá as crianças por idades e por capacidade mental, elaborará *standards* para observar etapa por etapa, da infância até a adolescência. A idade será uma marca, uma categoria prática, fixa e precisa, delimitará os desviantes, as crianças imaturas, as que não aprendem, as que não se desenvolvem, e determinará os momentos da fala, do andar, de viver sem fraldas etc. A idade, o período de desenvolvimento e a etapa da vida poderão ser colocados em um gráfico; haverá a curva da normalidade e os desviantes. As crianças crescerão tendo o adulto como foco e viverão sob seu controle.

Na história da representação da criança, o menino Jesus, infinitamente representado, será o modelo exemplar e moral: piedoso, inocente e assexuado. A criança será representada como um anjo, nua e assexuada, nua e sem nudez já que as imagens de santidade, ingenuidade e pureza vão se sobrepor e não se verá a nudez das crianças: todas nuas. A teologia acompanhará a educação e a representação da criança até a contemporaneidade.

Virão os pedagogos, os primeiros socialistas do século XIX, e prescreverão para as crianças trabalho e educação, trabalho como base na humanidade e como processo de humanização. O debate sobre cuidar, educar e ensinar chegará até a atualidade como uma disputa sobre o saber, o controle e a educação das crianças. A criança será educada no interior do que é ter uma infância, mas na direção de se tornar um adulto que se constituirá como povo e como nação. A noção de povo é fundamental, na medida em que toda a concepção de educação se funda em e se dirige para uma ideia de povo.

Portanto, desde o século XIX tem-se elaborado um conjunto de saberes sobre a infância. A infância é um conceito disputado entre os diversos campos do conhecimento e também dentro de um mesmo campo, por exemplo, o da sociologia da infância.

AS CIÊNCIAS HUMANAS E A INFÂNCIA

A criança nunca foi um objeto importante para a sociologia até a década de 1980. O sociólogos, na maioria homens, não viam o protagonismo das crianças e se ocupavam de questões – na perspectiva de certa hegemonia de pensamento da época – mais estruturais e/ou fundamentais, como as relações de trabalho e as desigualdades sociais, temas centrais para a sociologia. Quando se ocupavam da escola e da educação por meio da sociologia da educação, os temas, de certa forma, permaneciam os mesmos: a desigualdade social na escola, as relações de trabalho, entre outros.

O surgimento da sociologia da infância mostrou que havia uma sociologia sem atores, já que ela se preocupava com a constituição do sistema escolar, com a maneira pela qual ele operava na construção das desigualdades, e não com a mobilidade social, as formas de resistir e a socialização das crianças, por exemplo. A sociologia da infância não só fez um esforço para descobrir e cartografar o ofício do aluno, mas procurou "encarnar", dar textura a esse aluno e, principalmente, entender e diagramar o ofício da criança para além de ser aluno. A criança era uma espécie de fantasma invisível: mesmo que ela estivesse presente em todos os projetos das políticas públicas e, obviamente, no coração da escola, ela permeia, ainda assim, curiosamente invisível.

A questão, para a sociologia da infância, é ver a criança não só como um vir a ser, um devir, e a infância não só como uma fase da vida; a infância para essa sociologia é um componente estrutural, tal como a classe social e o gênero, por exemplo. Isso significa dizer que em todas as sociedades e em tempos históricos distintos há um lugar na estrutura social denominado infância, que diferentes gerações de crianças ocupam. Uma das vertentes da sociologia da infância entende a infância como singular, no sentido de que é uma estrutura social que atravessa as sociedades, todas elas. Nessa corrente, o que seria plural são as crianças, as várias gerações delas, que "habitam" essa infância, singular, pois é estrutural, mas diferente em todas as épocas históricas.

Nessa direção, o problema para a sociologia da infância foi, entre outros, o de compreender a criança não só como aluno, mas em outros espaços não formais onde ela está ativamente presente, e compreender como são os processos de socialização da criança onde ela não é somente objeto de socialização, mas ator ativo desse processo.

A pequena inversão teórica produzida pela sociologia da infância foi afirmar que a criança deve ser entendida e pesquisada não só como objeto de socialização, como prescrevia Émile Durkheim (considerado um dos fundadores da sociologia moderna), mas como ator ativo do seu processo de socialização. Isso deu um protagonismo inédito à criança, que impactou a sociologia em geral e também a sociologia da educação. Esse campo teórico apareceu, portanto, a partir de uma inflexão na concepção de socialização, que vinha sendo pensada até então segundo os aportes durkheimianos.

Durkheim dizia que o processo de socialização ocorria a partir do mundo adulto para o mundo da criança. Os sociólogos se voltavam para o estudo das influências dessa socialização na vida das crianças a partir dessa perspectiva. A sociologia da educação, em especial, permaneceu durante um longo período presa à definição durkheimiana de imposição dos valores adultos sobre as crianças, levando estas a permanecerem no silêncio, "mudas", ou seja, em uma posição marginalizada e passiva diante do mundo adulto. A inflexão operada pela sociologia da infância permitiu pensar a criança como sujeito e ator social do seu processo de socialização, e também como construtora de sua infância, como ator pleno, e não apenas como objeto passivo desse processo e de qualquer outro.

A partir dessa primeira inflexão outras foram realizadas, e isso permitiu o surgimento de novas temáticas, bem como a elaboração de novas metodologias, que buscaram entender as crianças como produtoras de culturas, a partir delas próprias. Do ponto de vista epistemológico, a sociologia da infância não utiliza expressamente uma teoria, um autor, mas aproveita um movimento que se efetuou em direção à criança para tentar entender o seu mundo a partir dela mesma. Há uma leitura crítica do conceito de socialização que levou a reconsiderar a criança como ator social.

Portanto, para a sociologia a infância ora é uma estrutura universal, constante e característica de todas as sociedades, ora é um conceito geracional, uma variável sociológica que se articula à diversidade da vida das crianças considerando classe social, gênero e pertencimento étnico. Ou seja, ora a infância é singular, ora é plural.

A infância é também um ofício da criança, diriam alguns sociólogos; alguns pesquisadores tentam diagramar esse corredor que leva à criança ao aluno, à infância. Em termos de estrutura social, como já foi dito, isso significa pensar a infância como conceito analítico, tal como classe social ou como gênero. Ou seja, é um conceito que está presente em todas as sociedades como uma estrutura social e, por essa via, é possível reconstruir a história social de uma época.

Nessa vertente, diferentes gerações de crianças habitam essa estrutura social (singular) chamada infância. Isso significa que cada criança habita uma infância singular: a criança da década de 1930 desfrutava uma infância que desconhece as crianças do século XXI, e vice-versa, mas em todas as sociedades há uma estrutura social denominada infância.

Há aqueles que dizem que há uma cultura infantil. Há todo um debate, também complexo, sobre a cultura infantil ou cultura da infância.

Essa expressão foi formulada pela primeira vez no Brasil por Florestan Fernandes, no texto que foi sua monografia do curso de ciências sociais, chamado "As trocinhas do Bom Retiro: contribuição ao estudo folclórico e sociológico da cultura e dos grupos infantis"[4]. É ali que ele cunha o termo "cultura da infância" ao fazer o debate no interior, digamos, de uma sociologia "pura" que estava sendo construída na época.

Nessa monografia, desenvolvida em 1944, ele procurava debater com os folcloristas no sentido de fazer do folclore uma ciência, e debatia também com determinada psicologia. Mas o que tal trabalho pretendia evidenciar eram os processos de socialização das crianças por meio daquilo que ele chamou de cultura infantil no debate com a cultura adulta.

Pouco anos antes, em 1937, Marcel Mauss[5], considerado precursor da sociologia da infância francesa, elaborou um texto menor e inacabado, chamado "Três observações sobre a sociologia da infância". Nesse texto, ele claramente cunha o termo "sociologia da infância". Florestan provavelmente não conhecia esse texto, já que ele foi recuperado posteriormente à monografia que escreveu, mas ambos compartilhavam da atmosfera teórica proposta por Durkheim naquilo que se forjava como o campo da sociologia, em especial no que se refere à formação social dos indivíduos, dos grupos etc.

Portanto, é nessa atmosfera durkheiminiana que Mauss, na França, cria o termo "sociologia da infância" em 1937 e Florestan o termo "cultura da infância" em 1944.

Já na história da filosofia a criança foi, durante muito tempo, entendida como negatividade. Se tomarmos a pedagogia tradicional, por exemplo, a infância é interpretada com referência a tudo que se passa como antítese da humanidade verdadeira: a animalidade, a selvageria, a morte – preferível à infância, segundo Santo Agostinho[6] –, a doença

---

[4] Florestan Fernandes, "As trocinhas do Bom Retiro: contribuição ao estudo folclórico e sociológico da cultura e dos grupos infantis", *Pro-Posições*. Campinas: 2004, v. 15, n. 1.

[5] Marcel Mauss, "Três observações sobre a sociologia da infância", *Pro-Posições*. Campinas: 2010, v. 21, n. 3.

[6] Cf. Elisabeth Badinter, *Um amor conquistado: o mito do amor materno*, Rio de janeiro: Nova Fronteira, 1985, p. 55: "Durante longos séculos, a teologia cristã, na pessoa de Santo Agostinho, elaborou uma imagem dramática da infância. Logo que nasce, a criança é símbolo do mal, um ser imperfeito esmagado pelo peso do pecado original. Em *A cidade de Deus*, Santo Agostinho explicita longamente o que entende por pecado de infância. Descreve o filho do homem, ignorante, apaixonado e caprichoso: se o deixássemos fazer o que lhe agrada, não há crime que não se precipitaria".

(Aristóteles), a loucura (Platão). Se a infância é assim rebaixada, é porque a humanidade é idealizada: a infância se define por oposição à sabedoria e à santidade. Comparada com esses estados, ela é um quase nada, é pura insuficiência. A insuficiência, a negatividade, a corrupção da criança fundam, na pedagogia tradicional, o direito do adulto à intervenção. A criança deve ser submetida a uma vigilância constante, não deve fazer nada por si mesma, o adulto deve mostrar-lhe tudo. A partir de Nietzsche, como já dissemos, em *Assim falou Zaratustra*, as crianças serão consideradas em sua positividade, na medida em que ele considerou a criança, na descrição das "três metamorfoses do espírito", como o último estágio do espírito humano. Uma positividade se instaura no olhar da filosofia sobra a criança.

Em Giorgio Agamben[7], importante filósofo político italiano contemporâneo, que retoma a analítica foucaultiana e nietzschiana, a infância será a única possibilidade de configurar a história, pois designa o momento de entrada na linguagem, sem a qual nem chegaríamos à adultice, como diz Walter Kohan, a partir de Agamben[8]. Essa é uma linha de pensamento que temos compartilhado e que pensa a infância como positividade. A infância, em Agamben, é primeiro a possibilidade de se chegar ao adulto e constituir a linguagem. Por isso, para essa vertente, a infância, ao invés de ser um momento "sem fala", segundo sua etimologia[9], é a única possibilidade de constituir fala, pois se a linguagem não se constitui na infância, torna-se muito difícil constituí-la quando adulto.

De uma perspectiva filosófica há os que pensam a infância como experiência. Segundo essa vertente, a infância atravessaria ou não a todos, inclusive as crianças. Um psicanalista brasileiro chamado Chaim

---

7 Giorgio Agamben, *Infância e história: destruição da experiência e origem da história,* Belo Horizonte: Ed. UFMG, 2005.
8 "Particularmente na obra *Infância e história*, mostra-nos muito sugestivamente, que, se bem é verdade que a infância é a ausência de linguagem, não é menos verdade que a adultícia é a ausência da possibilidade de se inscrever na linguagem, porque já se está dentro dela, ou porque se impossibilitou de entrar durante a infância. Em outras palavras, se tirarmos os casos excepcionais, são sempre as crianças, e não os adultos, que aprendem a falar. Quem entra na linguagem pela primeira vez é a infância, a aprendizagem da linguagem está ligada à disposição infantil. Ao abandonarmos a infância, deixamos a possibilidade de entrar na linguagem." Giorgio Agamben *Apud* Walter Kohan, *Infância, estrangeiridade e ignorância: ensaios de filosofia e educação*, Belo Horizonte: Autêntica, 2007, p. 122.
9 A palavra infância provém da palavra latina *infantia*, que significa aquele que não fala, ou incapacidade de falar.

Katz diz que devemos extrair de nós a crianceria – eu acrescentaria também as experiências educativas. Essa é uma palavra utilizada com o seguinte significado: "crianceria onde afetos se recusam à inscrição, afetos errantes em seus encontros, afetos-criança. Afetos que não se querem prisioneiros de algum sistema. Nem de si próprios, em busca do novo e criativo, permanentemente"[10]. É o que Deleuze[11] denominou "devir-criança" como uma forma de resistência aos agenciamentos empreendidos pelos adultos. É essa infância crianceira que temos de extrair de nós mesmos e também das crianças.

Na definição jurídica ela é uma cronologia: são crianças aquelas pessoas que possuem de 0 a 12 anos de idade. É uma etapa de desenvolvimento, de comportamento, de maturação, dirão os psicólogos. Cada uma dessas definições organizou as forças que estão em luta para a constituição de um conceito – a infância – de determinada maneira, e cada uma procurou prescrever e normatizar a criança no interior de uma concepção de infância; e dizemos infância, e cada definição é uma, diferente e em disputa.

A SOCIOLOGIA DA INFÂNCIA

Em 1920 nos Estados Unidos, em 1932 na França e em 1944 no Brasil – com o trabalho pioneiro, como já foi dito, de Florestan Fernandes – as crianças, sua infância e suas culturas serão descritas pelos sociólogos. Mas somente a partir da década de 1980 um campo teórico irá se constituir para *disputar* esse saber, que de alguma maneira pertencia à psicologia e à medicina, onde o foco era o adulto. A criança e sua infância sairão do interregno em que estavam colocadas.

A sociologia da infância fará algumas inflexões na tentativa de falar da criança e da infância a partir de outros referenciais e também prescreverá novas modalidades de análise para entender o que é ser

---
10 Chaim Samuel Katz, "Crianceria: O que é ser criança?", *Cadernos de subjetividade - Núcleos de estudos e Pesquisas da Subjetividade do Programa de Pós-Graduação em Psicologia Clínica da PUC*. São Paulo: 1996, Número especial, pp. 90-96.
11 Gilles Deleuze; Félix Guattari, *op. cit.*

criança e ter uma infância. Na França, essa sociologia nasce do campo saturado da sociologia da educação, ao passo que na Inglaterra e nos Estados Unidos esse campo advém dos estudos feministas e da antropologia. No Brasil, a sociologia da infância como campo começará a se constituir a partir da década de 1990, sob essa designação, especialmente a partir da área da educação.

Dos anos 1960 aos anos 1980, a sociologia da educação francesa tratou essencialmente das questões da desigualdade social. Durante esse período, os paradigmas eram constituídos pelos problemas que diziam respeito à maneira pela qual a escola reproduzia, por diversos mecanismos, a desigualdade social. Essa questão dominou a sociologia francesa porque se consiferava que a mobilidade social poderia ser feita de maneira honrável pela escola. Esse pensamento social se desenvolveu independentemente dos atores sociais, pois ele pensa a partir das "leis" do sistema. O que a sociologia da infância francesa pretendeu foi desescolarizar a criança, ou seja, pensar a criança para além do ofício do aluno, de que modo a criança encarna o ofício da infância para além do aluno. Na realidade, é quase um retorno à sociologia: não mais a uma sociologia da escolarização, mas a uma sociologia da socialização. A questão dela é como se adquire, como é, e como um sujeito encarna esse ofício.

Desde os debates de 1964, a sociologia da educação – na esteira dos trabalhos do importante sociólogo francês Pierre Bourdieu – buscou mostrar a maneira pela qual a escola favorecia os favorecidos e desfavorecia os desfavorecidos. Essa sociologia centra sua pesquisa no estabelecimento das relações entre desempenho escolar e desigualdade social, ou seja, o modo como a classe social marca, aparece e se reproduz no desempenho escolar e na vida escolar em geral dos alunos. Em suma: como o sistema escolar reproduz as desigualdades sociais? Podemos sublinhar, aqui, a ausência de trabalhos por parte dos sociólogos da educação de língua francesa sobre crianças imigrantes, em contraponto à quantidade de estudos empíricos e dos debates teóricos sobre esse temas na antropologia americana.

Assim, para pensar a criança, estávamos divididos entre duas lógicas principais. Uma delas, a clássica, parte do social como totalidade para, de algum modo, ir em direção à criança. A outra, mais nova, ou renovada, se interessa pelo sujeito singular, pela pessoa, por seus valores, expectativas, direitos, aspirações, cálculos, interesses, cultura, e ela se pergunta se a criança pode se construir e em quais condições.

Nos países de língua inglesa, de acordo com Montandon[12], foi sobretudo nos Estados Unidos, durante os anos 1920, que o interesse pelos estudos da criança obteve um avanço. Por volta do fim do século XIX, em meio a um contexto de industrialização crescente e também de urbanização e imigração, emergiu um interesse pelos problemas da criança, principalmente aqueles relacionados ao trabalho infantil, à deficiência mental e a delinquência juvenil. Nesse início, os sociólogos pouco se manifestaram: houve uma presença maior dos filantropos e reformadores sociais, juntamente com médicos e psicólogos, que intensificaram as discussões sobre a infância.

A sociologia, até então, não tinha reservado às crianças uma atenção específica. Elas sempre eram estudadas como um fenômeno interligado à escola e à família, e a socialização da criança era discutida como uma forma de inculcação dos valores da sociedade adulta. A partir dos anos 1980, os trabalhos sociológicos sobre a infância se multiplicaram.

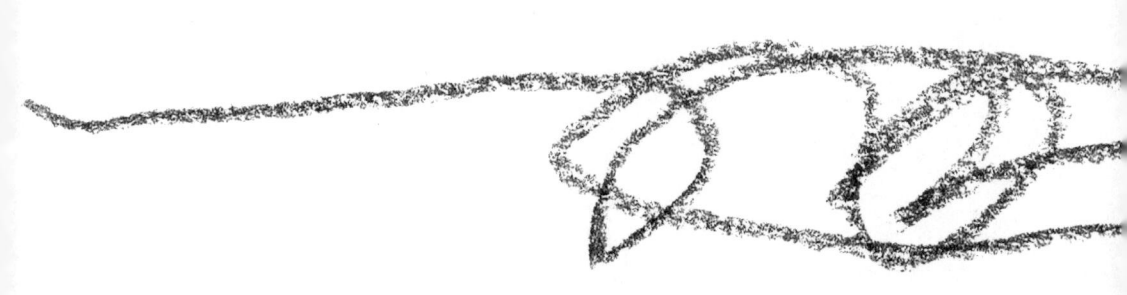

---

12 Cléopâtre Montandon, *L'Éducation du point de vue des enfants*, Paris: L'Harmattan, 2001.

SOCIOLOGIA DA INFÂNCIA NO BRASIL

Quais inflexões propostas pela sociologia da infância merecem destaque para podermos pensar uma sociologia da infância no Brasil?

Tal como foi dito antes, esse campo teórico surge com uma inflexão na concepção de socialização, que vinha sendo pensada até então segundo os aportes durkheimianos. Essa inflexão permite pensar a criança como sujeito e ator social do seu processo de socialização, e também como construtora de sua infância, como ator pleno, e não apenas como objeto passivo desse processo e de qualquer outro.

É importante destacar que o processo de socialização pensado e construído como uma maneira asséptica e indolor de produzir crianças e configurar infâncias não é simples, nem fácil, nem mesmo indolor. A socialização é um processo social de exercício de poder e saber que se impõe sobre a criança, para produzi-la. No entanto, a partir dos pressupostos da sociologia, esse processo deve ser entendido e descrito com a participação ativa da criança: ora resistindo, ora reinventando, ora imitando, ora aceitando.

Do ponto de vista epistemológico, a sociologia da infância não utiliza expressamente uma teoria, um autor, mas aproveita um movimento renovado da sociologia que fornece os paradigmas teóricos dessa nova construção do objeto. Há uma leitura crítica do conceito de socialização e de suas definições funcionalistas que leva a reconsiderar a criança como ator social, assim como uma leitura crítica da ideia de reprodução social. Do ponto de vista metodológico, a etnografia tem sido o suporte essencial para entender o ponto de vista da criança, pois essa é uma tarefa árdua. Qual é o ponto de vista que temos de adotar para entender o ponto de vista das crianças, desde a mais tenra idade? Entender o ponto de vista do outro é central para a construção de um debate na perspectiva da diferença. A sociologia da infância proclama a necessidade de ferramentas metodológicas que se conectem aos "devenires" imprevisíveis, já que as crianças rompem com aquilo que para nós é natural e necessário.

A partir dessa sociologia, a criança não é mais entendida como uma criança essencial, universal e fora da história. Porém, não basta trocar o axioma "a criança não é essencial ou natura" para o axioma "a criança é social e histórica". É preciso diagramar como é esse processo social e histórico de construção de crianças e de infâncias.

A questão da idade, até então pensada como algo natural e biológico, sofre também uma revisão e, do ponto de vista histórico e social, passa a estar vinculada ao conceito de geração, construído por Mannheim em artigo publicado em 1928[13]. Esse conceito possibilita entender a relação entre a infância e a idade adulta. Ou seja, o conceito de geração estabelece, ao mesmo tempo, o adulto e a criança, sem hierarquias.

Com o trabalho da inglesa Betty Mayall[14] preconiza-se que a sociologia da infância, tal como o feminismo, é um movimento político, já que entende as crianças como porta-vozes competentes de suas próprias histórias, vidas e relações sociais. A questão da representação política é um problema que não será desenvolvido aqui. De todo modo, sabemos que as crianças não são porta-vozes de si próprias, pois são

---

13 Karl Mannheim, "O problema das gerações", *Sociologia do conhecimento*, Porto, RES-Editora: 1928, v. 2, pp. 115-76.
14 Betty Mayall (ed.), *Children's Childhood: Observed and Experienced*, London: The Falmer Press, 1994.

os pais, os professores, os médicos que falam por elas; portanto, reivindicar voz às crianças se traduz como um movimento político.

A fala da criança pode vir a configurar uma inversão nos processos de subalternização e se constituir como movimento político. Já sabemos que são os adultos quem falam sobre as crianças, e que isso faz parte de uma das linhas do processo que chamamos de socialização. É o adulto quem fala na nossa hierárquica ordem discursiva.

É evidente que não basta ser adulto, mas fiquemos por um instante na relação binária adulto-criança.

Não há algo na fala das crianças que seja excepcional ou diferente (embora isso possa casualmente ocorrer), mas a criança, ao falar, faz uma inversão discursiva das hierarquias, que faz falar aquelas cujas falas não são levadas em conta, não são consideradas. Isto significa que não precisamos, quando pesquisamos crianças, fazer esforços imensos de interpretação, buscando sentidos ocultos ou desvelamentos surpreendentes: o que vale é a inversão, o esforço de ir ao encontro de uma certa "lei de raridade". Foucault fala em "efeito de raridade" e que "a interpretação é uma maneira de compensar a realidade, já que, na realidade, poucas coisas são ditas"[15].

A criança falar não é pouca coisa. Gayatri Spivak[16], uma pós-colonialista indiana, pergunta em seu livro: "Pode o subalterno falar?". Isso é central: quem pode falar? Como conseguir falar? Mesmo quando parece que todos falam, há os que não podem falar: é o caso das mulheres iranianas e africanas, das crianças pequenas, dos deficientes, das loucas... Como podem falar? Judith Butler as chama "vidas precárias" e pergunta quais vidas podem chorar e quais podem ser choradas. Diz Butler:

> certas vidas merecem ser choradas, outras não; a atribuição diferencial do direito ao luto (*grievability*), quem decide quais sujeitos devem ser chorados, e são efetivamente, e quais sujeitos não devem ser, produz e

---

[15] Luiz Benedito L. Orlandi, "Do enunciado em Foucault à teoria da multiplicidade em Deleuze". Em: Ítalo. A. Tronca, *Foucault vivo*, Campinas: Pontes, 1987, p. 23.
[16] Gayatri Chakravorty Spivak, *Pode o subalterno falar?*, Belo Horizonte: Editora da UFMG, 2010.

mantém concepções exclusivas de quem é humano de um ponto de vista normativo: qual vida é digna de ser vivida, qual morte de ser chorada[17].

Há vidas que não podem ser choradas, como se não tivessem a dignidade de serem choradas, e de serem vividas. Como conseguir romper com a grade ostensiva e poderosa daqueles que falam e cujas falas são consideradas, enquanto todas as outras não? Como fazer ecoar as vozes que não ressoam, ou, como diz Walter Benjamin[18], as vidas que não deixam rastros? É por isso que alguns desses autores são parceiros da pesquisa com a criança: são aqueles que se esforçam para fazer a história a contrapelo (como diria Walter Benjamin), aqueles que falam das minorias[19], não do ponto de vista numérico, mas minorias no sentido de que fogem às redes hegemônicas de sentido e de poder. Por isso criança é minoritária, assim como a mulher, assim como os negros.

Na realidade, há muitas dificuldades para aqueles que pretendem realizar estudos sobre a criança e a infância, dificuldades que se complexificam na medida em que temos de produzir formas de entender e de escutar as crianças naquilo que dizem. E, por vezes, o cardápio de sentidos de que dispomos é insuficiente para essa compreensão. A criança porta a diferença, a diversidade e a alteridade. Há inúmeros trabalhos que pretendem interpretar a fala da criança, dar-lhe voz, mas não é disso que se trata. A criança falar e ser ouvida é um movimento político.

---

17   Judith Butler, *Vie précaire. Les pouvoirs du deliu et la violence après le 11 septembre 2001*, Paris: Éditions Amsterdam, 2005, p. 17. [Tradução livre].
18   Walter Benjamin, "Sobre o conceito de história", *Obras escolhidas: magia e técnica, arte e política*, tradução de Sérgio Paulo Rouanet, São Paulo: Brasiliense, 1996.
19   Gilles Deleuze; Félix Guattari. *op. cit.*

REFERÊNCIAS COMPLEMENTARES

O QUE LER

Anete Abramowicz; Diana Levcovitz; Tatiane Cosentino Rodrigues. "Infâncias em educação infantil". *Pro-Posições*. Campinas: 2009, v. 20, n. 3, pp. 179-197.

Giorgio Agamben. *Infância e história: destruição da experiência e origem da história.* Belo Horizonte: Ed. UFMG, 2005.

Pierre Bourdieu; Jean-Claude Passeron. *Les héritiers: les étudiants et la culture.* Paris: Les Éditions de Minuit, coll. Grands documents, 1964, n. 18, p. 183.

Elisabeth Badinter. *Um amor conquistado: o mito do amor materno.* Tradução de Waltensir Dutra. Rio de Janeiro: Nova Fronteira, 1985.

Janusz Korczak. *Quando eu voltar a ser criança.* São Paulo: Círculo do Livro, 1986.

Ferenc Molnár. *Os meninos da rua Paulo.* São Paulo: Cosac Naify, 2005.

O QUE VER

A infância de Ivan. Direção de Andrei Tarkovski. União Soviética: G. Kusnekov/Mosfilm, 1962, 95 min, son, P&B.

Crianças invisíveis. Direção: Ridley Scott, *et al*. França/Itália: MK Film Productions, 2005, 116 min, son, color.

Cria corvos. Direção: Carlos Saura. Espanha: Elías Querejeta: 1975, 102 min, son, color.

Mary e Max – Uma amizade diferente. Direção: Adam Elliot. Austrália: Melodrama Pictures Pty, 2009, 92 min, son, color.

O garoto selvagem. Direção: François Truffaut. França: NTSC, 1970, 1 DVD, 83 min, son, P&B.

Os incompreendidos. Direção: François Truffaut. França: Les Films du Carrose e Sédif Produtions: 1959, 94 min, son, P&B.

OBRAS DE ARTE

As meninas, Diego Velázquez.
Disponível em: <https://www.museodelprado.es/en/the-collection/online-gallery/online-gallery/obra/the-family-of-felipe-iv-or-las-meninas/>. Acesso em: 05 nov. 2014.

A pequena bailarina de 14 anos, Edgar Degas.
Disponível em: <http://www.musee-orsay.fr/fr/collections/oeuvres-commentees/recherche.html?no_cache=1&zoom=1&tx_damzoom_pi1%5BshowUid%5D=1872>. Acesso em: 05 nov. 2014.

Obras do artista Candido Portinari.
Disponível em: <http://www.portinari.org.br/>

Obras do artista Joan Miró.
Disponível em: <http://fundaciomiro-bcn.org>.

Naña Camila Gomes de Abreu
Sesc Piracicaba
"Aqui é o teatro."

4. ARTE E EXPRESSÃO

Maria Isabel Leite

A expressão reta não sonha.
Não use o traço acostumado.
Manoel de Barros

Pesquisar a infância a partir das crianças pequenas nos ajuda a entender suas formas de comunicação. Meninos e meninas, desde bebês, relacionam-se com o mundo, prioritariamente, por meio dos cinco sentidos – que são como "a nossa janela de captação das sensações"[1]. Olham atentamente o que os cerca, cheiram tudo, provam o possível, perseguem e emitem sons, expressam-se facial e corporalmente, choram, riem, mexem-se em todas as direções. Pouco a pouco, vão descortinando o seu entorno, ganhando controle do próprio corpo e explorando suas inúmeras possibilidades. A cada momento que passa, internalizam imagens, estabelecem relações e associações, criam hipóteses e articulam, mais e mais, suas muitas facetas expressivas: rabiscam, desenham, pintam, colorem, colam, esculpem, dançam, cantam, narram histórias, imitam, dramatizam... Múltiplas linguagens vão se estruturando dia a dia, para que as crianças, lançando mão de sua dimensão imaginativa, em diálogo com suas vivências cotidianas, possam criar e recriar permanentemente, produzindo o que chamamos de *cultura infantil*. Em outras palavras: suas vivências incorporam-se como acervos pessoais na medida em que ganham significação e, assim, ampliam o repertório que servirá

---

1 Adair de Aguiar Neitzel; Andrey Felipe Cé Soares, "O Coordenador Pedagógico e a Educação Estética". Em: Adair de Aguiar Neitzel; Carla Carvalho (org.), *Formação estética e artística: saberes sensíveis*, Curitiba: CRV, 2012, p. 119.

de base às suas criações. Tal processo criador se caracteriza pela relação inaugural entre elementos desse acervo. Nesse sentido, pode-se afirmar que, quanto mais experiências a criança tiver e quanto mais ela ampliar seu repertório imagético – visual, sonoro, motor etc. –, maior será sua capacidade de criação, sua possibilidade de expressão autoral. Desse modo, favorecer acesso aos acervos artístico-culturais mais variados é poder relacionar o visto/vivido

> às nossas experiências, dando forma e sentidos diferenciados e únicos a partir da forma como os vemos e como os internalizamos. Nesse caso, perceber o mundo significa uma **atitude estética**, ou seja, através da e pela arte podemos aprender a ver todas as coisas de uma forma especial, superando os limites da não compreensão para uma compreensão ainda que subjetiva de nós mesmos[2].

O Serviço Social do Comércio de São Paulo, desde sua criação, se voltou, entre outras prioridades, para os momentos de lazer dos comerciários e de seus familiares. O senso comum entende o lazer como momento de ficar à toa, em contraste com as obrigações domésticas e laborais dos adultos[3]. Entretanto, estudiosos da área afirmam que há um processo educativo envolvido nesse lazer,

> enquanto tempo/espaço de vivências lúdicas, de expressão do indivíduo, de realização de vontades, enfim, de ser humano que idealiza, constrói e se desenvolve plenamente, acreditando que é possível o indivíduo educar-se – uma vez que a educação é permanente e o indivíduo, protagonista desse processo – durante o desenvolvimento de suas experiências de lazer[4].

---

2 Silvia Sell Duarte Duarte, "A arte e seu ensino na contemporaneidade". Em: Sandra Makowiecky; Sandra R. Oliveira (orgs.), *Ensaios em torno da arte*, Chapecó: Argos, 2008, pp. 35-53. [Grifo do autor deste artigo].
3 Lilia Márcia Barra, *Projeto Curumim: o gerenciamento do lazer infantil no Sesc Taubaté*. Monografia (Especialização – MBA em Gerência Empresarial), – Departamento de Economia, Contábeis, Administração e Secretariado, Taubaté: Universidade de Taubaté, 2001.
4 Regiane Cristina Galante; Luiz Gonçalves Júnior, "Educação pelo lazer: a perspectiva do Programa Curumim do Sesc Araraquara". Em: ANAIS do VI EDUCERE – Congresso Nacional de Educação. Curitiba: PUCPR, 2006, v. 1.

E como seria entendido o lazer infantil? Como ir na contramão das culturas de massa e dos processos avassaladores e impiedosos de uma parcela irresponsável da mídia, voltada exclusivamente para o consumo desenfreado, o acúmulo e a reprodução de um *status quo* competitivo e fragmentado? O Sesc São Paulo entendeu que haveria outra forma de adotar o preceito de educação pelo lazer numa perspectiva de educação mais plural e integral, voltada para meninas e meninos. Assim, desenvolve há quase 30 anos o Programa Curumim, que oferece oportunidades de experiências estéticas diversas a crianças de 7 a 12 anos.

Segundo Barra[5], esse programa surgiu em resposta a uma pressão social que mostrava que a escola, sozinha, não dava conta de atender as crianças desfavorecidas, estigmatizadas pela sociedade e, muitas vezes, vítimas de perseguição policial ilegítima. Assim, considerou-se que "os pais e mães que trabalham necessitam de um lugar para deixar seus filhos; esse lugar, para ser atraente, precisa oferecer opções constantemente diversificadas para não cansar seu público-alvo, coisa que a escola pública não teve condições materiais de fazer"[6]. Nessa

---
5   Lilia Márcia Barra, *ibidem*.
6   *Ibidem*, p. 65.

direção, o Sesc São Paulo assumiu seu papel de formador cultural, caracterizado como um espaço não formal de educação que busca favorecer o acesso de meninas e meninos ao conhecimento sensível, de maneira a cultivar neles uma *atitude estética* diante do mundo. Neitzel e Soares afirmam a necessidade de

> pensar a educação do sensível por meio das artes; uma forma da pedagogia dialogar com outras linguagens sem fazer uso estritamente pedagógico delas, sem percebê-las apenas como portadoras de temas e didáticas; uma proposta de ler a realidade escolar pelos sentidos[7].

Desenvolver um programa gratuito com atividades de arte (música, expressão corporal, artes plásticas, teatro, literatura, dança...), ciência e tecnologia, educação ambiental, esporte e lazer, relações sociais, é oferecer às crianças a oportunidade de refletir criticamente, de maneira lúdica e prazerosa, sobre o mundo no qual estão inseridas. É compreendê-las como sujeitos históricos e sociais, que são produzidos na cultura e também são produtores de cultura – cidadãos de pouca idade, plenos de direitos.

Reconhecermo-nos como sujeitos é percebermo-nos em nossa capacidade autoral – e a autoria é o desígnio de uma marca, uma representação forjada com identidade própria, singular ao sujeito criador e resultante de sua trajetória social, cultural e histórica. Valorizar a autoria de crianças é conceber meninos e meninas como sujeitos críticos e com capacidade expressiva. Favorecer a expressividade autoral das crianças passa por valorizar suas representações diferenciadas em detrimento de cópias e estereotipias; alicerça-se na ruptura com a mesmice e na oferta de experiências estéticas diversificadas e significativas, impulsionando o processo criador. Como escreve Nogueira[8], "desfrutar do processo criativo é oferecer a oportunidade de recons-

---

7   Adair de Aguiar Neitzel; Andrey Felipe Cé Soares, *op. cit.*, p. 119.
8   Ana Carmen Franco Nogueira, "A arte e o perceber: experiência do ateliê de artes para pessoas com deficiência visual". Em: Anderson Pinheiro Santos (org.), *Cadernos de Textos III – Diálogos entre arte e público. Acessibilidade cultural: o que é acessível, e para quem?*, Recife: Fundação de Cultura Cidade do Recife, 2010, v. 3, p. 58.

trução da personalidade, é dar autonomia e oferecer possibilidades de novas vivências e novos sentimentos, fazendo com que cada indivíduo tenha maior consciência para enfrentar suas escolhas".

As diretrizes do Programa Curumim se baseiam no direito à expressão singular da criança: oferta de materiais variados, propostas diferenciadas, interface entre as múltiplas facetas da arte e uso de recursos concretos e virtuais que servem de instrumentos para promover o desenvolvimento geral da criança e, em particular, sua criatividade.

Favorecer a criatividade é romper com o estabelecido, desacomodar percepções, enfrentar o novo, realinhar expectativas, desconstruir verdades e premissas; é entender a criança como sujeito de direitos, que estabelece relações complexas com diferentes atores sociais e está imersa nas dinâmicas do mundo como ser em permanente transformação, fruto de multifacetadas interações. Nesse sentido, uma das preocupações do programa é atuar também na esfera social, promovendo as tividades cooperativas em detrimento das competitivas; problematizando as questões cotidianas, com foco na responsabilidade social e na sustentabilidade; dando ênfase à dimensão afetiva do conhecimento e das relações que dele provém. Garcia ressalta que, no cenário cotidiano,

> não há lugar para imediatismo, ou seja, buscar resultados sem reflexão e sem a problematização necessária que os conceitos preestabelecidos nos oferecem. Estamos preparando nossas crianças para serem adultos capazes de interagir em situações repletas de diversidade e de transformações constantes? Permitimos e mediamos acessibilidade cultural aos nossos alunos? Possibilitamos ações que permitam que a acessibilidade e a inserção no universo cultural aconteçam? O que hoje é acessível? Quem são as pessoas que têm acessibilidade aos espaços culturais?[9].

---

9 Amélia Garcia, "Arte-educação e as rosas". Em: Anderson Pinheiro Santos (org.). *Cadernos de Textos III – Diálogos entre arte e público. Acessibilidade cultural: o que é acessível, e para quem?*, Recife: Fundação de Cultura Cidade de Recife, 2010, v. 3, pp. 79-82.

As respostas a esses questionamentos nos levam a refletir mais detidamente sobre as oportunidades de interação cultural oferecidas às crianças do programa aqui focado e as sobre formas de fazê-lo: por meio de "trabalho em equipe, formatam regras para o grupo, que compõem a convivência, o espaço utilizado, os materiais proporcionados pelo Sesc, o respeito ao outro, o aprendizado de novas linguagens e a reflexão sobre este novo aprendizado"[10]. Procuram também manter abertas as portas de interação social junto à comunidade vizinha, sobretudo por meio de campanhas e projetos.

Concordamos com a ideia de que a vivência artístico-cultural é um dos veículos disponíveis de emancipação e transformação social, e uma característica muito marcante nos processos de apropriação e produção das culturas infantis é que as crianças são expostas a vivências estéticas geralmente mediadas por um adulto. Isso aumenta nossa responsabilidade quanto àquilo que é a elas ofertado. Nas palavras de Santos,

> [o] mediador cultural deveria pôr em prática discursos que se entrelacem com o tempo/espaço/conceito da produção imagética, com o do observador [no caso deste texto, as crianças], possibilitando assim reconfigurá-los numa nova dimensão de conhecimento. Para que esse processo aconteça, é preciso que sejam realizadas diversas estratégias de mediação, que visem despertar no outro a percepção, através da descoberta de um saber[11].

Assumindo esse papel de mediador, o adulto deve preocupar-se com quais experiências artístico-culturais oferecer aos pequenos, e como e quando oferecê-las, não apenas em suas relações cotidianas informais, mas também de forma sistematizada nos espaços formais e não formais de educação. Em suas relações cotidianas informais, crianças

---

10 Marina Pereira, "Unidades do Sesc formam pequenos cidadãos". Disponível em: <http://pucjornal-mc.wordpress.com/2007/09/10/unidades-do-SESCM2]-lancam-projeto-curumim/>. Acesso em: 24 jul. 2014.

11 Anderson Pinheiro Santos, "Observar e compreender: a mediação cultural enquanto registro de uma presença vitalícia no mundo". Em: Anderson Pinheiro Santos (org.), *Cadernos de Textos III – Diálogos entre arte e público. Acessibilidade cultural: o que é acessível, e para quem?*, Recife: Fundação de Cultura Cidade do Recife, v. 3, 2010, p. 100.

têm experiências estéticas diversas e dão maior ou menor sentido a elas, dependendo das oportunidades de troca e de estabelecimento de relações que tais experiências proporcionam. Já os espaços formais e não formais de educação têm planejamento e intencionalidade explícitos em suas propostas artístico-culturais, visando estimular a elaboração de sentidos por parte de meninas e meninos.

As linguagens artísticas abarcam expressões literárias, visuais, musicais, teatrais e rítmico-corporais produzidas por homens e mulheres em diferentes tempos e espaços. São marcadas por componentes estéticos resultantes de intervenções intencionais. A arte, em suas diversas linguagens, reflete as questões emergentes de sua época, bem como os materiais einstrumentos de que artistas dispõem para se expressar. Assim, é possível sensibilizar crianças para os detalhes e o todo, para aproximações e distanciamentos, para diferenças e semelhanças, bem como provocar conexões aparentemente improváveis e desafiá-las a buscar caminhos próprios em suas manifestações artístico-culturais. Essa é uma das formas de favorecer não apenas sua autoria expressiva, mas também sua autonomia intelectual – e as diferentes linguagens artísticas são veículos privilegiados tanto de apropriação quanto de produção crítica de conhecimento do mundo. Visto dessa forma, seu aprendizado

> se constitui em real significado quando delegamos esforços na construção reflexiva do conhecimento. Nesse sentido, o passado não mais se configura como algo estático, é tão dinâmico quanto o presente, faz parte, interage com ele, é também presente, conferindo novas significações ao contexto[12].

Ou seja,

> a arte desempenha um papel fundamental para a transformação do olhar em relação ao mundo. Através dela podemos estabelecer relações significativas entre conteúdos teóricos e a cultura contemporânea, aprimo-

---

12 Silvia Sell Duarte, *op. cit.*, p. 37.

rando a capacidade crítica do indivíduo ao estimular um olhar criador, procurando perceber os diversos significados culturais implicados na imensa quantidade de imagens com que temos contato diariamente[13].

Esse é um dos pontos cruciais do trabalho que vem sendo desenvolvido no Programa Curumim: criar condições para que meninos e meninas de 7 a 12 anos tenham acesso à produção cultural de qualidade e dela possam se apropriar, estimulando não apenas seu discernimento crítico, mas qualificando sua possibilidade de atuação no mundo, de forma autoral e criativa.

> Neste contexto, o conflito não é visto como algo a ser evitado. A diversidade e a complexidade das relações sociais pressupõem as diferenças e o decorrente conflito de interesses e desejos. [...] [O] modo pessoal de cada criança ver, pensar e interpretar o mundo deve ser valorizado, mas a ideia da educação democrática é que, em última análise, vai nortear a nossa ação pedagógica[14].

Esse posicionamento é complementado por outro, igualmente importante: a visibilidade. Segundo Pereira[15], dar visibilidade à produção cultural das crianças é uma das propostas desse programa. E tomando para nós a ideia de Paul Klee segundo a qual "arte não reproduz o visível, torna visível", entendemos que as propostas artístico-culturais tornam as coisas possíveis exatamente porque as fazem visíveis. Daí decorre que devemos valorizar tanto as exposições e filmes feitos *sobre* como aqueles feitos *pelas* crianças do Curumim, e até mesmo blogues com postagens feitas pelas próprias meninas e meninos. Ver e ver-se

---

13 Cibele Lucena; Joana Zatz Mussi; Daina Leyton, "Projeto Aprender para ensinar: a mediação em museus por meio da língua brasileira de sinais (Libras)". Em: Anderson Pinheiro Santos (org.), *Cadernos de Textos III – Diálogos entre arte e público. Acessibilidade cultural: o que é acessível, e para quem?*, Recife: Fundação de Cultura Cidade do Recife, 2010, v. 3, p. 62.
14 Rogério Antonio Furlan Vieira, "Educação não formal e construção de conhecimento: a experiência do programa Sesc". Disponível em: <http://www.aliancapelainfancia.org.br/artigos.php?id_artigo=72>. Acesso em: 24 jul. 2014.
15 Marina Pereira, "Unidades do Sesc formam pequenos cidadãos". Disponível em: <http://pucjornalmc.wordpress.com/2007/09/10/unidades-do-SESC[M2] -lancam-projeto-curumim/>. Acesso em: 24 jul. 2014.

sujeito de seus processos de apropriação e produção artístico-cultural em muitas linguagens favorece a percepção positiva de si e amplia a autoestima das crianças envolvidas.

Todos esses aspectos esbarram em dois outros que não se pode ignorar: o planejamento daquilo que vai ser oferecido e a qualidade da proposta. A maneira de atuar como mediadores culturais junto às meninas e aos meninos diz respeito não apenas à concepção de infância que tomamos por base, mas também à concepção de ensino-aprendizagem a ser desenvolvida nos espaços não formais de educação. Embora prenhes de intencionalidade pedagógica, os espaços não formais de educação, se comparados aos espaços formais, são *loci* de maior liberdade expressiva, estruturados com maior flexibilidade de horários, conteúdos e planejamentos. Nada disso contradiz o fato de ele ser um programa sistemático e contínuo, através do qual as crianças são atendidas regularmente. Pelo contrário: essa característica permite ao programa desenvolver ações com continuidade, não fragmentadas ou prescritivas e superficiais, configurando propostas privilegiadas de estímulo à curiosidade e à imaginação infantis. Como sinaliza Vieira[16],

> apesar de no Programa Curumim não termos obrigações e preocupações com currículos a cumprir e exigências de conteúdos a "ensinar", isto não significa que nosso papel se resuma à mera recreação ou puro entretenimento, mesmo que nestas ações tenhamos preocupação com os aspectos relacionais, afetivos e de socialização.

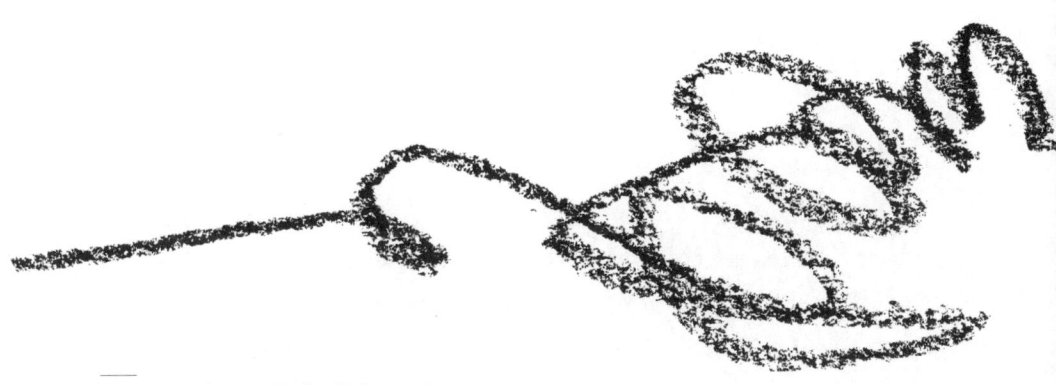

---

16 Rogério Antonio Furlan Vieira, *op. cit.*

Outra característica que diferencia as ações desse programa da maioria das propostas formais de educação é que as crianças no Curumim trabalham em agrupamentos etários heterogêneos. Isso reflete uma dinâmica social mais aberta e não segregacionista, mais inclusiva e não hierárquica, onde todos e todas têm o que ensinar e o que aprender em suas trocas – um tipo de organização que fortalece os laços de pertencimento e tolerância. Por se estruturarem dessa forma, programas de educação não formal têm mais liberdade de planejamento e devem pautar-se em estratégias pedagógicas mais plurais, focando

> em como assinalar os caminhos da aprendizagem, como incentivar o aluno a percorrer este caminho desperto para o novo e para o desconhecido, como, enfim, aguçar a curiosidade. Por meio da arte podemos decifrar o mundo e nós mesmos. A obra de arte e o fazer artístico proporcionam a experiência criadora onde nos diferenciamos e nos encontramos[17].

Contos, histórias, dramatizações; jogos e brincadeiras; desenhos e pinturas; vivências com os quatro elementos da natureza; trilhas e aventuras fantásticas; caçadas imaginárias em castelos de areia esculpidos em reinos virtuais desconhecidos; passeios a museus; danças,

---
17 Ana Carmen Franco Nogueira, *op. cit.*, pp. 58-9.

ritmos e expressões corporais; cavalheiros e donzelas em apuros nas histórias em quadrinhos; bolhas de sabão, bolas de gude e bolas de meia... Tudo isso (e muito mais!) cabe num planejamento voltado a escutar mais do que propor; a favorecer a experiência criadora em detrimento da mesmice; a privilegiar a problematização no lugar da aceitação passiva.

Os planejamentos, no programa aqui analisado, para serem coerentes com os preceitos estruturadores até então explicitados, devem sempre considerar a criança como sujeito lúdico; a brincadeira, em variadas formas, como uma das mais significativas expressões das culturas infantis; as meninas e meninos como sujeitos protagonistas, capazes de fazer escolhas individuais e coletivas, traçar rumos e metas para suas produções, discutir opções de materiais a serem utilizados em suas propostas expressivas. Nas palavras de Vieira[18], as "novas experiências educativas, como o Programa Curumim, têm surgido não para substituir ou complementar a educação formal, mas sim para responder a uma demanda crescente de novas e múltiplas formas de educação, interação e convivência".

Mas pode um(a) educador(a) que não tem acesso à cultura em suas diversas dimensões e aspectos, que não brinca ou lê, e que teve sua formação voltada para a repetição mecânica inquestionável, propor atividades nessa linha para as crianças? Como ele(a) vai, com os escassos recursos que carrega em seu acervo, fomentar a tal *atitude estética* nas crianças? É preocupante a constatação feita por Neitzel e Soares[19] em sua pesquisa: nas formações continuadas de educadores, a temática "arte" fica em último lugar. Isso aponta para o fato de que os gestores desconhecem que,

> por meio da arte, em especial pela experimentação e pela vivência das diferentes linguagens artísticas, pode-se promover a humanização dos professores[20], a qual poderá interferir em uma mudança qualitativa na

---
18 Rogério Antonio Furlan Vieira, *op. cit.*
19 Adair de Aguiar Neitzel; Andrey Felipe Cé Soares, *op. cit.*, pp. 119-32.
20 Entendo que essa mesma questão pode ser vista do ponto de vista dos educadores/animadores culturais e de todos os profissionais envolvidos com educação não formal.

educação, possibilitando ao professor, assim, propor mudanças no seu cotidiano escolar ao depor um olhar mais sensível em seus alunos[21].

Os autores defendem que esse quadro seja revertido e que é fundamental possibilitar "o desenvolvimento de habilidades e conhecimentos diretamente ligados ao fazer artístico, ao ato de apreciar, de observar os detalhes e de reconhecer no mundo o que antes passava despercebido"[22] – o que chamamos de *estranhamento*, de desacomodação. Por isso, o Programa Curumim preocupa-se com a seleção e formação permanente de seus mediadores[23] de maneira a prové-los da maior variedade possível de experiências culturais e sociais, além de supri-los constantemente com conhecimentos teórico-técnicos, estimulando a reflexão crítica sobre suas próprias práticas. Na análise de Galante e Gonçalves Júnior[24], "o educador deve estimular a curiosidade, a participação e a autonomia com (e não *para* ou *sobre*) os educandos, pois dessa forma desenvolverá a sua própria curiosidade, educando-se também".

---

21 Adair de Aguiar Neitzel; Andrey Felipe Cé Soares, *op. cit*. p. 123.
22 *Ibidem*, p. 125.
23 Historicamente, os profissionais têm sido nominados de diferentes formas: instrutores, educadores, animadores culturais – terminologias que ainda convivem simultaneamente, como sinônimos, embora seja importante frisar que na instituição elas têm funções distintas. Para sublinhar a importância da mediação que esses sujeitos exercem junto às crianças, escolhi, aqui, chamá-los de mediadores.
24 Regiane Cristina Galante; Luiz Gonçalves Júnior, *op. cit*.

O programa aqui focado, com toda a gama de propostas artístico-culturais diferenciadas que proporciona às crianças, o faz por acreditar que, para a consolidação de uma sociedade mais justa, sustentável e sensível, não basta as pessoas *estarem* no mundo: é preciso desacomodar as percepções, estranhar o familiar, desenvolver um processo de aproximação e distanciamento diante das imagens que chegam até nós. É necessário que nos constituamos como cidadãos abertos para o novo, buscando equilibrar as dimensões ética e estética. Pois, como nos ensina o poeta,

> O olho vê,
> a lembrança revê,
> e a imaginação transvê.
> É preciso transver o mundo[25].

---

25 Manoel de Barros, *O livro sobre nada*, Rio de Janeiro: Record, 1997, p. 75.

REFERÊNCIAS COMPLEMENTARES

O QUE LER
Manoel de Barros. *Exercícios de ser criança*. São Paulo: Salamandra, 1999.

Hélio Shornik Vita; Mário José Filhou; Sonia Joana Jabur Salomão. *A educação ambiental popular e cidadania planetária como alicerce na inserção da questão socioambiental no Programa Curumim do Sesc São Paulo*. Trabalho apresentado no VI Encontro Internacional Fórum Paulo Freire. São Paulo, 2008 [mimeografado].

O QUE OUVIR
Palavra Cantada. *Um minutiiiinho!* São Paulo: Selo MCD, 2012.

O QUE VER
Cinema Paradiso. Direção: Giuseppe Tornatore. Itália/França/Alemanha: Cristaldifilm, Les Films Ariane, Radiotelevisione Italiana, TF1 Films Production, Forum Picture, 1988. 173 min, son, color.

BLOGUES E SITES
www.oquefazemosnocurumim.blogspot.com.br
www.curumimsantos.blogspot.com.br
www.curumimsjcampos.blogspot.com.br
www.curumimcampinas.blogspot.com.br
www.sesccurumimbauru.blogspot.com.br
www.www.sescsp.org.br/sesc/programa_new/mostra_detalhe.cfm?programacao_id=190128

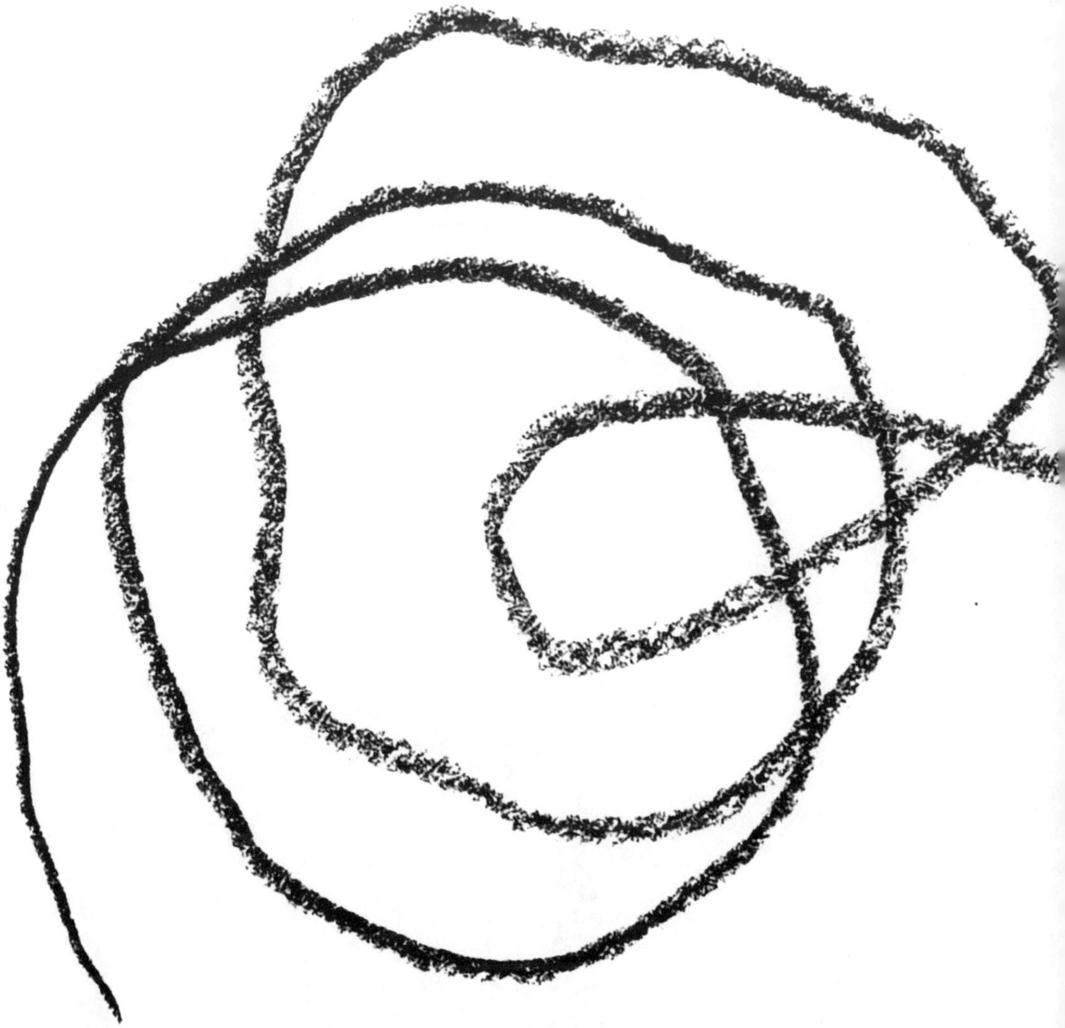

Giovanna Felinto da Silva

Sesc Consolação

5. SILÊNCIO! CRIANÇAS BRINCANDO

Ilona Hertel

Agora eu era o herói
E meu cavalo só falava inglês
A noiva do cowboy
Era você além das outras três...
Chico Buarque, *João e Maria*

Ainda[1] me lembro de minhas brincadeiras de criança. Não tínhamos muitos brinquedos. Em compensação, as crianças de minha família tinham muitas oportunidades de desenvolver o seu repertório lúdico. No meu caso, como havia muitos livros ao nosso redor, brincava com a construção de narrativas ligadas a essa linguagem. Era a casinha embaixo da mesa, repleta de filhos e de angústias, comuns nas novelas que minha mãe lia e que eu lia escondido dela. Havia, também, as situações do circo, uma vez que minha família, desde muitos antepassados, vinda do leste europeu, era de artistas de circo. Brincávamos, minha irmã e eu, de malabarismo, mágica, trapézio nos balanços etc.

Assim, não me recordo de acumular frustrações por não ter o brinquedo mais moderno e a boneca mais cara do mercado. Quase tudo que havia em casa transformava-se em brinquedo. Nós construíamos nossas narrativas brincantes, ora nos transformando em personagens de nossas brincadeiras, ora dando vida aos objetos, que se transfiguravam em personagens da narrativa. Dessa forma, a almofada virava o bebê, os botões furtados da caixa de costura viravam joias, entre outras coisas.

---

1 Ilona Hertel, "Convite ao silêncio", *Revista E*, São Paulo: Sesc.

Em minha trajetória como educadora, pude observar muitas crianças brincando, nas mais diferentes situações. E é impossível esquecer o relato que ouvi de meninos e meninas em situação de rua, com quem trabalhei ao longo de quase uma década. Conversávamos sobre tudo, inclusive sobre suas brincadeiras. E, nessas conversas, revelava-se um lado trágico dessa questão: contavam esses meninos que, quando estavam nos semáforos, assustando e vitimando as pessoas, consideravam tudo uma grande brincadeira. Brincar de bandido e mocinho. Assustador. Nosso trabalho, então, era o de mostrar a esses meninos que as demais pessoas envolvidas na cena não viviam a experiência da mesma forma. Elas viviam o terror. E nessas conversas, que duravam muito, às vezes esses meninos entendiam que era impossível para suas vítimas perceberem que eles jamais efetivariam suas ameaças. Outro caso revelador do papel da brincadeira encontrei no relato de uma menina, hoje jornalista, que teve dezenas de passagens pela antiga Febem, uma vez que vivia nas ruas e praticava furtos. Ela conta que era comum, nesses lugares, os adolescentes permanecerem o dia todo sentados ao sol, apenas com roupas íntimas, sem poder se comunicar com ninguém. Ela conta que passava esses longos dias brincando com suas mãos, construindo narrativas onde seus dedos convertiam-se em personagens. Pela aridez de sua vida, podemos imaginar do que brincava essa menina.

Nesses tempos de grande apelo ao consumo de brinquedos estruturados, tempos em que a criança é tomada antes de tudo como consumidora, precisamos tomar consciência de que as crianças não precisam de brinquedos estruturados para brincar. Elas precisam de tempo e espaço. E de algo mais. Silêncio.

Assim, voltando ao título deste artigo, convido todos os adultos que vierem a lê-lo para que, diante de crianças brincando sozinhas ou com seus pares, imaginem uma placa que diz: SILÊNCIO! CRIANÇAS BRINCANDO! Que abram mão de ter de ensinar tudo. Que reconheçam a inteligência de que toda criança é dotada e que lhe garante o acesso à cultura de sua comunidade. Temos muito a ensinar, mas isso tem tempo e lugar para acontecer. Devemos cessar de imediato os processos que furtam a infância de nossas crianças. Precisamos devolver o direito de brincar em liberdade e com seus pares. Desse modo, parafraseando uma amiga ambientalista, antes de pensar que mundo deixaremos para nossos filhos, cabe-nos pensar que filhos estamos deixando para o mundo. Como diz Lydia Hortélio, pesquisadora do universo brincante, brincar é uma questão ecológica. E, por favor, silêncio!

EDUCAÇÃO: É BRINCADEIRA![2]

Tornou-se uma noção generalizada no mundo dos adultos que a brincadeira é a atividade do tempo livre das crianças. Primeiro, elas têm de ir às aulas, depois cumprem suas obrigações, e só aí estarão liberadas para aquela que se considera sua principal atividade de lazer: a brincadeira.

Reside aí um grande equívoco quando se pensam e formulam políticas educacionais. A brincadeira não é uma atividade a mais na vida das crianças. Ela é, fundamentalmente, a forma pela qual conhecem o mundo. É o mecanismo que possibilita às crianças a criação no mundo. Portanto, todo e qualquer serviço, espaço ou atividade que se organiza para elas deve possibilitar a brincadeira.

A esse respeito, Schiller, poeta e filósofo alemão do século XVIII, afirma que "o homem joga somente quando é homem no pleno sentido da palavra, e somente é homem pleno quando joga".

Dessa afirmação pode-se entender que é no plano do jogo (da brincadeira) que o homem se realiza plenamente, e exatamente porque é nesse campo, do lúdico, do brincar, que a ação desinteressada, não vinculada a uma função ou interesse específico, acontece. Essa ideia se vincula à teoria de Kant, para quem "o prazer estético se baseia no livre jogo das nossas funções mentais, em face do objeto belo e na harmonia lúdica das nossas capacidades de imaginação e entendimento".

---
2   Ilona Hertel, "Educação: é brincadeira!", *Revista E*, São Paulo: Sesc.

No ato de brincar, não é necessária a vinculação com uma funcionalidade. A liberdade de criar e de se relacionar com os objetos e situações de seu próprio repertório possibilita o desenvolvimento de um pensamento autônomo, criativo e reflexivo, aspectos essenciais à elaboração de teorias.

Também com base na reflexão de Schiller, vemos que a brincadeira não é importante apenas para a produção do conhecimento, da racionalidade. Ela é o elemento decisivo para o desenvolvimento do campo da sensibilidade. O brincante experimenta, cria, fantasia, toma contato com o belo, com a estética. Assim, a racionalidade e a sensibilidade vão dando às pessoas, inclusive às mais novas, condições de ter uma visão mais complexa da realidade.

Os espaços sociais mais comuns das crianças, em centros urbanos como São Paulo, são pouco acolhedores para brincar ou se converteram em obstáculos para a brincadeira. As ruas são, em nossos tempos e cada vez mais, domínio dos automóveis e outras forças que acabam por dificultar o uso do espaço público, inviabilizando, assim, a liberdade de expressão na comunidade – que, no caso de crianças e adolescentes, passa pela brincadeira. Dessa forma, as brincadeiras populares vão se perdendo, relegadas ao esquecimento.

Restam poucos espaços para a livre expressão e o desenvolvimento de adolescentes e crianças, razão pela qual é urgente que a brincadeira seja colocada no centro das preocupações de todos os que se propõem a lidar com o desenvolvimento integral deles.

Colocar a brincadeira no centro significa:

- Pensar em arquitetura e espaços físicos acolhedores e facilitadores;
- Qualificar pessoas para estabelecer vínculos afetivos e criativos com esse público;
- Considerar que crianças e adolescentes não são apenas pessoas do amanhã: elas têm existência concreta e objetiva, são capazes de refletir e produzir conhecimento, e devem ser entendidas em sua integralidade.

O Sesc São Paulo, em suas ações no campo da educação não formal, busca refletir sobre esses valores em programas como o Curumim, que nos últimos vinte anos tem acolhido crianças em horários alternativos ao horário escolar, de forma sistemática, com o objetivo de possibilitar os tempos e espaços necessários para o brincar, mediados pela cultura em suas mais diferenciadas linguagens.

Por fim, lembro as palavras de Carlos Drummond de Andrade: "Brincar não é perder tempo, é ganhá-lo. É triste ter meninos sem escola, mas mais triste é vê-los enfileirados em salas sem ar, com exercícios estéreis, sem valor para a formação humana".

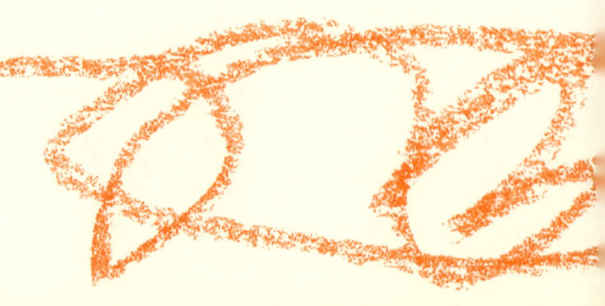

REFERÊNCIAS COMPLEMENTARES

O QUE VER

Bilu e João. Direção: Katia Lund. Brasil e Itália: RAI Cinema/MK Film Productions. 15 min, son, color.

Crianças invisíveis. Direção: Katia Lund, Spike Lee, Emir Kusturica, John Woo, Ridley Scott, Mehdi Charef e Stefano Veneruso. Brasil, Itália, Estados Unidos, Inglaterra, China, África: MK Film Productions, 2005, 116 min, son, color.

Elefante. Direção: Gus van Sant. Estados Unidos: HBO Films, 2003, 81 min, son, color.

Jesus Children of America. Direção: Spike Lee. EUA: MK Film Productions, 20 min, son, color.

Machuca. Direção: Andrés Wood. França, Reino Unido, Chile e Espanha: 2004, 120 min, son, color.

O garoto da bicicleta. Direção: Jean-Pierre Dardenne, Luc Dardenne. Bélgica, Itália e França: Imovision, 2011, 87 min, son, color.

Os filhos do paraíso. Direção: Majid Majidi. Irã: Miramax, 1997, 88 min, son, color.

Song Song & Little Mao. Direção: John Woo. China: MK Film Productions, 18 min, son, color.

Leonardo Araújo de Moura
Sesc Campinas

"Não dava pra sair da roda, porque falavam muito. Os educadores tinham que gritar. São 84 crianças no total, com 4 educadores."

! BLA...!!

6. RODAS DE CONVERSA: A CIRCULARIDADE DIALÉTICA E A EXPERIÊNCIA CURUMIM

Mara Rita Oriolo

O mundo é redondo ao redor do ser redondo.
Gaston Bachelard, *A poética do espaço*

RODA: A FORMA CIRCULAR NA CULTURA

O círculo possui vários significados e sentidos simbólicos em diversas culturas e religiões. A forma circular está presente no micro e no macrocosmo, encontra-se na natureza, no corpo humano, na arte e nas culturas. Representa o ciclo, o movimento, a harmonia, a unidade e a totalidade. Os movimentos da natureza são cíclicos, como o nascer do sol e da lua, as estações do ano. Encontra-se em diversas religiões e mitos, e está presente nos rituais de passagem, nas celebrações e em orações.

O círculo como símbolo do mundo espiritual indica os movimentos cíclicos; é o desenvolvimento do ponto central. É a figura dos ciclos celestes, das representações planetárias e o signo da harmonia, utilizado como modelo para normas arquitetônicas.

As mandalas, que têm formato circular, são representações presentes nas tradições culturais hinduístas e budistas-tibetanas, nas quais são usadas como instrumentos de cultos e de meditação. A partir de várias combinações que unem o círculo, o quadrado e a espiral, podem significar o mundo espiritual e material.

Segundo o estudo de Dibo[1], o termo "mandala" vem do sânscrito e indica círculo e, ainda, *manda* (essência) e *la* (conteúdo), podendo

---

1 Monalisa Dibo, "Mandala: um estudo na obra de C. G. Jung", *Último Andar*, São Paulo: 2006, n. 15, p. 109-120. Disponível em: <http://www.pucsp.br/ultimoandar/download/UA_15_artigo_mandala.pdf>. Acesso em: 31 jul. 2014.

ser entendido como o "círculo da essência". A autora faz uma análise do estudo de Jung e levanta as contribuições desse autor para a psicologia analítica, ao utilizar as mandalas como instrumento conceitual para analisar as estruturas arquetípicas da psique humana. Para Dibo, Jung entende a mandala como uma tentativa de autocura inconsciente, sendo o arquétipo da ordem, da integração e da plenitude psíquica. O *Self* ou *Si Mesmo* é um dos arquétipos estudados por Jung e expressa a totalidade do homem, podendo aparecer através da mandala. Segundo Dibo, "Jung adotou a expressão sânscrita mandala para descrever desenhos circulares que fazia com seus pacientes, associando a mandala ao Self, centro da personalidade como um todo"[2].

A mandala é interpretada como o equilíbrio perfeito e apareceu não só em manifestações religiosas, mas também em obras de arte, monumentos arquitetônicos, figuras lendárias, como a "távola redonda", e nas danças circulares, que são formas de expressão de diversas culturas. Para Franz[3], a mandala também pode servir a um propósito conservador, o restabelecimento de uma ordem preexistente.

O círculo tem o centro como organizador e ponto de conexão; não tem ponta, primeiro ou último lugar; todos olham para o centro, veem-se, estabelecem contato, que pode ser de estranhamento, de alteridade, de equidade ou de pertencimento.

Bachelard, em *A poética do espaço*, no capítulo "A dialética do exterior e do interior", discute o que ele chama de geometria implícita, ou seja, o pensamento que se especializa, ora aberto, ora fechado, em círculos que se superpõem ou se excluem, uma lógica da espacialidade comparada ao filósofo, que, numa relação de interior e exterior, "pensa o ser e o não ser"[4]. Essa ideia do espaço por meio de relações metafóricas contribui para o entendimento da relação do sujeito com o mundo e seu campo de imaginação e expressão. A forma circular se dá nessas relações metafóricas entre interior e exterior, aberto e fechado, vazio e cheio, positivo e negativo, em complementaridade.

---
2 Monalisa Dibo, *op. cit.*, p. 117.
3 Marie Louise von Franz, "O processo da individuação". Em: Carl Jung. (org.), *O homem e seus símbolos*, 6. ed. Rio de Janeiro: Nova Fronteira, 1964, pp. 158-229.
4 Gaston Bachelard, *A poética do espaço*, 2. ed. São Paulo: Martins Fontes, 2008, p. 215.

Pensar o círculo a partir dessa experiência poético-estética permite vê-lo não apenas como uma imagem geométrica que se fecha em si, que se movimenta para um lado ou para o outro, mas como um espaço de expansão e contração, de exteriorização e interiorização.

Esse movimento pode ser compreendido na aquisição do sentimento de pertença social e cultural, aquilo que possibilita a identidade, o compartilhar, estar atrelado a uma comunidade e suas tradições e costumes. Pertencer é sentir-se inserido no espaço em que se encontra, unido a uma coletividade que representa a essência da existência e proporciona o autorreconhecimento.

Numa sociedade de consumo excessivo em que tudo é facilmente descartado e trocado por algo mais novo ou mais avançado tecnologicamente, assim também ocorre com os sujeitos em suas relações sociais e estilos de vida, de forma que pertencer é uma das maneiras de concretizar a própria existência.

Mas o círculo também pode significar controle, vigilância e disciplina. Um exemplo é o panóptico de Bentham[5], uma figura arquitetônica utilizada como modelo na construção de hospitais, prisões, fábricas e escolas. Foucault, em *Vigiar e punir*, explica a figura:

> O princípio é conhecido: na periferia, uma construção em anel; no centro, uma torre; esta é vazada de largas janelas que se abrem sobre a face interna do anel; a construção periférica é dividida em celas, cada uma atravessando toda a espessura da construção; elas têm duas janelas, uma para o interior, correspondendo às janelas da torre; outra, que dá para o exterior, permite que a luz atravesse a cela de lado a lado. Basta então colocar um vigia na torre central, e em cada cela trancar um louco, um doente, um condenado, um operário ou um escolar. Pelo efeito da contraluz, pode-se perceber da torre, recortando exatamente sobre a claridade, as pequenas silhuetas cativas nas celas da periferia. Tantas jaulas, tantos pequenos teatros, em que cada ator está sozinho, perfeita-

---

[5] Jeremy Bentham (1748-1832) foi filósofo e jurista inglês. Em 1789, concebeu o panóptico, projeto de uma prisão modelo que acabou se estendendo a planos para instituições educacionais, de saúde e de trabalho.

mente individualizado e constantemente visível. O dispositivo panóptico organiza unidades espaciais que permitem ver sem parar e reconhecer imediatamente. Em suma, o princípio da masmorra é invertido; ou antes, de suas três funções – trancar, privar de luz e esconder – só se conserva a primeira e suprimem-se as outras duas. A plena luz e o olhar de um vigia captam melhor que a sombra, que finalmente protegia. A visibilidade é uma armadilha[6].

A ideia do panóptico permite uma visibilidade frontal, mas as divisões do anel não permitem a visibilidade lateral. Para Foucault, isso garante a ordem: se for com crianças não há "cola", entre operários não há furto, e assim por diante.

Segundo Foucault, essa visibilidade assegura que o poder tenha um funcionamento automático e que a vigilância ocorra de todos para todos. Assim, esse poder se dissolve e "um indivíduo qualquer, quase tomado ao acaso, pode fazer funcionar a máquina: na falta do diretor, sua família, os que o cercam, seus amigos, suas visitas, até seus criados"[7]. O panóptico funciona como uma máquina e, apesar da forma perfeita que é o círculo, proporciona dissimetria, desequilíbrio e diferença. Não há necessidade de grandes correntes e pesadas fechaduras, porque o próprio princípio de separação possibilita a obediência e o "bom comportamento", sem a necessidade de uso da força. O condenado se comportará, o operário cumprirá seu trabalho, o escolar se aplicará, e o louco se acalmará. Para Foucault:

> O panóptico é um zoológico real; o animal é substituído pelo homem, a distribuição individual pelo grupamento específico e o rei pela maquinaria de um poder furtivo. Fora essa diferença, o panóptico, também, faz um trabalho de naturalista. Permite estabelecer as diferenças: nos doentes, observar os sintomas de cada um, sem que a proximidade dos leitos, a circulação dos miasmas, os efeitos do contágio misturem os quadros clínicos; nas crianças, anotar os desempenhos (sem que haja

---

6 Michel Foucault, *Vigiar e punir: nascimento da prisão*, 24. ed. Petrópolis: Vozes, 2002, p. 165.
7 *Ibidem*, p. 167.

limitação ou cópia), perceber as aptidões, apreciar os caracteres, estabelecer classificações rigorosas e, em relação a uma evolução normal, distinguir o que é "preguiça e teimosia" do que é "imbecilidade incurável"; nos operários, anotar as aptidões de cada um, comparar o tempo que levam para fazer um serviço, e, se são pagos por dia, calcular seu salário em vista disso[8].

O panóptico funciona como experimento para modificar comportamentos, treinar ou moldar os indivíduos, testar remédios, criar punições eficazes para cada caso, aplicar técnicas aos operários e processos pedagógicos aos escolares. É um aparelho de controle e um laboratório de poder, graças ao seu mecanismo de observação. Há um predomínio da figura do panóptico nos sistemas carcerários, por conta de suas funções múltiplas de controle, confinamento, solidão, punição e trabalho forçado, mas seu mecanismo pode ser usado em outros espaços; qualquer instituição panóptica pode exercer sem dificuldade suas inspeções.

O círculo aparece na arquitetura dos templos, teatros e circos desde a Antiguidade. Ele remete a uma sociedade que foi se constituindo e se representando por meio dos espetáculos e festas, bem como à intensidade da ritualização e ao reforço às tradições. Porém, de acordo com Foucault, a sociedade moderna não tem a comunidade e a vida pública como elementos principais, mas sujeitos ao Estado que se relacionam pelo mecanismo da vigilância. A falsa ideia de disseminação da comunicação, na verdade, acarreta a acumulação e a centralização do saber. Para Foucault, "não estamos nem nas arquibancadas nem no palco, mas na máquina panóptica, investidos por seus efeitos de poder que nós mesmos renovamos, pois somos suas engrenagens"[9].

A sociedade capitalista, que visa à acumulação de capital por meio de técnicas e da divisão e racionalização do trabalho, também utiliza os princípios do panoptismo. Os esquemas de produção estão pautados em mecanismos de poder, coerção e disciplina para o crescimento

8 *Ibidem*, p. 168.
9 *Ibidem*, p. 179.

da economia capitalista. De acordo com Foucault, "a extensão dos métodos disciplinares se inscreve num amplo processo histórico: o desenvolvimento mais ou menos na mesma época de várias outras tecnologias – agronômicas, industriais, econômicas"[10].

O círculo pode ser a forma usada para o controle, a vigilância, a disciplina e a clausura; ele se movimenta, mas sempre volta ao mesmo ponto. Pode ser instrumento de opressão e de violência, acorrentando visões de mundo, sonhos e utopias.

Esse mesmo círculo pode significar movimento no sentido de vida, totalidade, expressão de culturas e estabelecimento de olhares. Também é a possibilidade do encontro de grupos e comunidades, expressão de manifestações culturais, ritualidade e celebração. Os círculos estão presentes em nossa sociedade contraditória, desigual e muitas vezes opressora, que, em sua própria contradição, possibilita movimentos de resistência, luta e ressignificação.

A circularidade, como movimento de extensão e compressão para a mudança, para o exercício constante da internalização e externalização, é o que nos apresenta Bachelard[11]. O círculo como repetição em si mesmo é o cíclico que retorna sempre ao mesmo lugar, num movimento perfeito, que não se desordena para se reconstruir.

A circularidade pode ser entendida como uma forma de transmissão dos saberes e conhecimentos, o encontro de gerações e culturas, a rememoração da história de comunidades e grupos para a apropriação e ressignificação da cultura. Essa forma circular representa, muitas vezes, a essência de um trabalho coletivo que se efetiva por meio de comunidades.

A celebração e a ritualidade têm a temporalidade como uma lembrança do passado e a repetição do presente para a construção de novas perspectivas de futuro.

As manifestações culturais populares, como o samba de roda, o coco, o jongo, a capoeira, o samba de umbigada e de batuque, dentre tantas outras, nasceram das influências africanas e indígenas e,

---

10 *Ibidem*, p. 185.
11 Gaston Bachelard, *op. cit.*

muitas vezes, estão ligadas às manifestações religiosas, como o candomblé e a umbanda. Essas manifestações não se restringem à musicalidade, abarcando uma gama de expressões que constituem suas práticas cotidianas, como a dança, a comida, a oralidade, a ritualidade, e que permitem uma vida em comunidade. Nesse sentido, a roda é o elemento para a reunião, a proximidade e a associação de pessoas e culturas. A disposição em roda por meio do círculo permite a comunicação entre as pessoas e o estabelecimento de olhares, identificações e ações coletivas. A roda demarca o espaço do encontro e da inclusão; nenhuma roda está fechada em si: sempre pode se abrir para a entrada de mais um.

Nas manifestações culturais populares, a roda possibilita o sentimento de pertença e a constituição comunitária de pessoas unidas por objetivos comuns.

As manifestações culturais populares, originadas predominantemente nas classes menos favorecidas, passam constantemente processos de exclusão, discriminação e reificação, de forma a perderem o sentido de coletividade, importante nas lutas sociais.

Nesse sentido, percebem-se, nas manifestações culturais populares, processos de resistência, ressignificação e reapropriação de modo a garantir sua sobrevivência diante da mercantilização da cultura e das relações sociais. Nesses momentos de resistência, celebração e união, as manifestações se transformam em comunidades, que se encontram não somente para a representação, mas também para a luta coletiva por seus interesses comuns.

A relação entre cultura e comunidade se dá nesses grupos através do princípio da igualdade e da relação de pertencimento. Segundo Simson[12], "o indivíduo, ao mesmo tempo que se percebe pertencente a um determinado espaço (urbano ou social), também compreende que, ao pertencer, ele se torna importante, relevante e válido naquele espaço". Ou seja, o sujeito, ao se sentir pertencente, consegue elaborar sua identificação com o bairro onde mora, a família, os vizinhos

---

12 Olga. R. de M. Simson; Margareth B. Park; Renata Sieiro Fernandes (org.), *Educação não formal: cenários de criação*, Campinas: Editora da Unicamp, 2001, p. 261.

ou a cultura local. Por meio desse sentimento de pertença é que pode construir a noção de cidadania, como conscientização e transformação social.

Grande parte dessas manifestações possui, em suas práticas e vivências, a forma circular como identidade e pressuposto de realização. A roda possibilita as trocas simbólicas, a transmissão das tradições, o espaço de luta e de conquistas coletivas. De acordo com Souza, "a roda pode ser observada nas religiões afrobrasileiras, nos ritos indígenas, na cultura caipira ao redor do fogo ou mesmo ao redor da mesa dos camponeses"[13].

Essas manifestações se reúnem para suas celebrações em espaços alternativos no interior de suas comunidades, como o quintal de uma casa, uma praça, um salão comunitário. Estabelecer o formato da roda para esse encontro é possibilitar o estabelecimento do olhar, do vínculo, do pertencimento, do reconhecimento através do outro. Segundo Brandão, "a festa quer lembrar. Ela quer ser a memória do que os homens teimam em esquecer – e não devem – fora dela"[14].

Os trabalhos de Bakhtin, em *A cultura popular na Idade Média e no Renascimento*[15], e de Ginzburg, em *O queijo e os vermes*[16], apresentam as relações entre a cultura popular e a cultura hegemônica, a circularidade como processo estabelecido entre as classes sociais, e a oralidade como prática importante no diálogo entre essas realidades. A festa, o tempo circular de comemoração e celebração e os momentos de embate e intersecção são elementos de sobrevivência para as manifestações culturais populares que vivem, cotidianamente, momentos de enfraquecimento e resistência. Bakhtin e Ginzburg abordam a circularidade cultural e seus conflitos. Em ambas as obras o que se discute é o movimento de infiltração e permeabilidade entre as manifestações culturais das classes subalternas e as da elite.

---
13 Eduardo Conegundes de Souza, *Roda de samba: espaço da memória, educação não formal e sociabilidade*. Dissertação (Mestrado), Faculdade de Educação da Unicamp, Campinas: 2007, p. 15.
14 Carlos Rodrigues Brandão, *A cultura na rua*, Campinas: Papirus, 1989, p. 17.
15 Mikhail Bakhtin, *A cultura popular na Idade Média e no Renascimento: o contexto de François Rabelais*, 3. ed., São Paulo - Brasília: Hucitec e EdUnb, 1996.
16 Carlo Ginzburg, *O queijo e os vermes: o cotidiano e as ideias de um moleiro perseguido pela Inquisição*, São Paulo: Companhia das Letras, 2006.

Bosi[17] vai por um caminho teórico um pouco diferente, enfatizando a relação de resistência entre a cultura popular e a cultura da elite. Para ele, a cultura de elite é letrada e estamental e, por conta disso, cria uma grande distância com relação à vida popular, pois o domínio do alfabeto e da escrita produz um estilo de convivência patriarcal, escravista ou dependente entre os subalternos.

Dessa forma, Bosi fala de um desenraizamento da cultura popular por meio dos cultos e formas simbólicas, criando uma fronteira imprecisa com a vida popular genuína. Para o autor, a ideia de uma cultura nacional não sobrevive a uma análise da luta de classes, que para ele marca o desenvolvimento socioeconômico, político e cultural do Brasil.

Ao falar de culturas brasileiras e não de uma cultura brasileira, Bosi aponta as delicadas relações entre a cultura popular e a cultura de elite, bem como os processos de recolonização e reificação por meio da escola, da indústria cultural e dos meios de comunicação. Para Bosi, uma teoria da cultura brasileira é uma duplicação das suas desigualdades, pautada num projeto educacional totalitário que visa ao controle, e não à emancipação.

As manifestações culturais populares também podem ser consideradas um processo educacional diferente do espaço escolar, como parte do universo da educação não formal. Dessa forma, sua realização em roda possibilita a cultura do diálogo na diferença para a de um mundo que não seja mais desigual. Nesse sentido, as manifestações culturais populares, ao vivenciarem suas práticas, crenças e trocas simbólicas, estabelecem a reunião de pessoas, visões de mundo e valores, na busca por compartilhar saberes, experiências e utopias para o bem comum.

A existência das manifestações culturais populares num país como o Brasil, com processos complexos de pauperização, desigualdade e exclusão social, possibilita que seus sujeitos partilhem saberes, conhecimentos, crenças, momentos de alegria, esperanças e sonhos através da música, da dança, da brincadeira, e resistam à desumanização.

---
17 Alfredo Bosi, *Dialética da colonização*, 4. ed., São Paulo: Companhia das Letras, 2006, p. 25.

O sentido comunitário permite a expressão de um grupo e suas manifestações culturais e ritualísticas, dando sentido à sua existência e ao seu reconhecimento no mundo. Dessa forma, permite ao grupo ver-se como protagonista, atuante e participativo em seu cotidiano. A associação de pessoas não significa a inexistência de conflitos e diferenças, mas sim a confluência ideológica e o sentido político para atuar na sociedade de medo mais amplo.

As ideias de circularidade, dialogia e resistência orientam a análise da roda de conversa e sua possibilidade de ser um espaço para a convivência, de forma que todos sejam cidadãos efetivamente e não sejam calados pelas formas hierárquicas de coexistência.

A forma circular da roda possibilita o estabelecimento do encontro, do contato, estranhamento, alteridade e equidade. Segundo Souza, "[O] circular, o redondo que concentra, que leva à interiorização. [...] O circular reúne pessoas, torna-as visíveis umas às outras, projeta o som ao centro para daí repercutir a todos"[18]. A roda é o momento de desenvolver a reflexão e a conscientização, é quando as individualidades se reconhecem. É o espaço da expressão coletiva, da construção de regras de convivência, das tomadas de decisões e dos encaminhamentos para a luta.

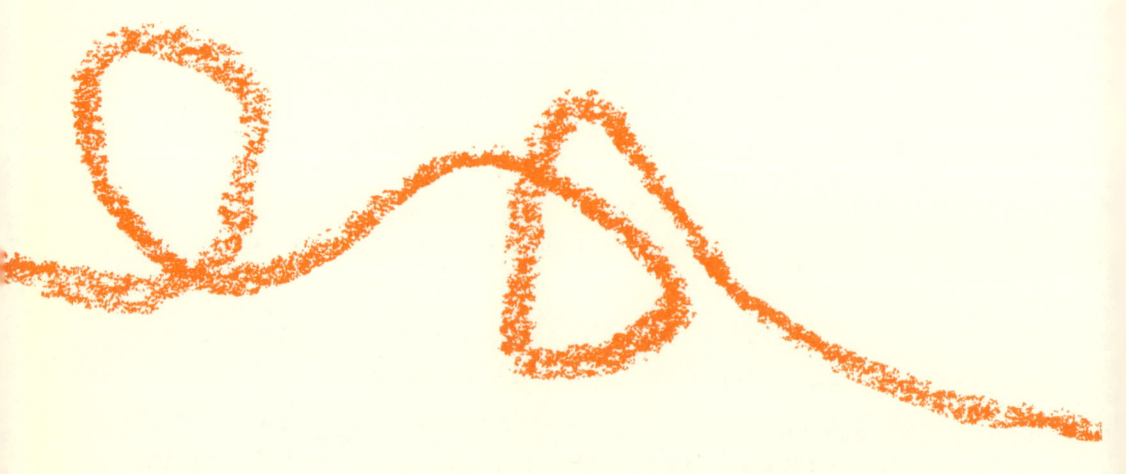

---

18 Nilza Alves Souza, *Daqui se vê o mundo: imagens, caminhos e reflexões*. Dissertação (Mestrado), Faculdade de Educação da Universidade Estadual de Campinas, Campinas: 2002, p. 73.

A RODA EM CONTEXTOS EDUCACIONAIS

A partir desses apontamentos, pode-se dizer que a roda de conversa propicia uma experiência educativa.

Em qualquer processo educativo, a roda de conversa pode ser utilizada como um panóptico, uma forma de vigilância coletiva, um mecanismo de controle e contenção de um grupo. Também pode permitir a seus participantes se verem em totalidade, estabelecerem alteridade e, por meio da ritualidade e da celebração, encontrarem o caminho para um diálogo efetivo, que possibilite a convivência nas diferenças.

Alguns teóricos do campo da educação, embora não tenham falado especificamente da roda como aplicação metodológica ou como práxis no processo deixaram implícita sua possibilidade de uso. Foi o caso de Maria Montessori e Célestin Freinet.

Maria Montessori (1870-1952) direcionou seus estudos para a psiquiatria e o trabalho com crianças deficientes. Influenciou a pedagogia com sua nova forma de ver a educação como prática da liberdade. Acreditava que o homem precisava se aperfeiçoar para construir uma sociedade melhor. Pode-se dizer que suas experiências estiveram próximas das experiências de Leon Tolstoi, que caminhavam para o conceito de Escola Nova. Para Montessori[19], a criança deveria escolher entre as atividades programadas e não poderia ser considerada um adulto em miniatura. Defendia a ideia de que a construção do conhecimento deveria partir do estímulo aos sentidos e desenvolvia atividades para que as crianças explorassem o mundo ao seu redor. Segundo Machado[20], Montessori considerava que o professor na sala de aula era uma espécie de orientador e deveria assegurar a livre expressão da criança e respeitá-la. As salas de aula tradicionais eram criticadas em seu método, pois ela acreditava em espaços fluidos para que a criança pudesse se organizar em grupos pequenos e explorar o espaço coletiva ou individualmente, tendo o lazer e a atividade didática como práticas indissociáveis. Nesse formato de sala, a criança exercitaria a autoconfiança e a responsabilidade.

Célestin Freinet (1896-1966) nasceu em Gars, no sul da França. Pode ser considerado um dos fundadores da corrente da Escola Nova e tinha por objetivo criar de uma escola para o povo. Sua proposta de educação popular tinha como concepção a educação para o trabalho coletivo e para o desenvolvimento das possibilidades de cada criança. A pedagogia Freinet se baseia no conceito de criança como sujeito de direitos, cidadã, que precisa ser respeitada como tal. Nesse sentido, Freinet pensou uma escola centrada na criança e que tivesse a experimentação, a descoberta e a autonomia como fundamentos do fazer educacional. Sua metodologia de trabalho baseou-se na observação, no registro, no planejamento e na avaliação contínua e coletiva.

Para Freinet[21], a criança e o adulto têm a mesma natureza e, portanto, não podem estar numa relação hierárquica, mas de diferença de grau. Ser maior – ou seja, adulto – não significa estar acima dos outros e, tal como o adulto, a criança não gosta de ser tratada de modo autoritário. Freinet atentou aos mecanismos de comunicação para o

---

19 Maria Montessori, *Pedagogia científica – a descoberta da criança*, tradução de Aury Azélio Brunetti, São Paulo: Flamboyant, 1965.
20 Izaltina de L. Machado, *Educação Montessori: de um homem novo para um mundo novo*, São Paulo: Pioneira, 1980. (Série Cadernos de Educação).
21 Célestin Freinet, *Para uma escola do povo: guia prático para a organização material, técnica e pedagógica da escola popular*, Lisboa: Editorial Presença, 1969.

registro, à avaliação do trabalho cotidiano e ao jornal de parede, que ocupava um lugar de destaque. Dentre as atividades que compunham a chamada "imprensa na escola" destacam-se o livro da vida, o jornal escolar impresso e a rádio. O jornal de parede, mais conhecido como jornal mural, é o lugar em que as crianças colocam suas sugestões, críticas e anseios; é composto por uma grande folha de papel dividida em três colunas: eu proponho, eu critico e eu felicito. Por meio dessa participação, Freinet acreditava que a criança poderia explicitar suas contribuições para o funcionamento da escola.

Durante a busca por referenciais bibliográficos sobre a roda de conversa como processo pedagógico ou estratégia metodológica, ou como práxis, foram encontrados poucos trabalhos, dentre os quais as pesquisas de Campana[22] e Chioda[23], ambas sobre rodas em escolas particulares do município de Campinas (SP). Campana apresentou a roda realizada na Escola do Sítio, situada no distrito de Barão Geraldo, a qual surgiu na década de 1970 e segue os referenciais teóricos das chamadas escolas democráticas. Chioda desenvolveu uma pesquisa sobre roda na Escola Curumim, que oferece uma formação baseada na proposta pedagógica de Freinet, a partir de sua experiência como professor de educação física e teatro na instituição.

Com o objetivo de propiciar o diálogo, o exercício e a vivência efetiva da democracia, a roda se torna um grande instrumento no processo educativo, sob a ótica dos educadores. Dessa forma, pensando a roda de conversa como uma estratégia educativa que busca o exercício efetivo da cidadania, como garantir a participação das crianças sem hierarquizar as falas e priorizar assuntos? Como garantir uma relação mais igualitária entre o educador e o educando? Como realizar uma roda que possibilite o diálogo e o encontro na diferença, de forma que todos se reconheçam como sujeitos capazes de agir e transformar sua realidade e construam o pertencimento à sua comunidade?

---
22 Cintia B. Campana, *Roda: prática social*. Trabalho de Conclusão de Curso (Monografia). Faculdade de Educação da Universidade Estadual de Campinas, Campinas: 2002.
23 Rodrigo A. Chioda, *A roda de conversa e o processo civilizador*. Dissertação (Mestrado), Faculdade de Educação da Universidade Estadual de Campinas, Campinas: 2004.

Freire diz que "o diálogo não impõe, não maneja, não domestica, não sloganiza"[24]. Até que ponto a roda consegue estabelecer essa ideia de diálogo? Afirma Freire:

> se o diálogo é o encontro dos homens para ser mais, não pode fazer-se na desesperança. Se os sujeitos do diálogo nada esperam do seu que fazer, já não pode haver diálogo. O seu encontro é vazio e estéril. É burocrático e fastidioso. Finalmente, não há diálogo verdadeiro se não há nos seus sujeitos um pensar verdadeiro. Pensar crítico. Pensar que, não aceitando a dicotomia mundo-homens, reconhece entre eles uma inquebrantável solidariedade[25].

Se o diálogo é a possibilidade do encontro e da relação de alteridade num grupo, a educação em qualquer âmbito pode criar mecanismos efetivos para dar voz a todos e criar momentos de reflexão e construção coletiva de encaminhamentos de grupos. Nesse sentido, a roda de conversa pode ser um instrumento educativo que concretize esse diálogo para uma educação emancipatória.

A roda, no campo educacional, pode ser tanto um elemento importante para a concretização do diálogo como um instrumento eficaz para o controle e a punição. No entanto, se pautada pelos ideais de democracia, emancipação, autonomia e respeito às diferenças, pode representar a possibilidade de ações efetivas para a construção de um mundo mais justo e menos desigual.

A roda de conversa tem sido uma prática comum em muitas ações educativas com crianças e acontece também no Programa Curumim das unidades do Sesc São Paulo. No entanto, como cada unidade possui particularidades nesse processo educativo, não há um sistema único de ação. Como essa prática tem uma importância significativa para o programa, torna-se indispensável uma refletir sobre o tema, no intuito de problematizar conceitos e percursos e enriquecer as ações cotidianas dos educadores.

---

24 Paulo Freire, *Pedagogia do oprimido*, 17. ed., Rio de Janeiro: Paz e Terra, 1987, p. 166. (Coleção O Mundo Hoje).
25 *Ibidem*, p. 82.

O PROGRAMA CURUMIM E A RODA

A roda é uma atividade de grande relevância no trabalho diário do Curumim. Apesar de o programa ter surgido na década de 1980, foi só no início dos anos 1990 que essa prática foi iniciada de forma espontânea e intuitiva em algumas unidades do Sesc São Paulo. Influenciados pela metodologia montessoriana, alguns educadores começaram a realizar a roda de conversa, sem nenhuma metodologia ou objetivos a serem alcançados, mas apenas como uma prática cotidiana.

A roda de conversa tem acontecido na maioria das unidades em que o Programa Curumim acontece, mas não há uma sistematização dessa ação, nem elementos norteadores ou *suleadores* para sua realização cotidiana.

O funcionamento da roda se modifica de uma unidade para outra, de acordo com a experiência e a condução do educador. Uma das razões da não sistematização dessa prática talvez seja a falta de pesquisas e textos especializados nesse assunto.

Geralmente as rodas de conversa acontecem no início das atividades do dia e têm funções como a de apresentar a programação, passar os informes, resolver conflitos do grupo tomar de decisões de forma coletiva. Os participantes sentam-se em círculo, no chão ou em cadeiras, e quem coordena a roda, grande parte das vezes, é o educador. É comum que todos permaneçam sentados, mas, dependendo do grupo e do educador, alguns se deitam e ficam bem à vontade.

As reflexões apresentadas neste trabalho iniciaram-se no trabalho da autora como educadora do Programa Curumim do Sesc Campinas ao problematizar as rodas de conversa em seu cotidiano de trabalho. Em seu processo diário de realização das rodas, a educadora percebeu o caráter transformador dessa ação para o desenvolvimento da autonomia e da cidadania efetiva da criança. Ao mesmo tempo, diagnosticou-se um mecanismo de inculcação e legitimação de valores e padrões sociais. A roda de conversa apresentava grande potencial no trabalho educacional e na contenção de grupos problemáticos, provenientes de abrigos ou realidades sociais muito complexas.

Durante o período em que trabalhou no programa (entre junho de 2004 e agosto de 2008), buscou diversas formas de realizar a roda e utilizou a contação de histórias como elemento de aproximação entre e junto com as crianças, característica marcante dessas rodas. A contação de histórias conduzida pela equipe de educadores era a atividade que abria a roda de conversa e contribuía para criar uma rotina simbólica nesse momento circular de encontro. Quando a roda iniciava sem uma história, havia cobrança das crianças, e os educadores, algumas vezes, tinham de improvisar, "tirar da cartola" uma história para contar, tão significativa e simbólica era essa prática para o encontro circular.

Nessa época, a realização da roda de conversa era cotidiana, mas não havia uma sistematização da ação, nem material pedagógico especializado sobre essa prática. Tratava-se, portanto, de uma construção constantemente transformada e experimentada a partir dos resultados decorrentes dos trabalhos diários. A equipe de educadores, em uma de suas avaliações, criou um mecanismo de escuta para potencializar o debate na roda, por meio de caixas de relacionamento denominadas "Que bom!", "Que pena!" e "Que tal?". Essas caixas remetiam, intuitivamente, ao processo de escuta criado por Freinet com as designações "Eu felicito", "Eu proponho" e "Eu critico". Nessas caixas as crianças colocavam, diariamente, questões sobre os quais tinham refletido durante o dia: o que tinha sido interessante, aquilo que consideravam uma experiência negativa e soluções e/ou sugestões para os conflitos surgidos e possíveis atividades futuras. Esse mecanismo de escuta ajudava muito no cotidiano da roda, pois todas as opiniões, críticas, pedidos e desejos colocados nas caixas eram discutidos na roda seguinte, o que incluía a expressão das crianças sobre as possibilidades de construção de atividades. A participação das crianças por meio das caixas de relacionamento, bem como os apontamentos e sugestões levados para a roda, mostravam uma estratégia interessante no processo cotidiano do trabalho: muitas vezes, quando as crianças queriam fazer determinada atividade ou comer algo "diferente" no lanche, elas se uniam e escreviam diversos bilhetes nas caixas para conquistar seus objetivos.

Outra experiência realizada por esse grupo foi a criação de figura do mediador: a cada roda, uma criança assumia o papel de organizador da conversa. Essa proposta surgiu a partir das reflexões da pesquisadora, que apresentou à equipe de educadores uma nova maneira de organizar e conduzir a roda para minimizar alguns problemas que vinham ocorrendo com um grupo que tinha dificuldade de se sentar em círculo para uma conversa coletiva.

A ideia do mediador foi levada às rodas como uma proposta, e as crianças concordaram em experimentar o novo formato. O mediador era sempre uma das crianças que, a partir de um sorteio (ideia proveniente das crianças), seria o "maestro" da roda. A percepção da equipe foi a de que as rodas passaram a ter maior participação das crianças, mas outros problemas surgiram, como a reprodução de comportamento autoritários. Frequentemente, a criança no papel de mediador utilizava mecanismos de imposição, persuasão e autoritarismo, que levaram a pesquisadora a refletir sobre essas contradições. Não bastava colocá-las numa função mais próxima da do educador para que a democracia e a autonomia se desenvolvessem de forma positiva: muitas vezes, sua ideia de condutor era a de alguém que ordenava, em vez de mediar os conflitos e sugestões para um bem comum.

Um exemplo interessante para pensar o problema das organizações coletivas baseadas em uma concepção superficial de democracia é a narrativa *O senhor das moscas*[26]. O livro de Golding foi escrito durante o período da Guerra Fria e retrata um grupo de crianças que sobrevive a um acidente aéreo e, preso em uma ilha deserta, cria uma "frágil sociedade democrática". Dentro do grupo, há uma luta pela liderança e instaura-se um violento conflito entre as crianças. A primeira coisa que o grupo detecta é a ausência de adultos, e a primeira ação é convocar uma eleição para a escolha de um líder; Ralph argumenta pela chefia dizendo "devemos ter um chefe para decidir as coisas"[27], enquanto Jack defende sua candidatura dizendo que já havia sido chefe de coro e solista.

Durante as conversas, como o grupo tem dificuldade de se ouvir, Ralph introduz uma concha como objeto-símbolo de sua coordenação, utilizando-a para definir a ordem das falas. Sendo assim, só pode falar quem está com a concha nas mãos. Ralph chega a exemplificar: "não é possível todo mundo falar ao mesmo tempo. Vai ser preciso levantar a mão, como na escola"[28]. O próximo passo é criar regras e instituir alguns valores, como a hegemonia dos mais velhos, uma vez que os menores só querem brincar na praia, em vez de caçar ou manter a fogueira acesa. Ralph faz questão de enfatizar a reunião como um momento sério, chegando a afirmar: "precisamos de uma reunião, não para brincar"[29]. No grupo, Piggy é a voz da consciência, da ousadia e da serenidade, desconstruindo as falas impostas e criticando os comportamentos opressores, mas muitas vezes em vão, pois é ridicularizado por conta da obesidade e da visão prejudicada. Da mesma forma que as regras são estabelecidas, também são desfeitas, e Jack, autoritário, aos poucos consegue "dominar" o grupo.

Essa narrativa contribui para entender a roda em suas contradições, alertando para a reflexão sobre democracia e dialogia. A roda de conversa, muitas vezes, acontece de forma burocrática, com uma

---

26 William Golding, *O senhor das moscas*, São Paulo: Biblioteca Folha de S.Paulo, 2003.
27 *Ibidem*, p. 25.
28 *Ibidem*, p. 38.
29 *Ibidem*, p. 88.

"falsa" ideia de democracia nas discussões e decisões; é o "brincar" dissociado do momento de diálogo. Constroem-se regras para legitimar a hierarquia e a liderança numa relação vertical e impositora, o uso do poder dos maiores para com os menores e um mundo independente de crianças.

Segundo Paulo Freire[30], toda relação de opressão é uma relação de violência, e só é possível transformá-la em independência quando o oprimido se liberta da condição de "coisa" para alcançar a condição de homem. O autor diz que, nesse modelo, a relação entre educadores e educandos é bancária, ou seja, uma educação de depósitos e transferências. No que se refere ao diálogo, Freire argumenta que o educador é um narrador, enquanto os educandos são memorizadores desse conteúdo narrado: "em lugar de comunicar-se, o educador faz 'comunicados' e depósitos que os educandos, meras incidências, recebem pacientemente, memorizam e repetem"[31]. Nesse sentido, ele alerta para a necessidade de uma educação problematizadora, mais do que meramente informadora.

Essa reflexão aparecia cotidianamente no trabalho da autora, que sempre se perguntava se, na verdade, não estaria apenas desenvolvendo o papel de transmissora de informação. Muitas vezes, acreditava que, por meio da roda de conversa desenvolvida com caráter deliberativo e eleitoral de assembleia, estaria realizando um processo de educação libertador e democrático. Esses fatores vão se complexificar no dia a dia das rodas realizadas, trazendo as inquietações e problemas que foram abordados na pesquisa realizada pela autora[32] e, de alguma forma, levantados neste texto.

Hannah Arendt[33] faz apontamentos importantíssimos sobre a crise escolar da autoridade e da História. Avaliando a educação americana, ela comenta que há uma negação do velho, uma supressão do pas-

---

30 Paulo Freire, *op. cit.*
31 *Ibidem*, p. 58.
32 Trata-se da pesquisa de mestrado intitulada "Roda de conversa na educação não formal: conflitos e diálogos em busca do encontro para a convivência e o respeito às diferenças", defendida em 2011 na Faculdade de Educação da Unicamp, na área das Ciências Sociais na Educação, sob a orientação da professora Dra. Olga Rodrigues de Moraes von Simson, de onde se extraiu parte deste texto.
33 Hannah Arendt, *Entre o passado e o futuro*, 6. ed. São Paulo: Perspectiva, 2009. (Coleção Debates, n. 64).

sado. Na busca do novo, essa educação, que ela chama de progressiva, derruba todas as tradições e métodos estabelecidos de ensino e aprendizagem. Ela considera essa crise da educação mais aguda na América, onde, particularmente, com frequência se busca apagar as diferenças entre jovens e velhos, adultos e crianças.

Essa educação progressiva parte de alguns pressupostos que Arendt considera perniciosos e desastrosos: primeiro, o de que a criança tem um mundo próprio e autônomo; segundo, o de que o professor não precisa ter domínio de um assunto em particular e pode ensinar qualquer coisa; e, terceiro, a valorização do aprendizado pelo fazer.

Arendt, ao refletir sobre essa valorização da autonomia da criança, afirma:

> Os adultos aí estão apenas para auxiliar esse governo. A autoridade que diz às crianças individualmente o que fazer e o que não fazer repousa no próprio grupo de crianças – e isso, entre outras consequências, gera uma situação em que o adulto se acha impotente ante a criança individual e sem contato com ela. [...] As relações reais e normais entre crianças e adultos, emergentes do fato de que pessoas de todas as idades se encontram sempre simultaneamente reunidas no mundo, são assim suspensas. E é assim da essência desse primeiro pressuposto básico levar em conta somente o grupo, e não a criança individual. Quanto à criança no grupo, sua situação, naturalmente, é bem pior que antes. A autoridade de um grupo, mesmo que este seja um grupo de crianças, é sempre consideravelmente mais forte e tirânica do que a mais severa autoridade de um indivíduo isolado. [...] Assim, ao emancipar-se da autoridade dos adultos, a criança não foi libertada, e sim sujeita a uma autoridade muito mais terrível e verdadeiramente tirânica, que é a tirania da maioria[34].

Arendt considera que essa concepção exclui as crianças do mundo dos adultos, sujeitando-as à tirania de seu próprio grupo sob o pretexto de respeitar sua independência. Para ela, a criança está em processo de formação e preparação para a condição adulta e, por isso, a

---
34 *Ibidem*, p. 230.

educação precisa lhe apresentar o mundo a partir do velho, ou seja, do passado. O fim da autoridade, segundo Arendt, é o momento em que o adulto se recusa a se responsabilizar pelo mundo e também pelas crianças:

> Qualquer que seja nossa atitude pessoal face a este problema, é óbvio que, na vida pública e política, a autoridade ou não representa mais nada – pois a violência e o terror exercidos pelos países totalitários evidentemente nada têm a ver com autoridade – ou, no máximo, desempenha um papel altamente contestado. [...] Ao removermos a autoridade da vida política e pública, pode ser que isso signifique que, de agora em diante, se exija de todos uma igual responsabilidade pelo rumo do mundo. Mas isso pode também significar que as exigências do mundo e seus reclamos de ordem estejam sendo consciente ou inconscientemente repudiados; toda e qualquer responsabilidade pelo mundo está sendo rejeitada, seja a responsabilidade de dar ordens, seja a de obedecê-las[35].

Essa perda da autoridade também ocorre na educação e sua consequência é a desconfiança na esfera pública. A falta de autoridade e o banimento da criança do mundo adulto podem acarretar o conformismo e/ou a delinquência. Para Arendt, a criança precisa ser protegida do mundo; o lugar tradicional dessa proteção é a família, e a escola faz a mediação entre esses universos. Ela ressalta que "qualquer pessoa que se recuse a assumir a responsabilidade coletiva pelo mundo não deveria ter crianças, e é preciso proibi-la de tomar parte em sua educação"[36].

Nesse sentido, Arendt valoriza a importância de olhar para o passado e vê a autoridade como a responsabilidade pelo mundo. Dessa forma, "a educação é o ponto em que decidimos se amamos o mundo o bastante para assumirmos a responsabilidade por ele"[37]. Isso torna necessário não compartimentar mundos, o do adulto e o da criança, mas buscar a renovação constante de um mundo comum.

---
35 *Ibidem*, p. 240.
36 *Ibidem*, p. 239.
37 *Ibidem*, p. 247.

A reflexão de Arendt é importante para não confundirmos responsabilidade com autonomia. Ou seja, uma educação centrada na criança deve pensar no desenvolvimento de sua autonomia para a construção de conhecimento, mas sem isentar o adulto de seu papel nesse processo, para que a criança não reproduza valores como tirania e autoritarismo, como foi narrado na obra de Golding. Pensar a criança como produtora de cultura não é afirmar a existência de um mundo infantil fechado em si mesmo, à parte da sociedade como um todo, mas levantar suas características na relação dialética e dialógica constante com o mundo formado por jovens, velhos, adultos e crianças em diálogos e conflitos.

CONSIDERAÇÕES FINAIS

> A palavra viva é diálogo existencial. Expressa e elabora o mundo, em comunicação e colaboração. O diálogo autêntico – reconhecimento do outro e reconhecimento de si, no outro – é decisão e compromisso de colaborar na construção do mundo comum. Não há consciências vazias; por isto os homens não se humanizam, senão humanizando o mundo[38].

Pensar uma educação emancipadora é pensar uma educação que não oprima, não atue de forma hierárquica, arbitrária, desigual, a favor de uma elite que exclui e dita as formas de vida de uma sociedade. Uma educação que entende o homem como coisa, como objeto fácil de ser manipulado e condicionado, é uma educação opressora e que desumaniza em vez de proporcionar a participação efetiva de todos.

O modelo hegemônico de educação tem favorecido as classes dominantes, porque reflete a estrutura de poder que existe para ditar as formas de expressão e conhecimento, legitimando quem pode ou não falar. Essa educação muitas vezes oprime, impõe as regras, aliena, ao invés de despertar os educandos para a autonomia e a liberdade; engendrada no capitalismo, contribui para a domesticação e persuasão do homem.

---
38 Paulo Freire. *op. cit.*, p. 20.

Nesse sentido, a roda de conversa pode ser uma possibilidade de diálogo em processos educativos, para não legitimar a coisificação e massificação do sujeito. Se a roda for utilizada num processo educativo que não veja o homem como ser em constante mudança e capaz de construir seu entendimento de mundo, ela será mais um elemento alegórico, que não proporciona o diálogo efetivo. Sendo assim, a roda de conversa pode se tornar um mecanismo burocrático que, ao invés de estimular a fala de todos, silencia qualquer possibilidade de expressão. Isso significa que todos na roda devem ser valorizados em suas experiências, e não como "páginas em branco" a serem preenchidas. Com esse olhar, talvez a roda passe a ser um momento desse verdadeiro diálogo e encontro.

É de suma importância refletir constantemente sobre essa prática, uma vez que o seu mau uso pode gerar o silenciamento e o domínio autoritário dos educandos. Durante todo o período em que a autora esteve no Programa Curumim, considerou preponderante a opinião das crianças sobre a importância da roda em seu cotidiano. No entanto, na maioria das vezes, a roda foi descrita pela criança como um momento "sério", oposto ao momento de brincar e se divertir.

A roda poderia ser um momento em que, divertindo e brincando, pudéssemos entender o diálogo como uma prática cotidiana de convivência? O ato de conversar não poderia ser um momento de contentamento, mesmo que em situações conflitantes? A discordância, o debate e a argumentação não podem ocorrer de modo que estejam ausentes a opressão e a hierarquização do pensamento?

Para a criança, brincar é seu momento mais sério, em que sua existência se efetiva e a infância acontece de fato. As atividades das crianças estão sempre submetidas a durações e escalas: tempo para oficina, tempo para roda, tempo para comer, tempo para brincar.

Não há nessa argumentação uma defesa da falta de planejamento, metodologia e sistematização, uma vez que tratamos de processos educativos. Mas não seria possível dedicar um olhar atento para a não compartimentação dos momentos de brincadeiras, oficinas e conversas, concebendo-os de maneira inter-relacionada?

A roda se mostrou como possibilidade para o desenvolvimento da oralidade e o aprendizado da argumentação, permitindo a expressão individual e coletiva, o encontro para ações compartilhadas e a expressão de sonhos e utopias. A roda também aparece como forma de interagir, de expressar a ritualidade na celebração e de reconhecer a existência do viver em comunidade. Entretanto, enquanto a roda estiver inserida em projetos educativos que visem à domesticação, à contenção e à condução de comportamentos, não será possível estabelecer um diálogo efetivo nesse espaço. O fato de sentarem em círculo para uma conversa não significa, necessariamente, que essa relação seja dialógica. A prática dialógica é complexa e se faz na contradição do mundo. Como educadora, em muitos momentos a autora se surpreendeu – criando uma relação de imposição de valores, de visões de mundo e de tentativa de controle.

Pôde-se notar que a realização das rodas é possível em qualquer espaço educativo, independentemente do seu formato: formal, não formal ou informal. Ela pode acontecer em qualquer proposta educacional permanente que pense os sujeitos em sua integralidade, valorizando sua cultura e sua realidade local. Ela é a possibilidade de encontro na diferença, em uma sociedade que busca a uniformização – sociedade que compreende a diversidade cultural, mas se restringe a constatá-la, desvalorizando e fragmentando as manifestações culturais de origem popular.

A roda é a possibilidade de a criança falar para não cair no silenciamento, não só verbal, mas também emocional e espiritual. Silenciar não é apenas deixar de falar, de utilizar as palavras, mas deixar de se colocar no mundo.

Ao possibilitar a fala de todos e estimular o conflito – processo gerador da ação-reflexão-ação –, a roda permite o desenvolvimento de uma consciência crítica por meio da problematização do mundo. No entanto, não se trata apenas de uma plenária que elege temas e ações a serem realizadas pelo sistema de escolha da maioria. Em vez disso, a roda pode ser trabalhada, principalmente no universo infantil, para possibilitar a participação de todos e buscar mecanismos que ultrapassem uma ideia de democracia restrita aos 50% + 1.

Para que uma roda não silencie, não domestique, não imponha, os educadores devem estar atentos e conscientes de seu papel, que não é de condutor, mas de mediador cultural. Dessa forma, é possível criar mecanismos de diálogo constante que reforcem a importância de cada um como sujeito histórico capaz de se transformar e modificar o mundo. A roda propicia o diálogo que empodera grupos e comunidades para uma intervenção efetiva no mundo, no intuito de construir uma sociedade que consiga minimizar as desigualdades e injustiças sociais, tornando o homem digno e capaz de conduzir sua própria história.

REFERÊNCIAS COMPLEMENTARES

O QUE LER
István Meszáros. *A educação para além do capital*. São Paulo: Boitempo, 2005.

Mem Fox. *Guilherme Augusto Araújo Fernandes*. São Paulo: Brinque Book, 1984.

O QUE OUVIR
Lydia Hortelio (pesquisa e direção). *Abra a roda tin-do-le-lê*. São Paulo: Brincante Produções Artísticas.

_____. (pesquisa e direção). *Ó bela Alice*. São Paulo: Brincante Produções Artísticas, s/d.

Ponto de Partida e Meninos de Aracuí. *Roda que rola*. Rio de Janeiro: Rod Rob Digital, 2005.

O QUE VER
Entre os muros da escola. Direção: Laurent Cantet. França: Haut et Court, 2008, 128 min, son, color.

Machuca. Direção: Andrés Wood. Chile/ Espanha/ Reino Unido/ França: Wood Producciones/ Tornasol Films, 2004, 116 min, son. color.

Crianças invisíveis. Direção: Ridley Scott, John Woo, Jordan Scott, Katia Lund, Spike Lee, Emir Kusturica, Mehdi Charef e Stefano Veneruso. França/ Itália: MK Film Productions, 2005, 116 min, son. color.

Mutum. Direção: Sandra Kogut. Brasil: Tambelini Filmes, Gloria Films, 2007, 95 min. Son, Color.

Nascidos em bordéis: crianças da luz vermelha de Calcutá. Direção: Zana Briski; Ross Kauffman. Índia/ Estados Unidos: Red Light Films/ HBO/ Cinemas Documentary, 2004. 25 min, son. color.

O pequeno Nicolau. Direção: Laurent Tirard. França, Bélgica: Imovision, 2009, 91 min, son, color.

Ser e ter. Direção: Nicholas Philibert. França: Le Studio Canal, 2002, 104 min, son, color.

SITES

Escola da Ponte
www.escoladaponte.pt/site

Tião Rocha e o Centro Popular de Cultura e Desenvolvimento (CPDC)
www.cpcd.org.br

Marina de Oliveira Fernandes
Sesc Interlagos
"Eu pulando corda e eu na árvore."

7. SUSTENTABILIDADE E EDUCAÇÃO AMBIENTAL

Maria de Lourdes Spazziani

INTRODUÇÃO

Grande parte dos programas do Sesc está vinculada a atividades culturais, esportivas, recreativas e sociais que trazem características de lazer, criatividade, espontaneidade, desafio, interação pessoal, aventura e outras.

O Sesc surge, juntamente com o Senai e o Sesi, em 1946, quando o país passa por um processo de industrialização e desenvolve compromissos com os setores do comércio, que passa por uma enorme expansão com os investimentos realizados no novo modelo econômico desenvolvimentista-urbanista. Essas entidades ligadas diretamente aos setores patronais investem em ações que preparam jovens e adultos para ocupar os cargos e funções necessários ao desenvolvimento do trabalho nesses setores.

No decorrer das décadas o atendimento do Sesc se expande para outras faixas etárias, e em 1960 são criados os centros infantis, o escotismo, o bandeirantismo e as atividades de teatro para escola[1]. Em meados de 1980, constata-se de que a expansão da escola básica não propiciava formação adequada para a maioria das crianças e jovens das classes sociais menos favorecidas. Esse foi um dos motivos pelos quais a entidade lançou o Programa Integrado de Desenvolvimento

---
1   Lilia Marcia Barra, *Projeto Curumim: O gerenciamento do lazer infantil no Sesc Taubaté*. Monografia, Universidade de Taubaté, Taubaté: 2001.

Infantil (PIDI), em meados da década de 1980, posteriormente denimiminado Programa Curumim. O objetivo era oferecer atividades educativas e de lazer fora da escola para crianças de 7 a 12 anos visando ao desenvolvimento integral do indivíduo, ou seja, considerando suas dimensões física, cognitiva, emocional e social. As atividades de expressão artística ou física, recreativas ou sociais devem contemplar essas dimensões e consideram que todas devem estar presentes, indissoluvelmente, em cada atividade

> Assim, todas as atividades, desde um curso de teatro a um espetáculo, de recreação a um campeonato esportivo, de uma oficina de artes plásticas a uma grande exposição, são planejadas e organizadas para contemplar o desenvolvimento de habilidades intelectuais e motoras, a aquisição de conhecimento, o fortalecimento da autoestima e a interação dos indivíduos[2].

Miranda[3], diretor regional do Sesc São Paulo, afirma que uma das mais importantes características das ações da instituição é sua dimensão interativa e inclusiva, que contempla a diversidade. Nos centros culturais e desportivos se encontram os mais diversos públicos, considerando faixa etária, nível socioeconômico, nível de escolaridade e outros fatores. Não apenas o público é diverso, como também a oferta de atividades. Essa característica se afirma contra a tendência de segregação e individualismo; afinal, as pessoas diferentes interagem cada vez menos porque, há muito tempo, os espaços públicos nas grandes cidades não cumprem essa função. Instituições e espaços segregam e selecionam seus públicos. O isolacionismo se verifica até mesmo no interior das famílias, especialmente nas camadas médias e altas, nas quais os espaços de convivência são suplantados por equipamentos de uso individual, como computadores, aparelhos de TV e toaletes instaladas em aposentos privados.

---

2 Danilo Santos de Miranda, "O encontro de gerações no Sesc São Paulo: a história de um processo de inclusão social", *Anais do Congresso Internacional Coeducação de Gerações*, Sesc São Paulo: outubro 2003, p. 6.
3 *Ibidem*.

Os textos que abordam o Programa Curumim[4], elaborados pelo Sesc a partir de 1987, explicitam que o Programa Integrado de Desenvolvimento Infantil (PIDI) propõe repensar a atuação do Sesc junto ao público infantil. Com base na situação em que se encontrava o menor de idade, especialmente de famílias menos favorecidas, o programa estabeleceu como meta a formação da cidadania voltada para o futuro, não ignorar os valores do presente. A finalidade do PIDI, conforme os documentos analisados, é promover o desenvolvimento integral das crianças para suprir as lacunas deixadas pela escola e pela família, de modo a relativizar o peso das desigualdades sociais no acesso à produção e ao usufruto dos bens culturais, formando cidadãos que participam da vida em sociedade. Dentro do PIDI se situa o Programa Sesc Curumim, que realiza atividades que geram diversas situações de aprendizado por meio da cultura e de atividades de lazer, com o intuito de promover o desenvolvimento infantil.

Com esse programa, a proposta do Sesc é contribuir para que as crianças experimentem situações e entendam a realidade: "Todas as atividades do programa possibilitam que a criança conheça a si própria, seus talentos e limitações, seus colegas e as relações dos diferentes papéis exercidos em nossa cultura"[5].

Conforme os vários documentos relacionados ao assunto, o Programa Curumim, nas áreas de artes, esportes, ciência e tecnologia, pretende evitar os modelos acabados e estimular o desenvolvimento intelectual, emocional, psíquico, físico e social da criança de forma global, única e

---

4   A parte empírica do estudo se desenvolveu priorizando a pesquisa qualitativa, exploratória, descritiva e analítica, por se tratar de uma investigação social que enfoca os aspectos presentes nos discursos dos documentos. Os métodos para a geração dos dados envolveram: a) coleta, identificação e análise de documentos que relatam o Programa Curumim do Sesc nos seus variados aspectos e, especialmente, aqueles que se relacionam a práticas educativas socioambientais; b) identificação e análise de aspectos gerais do Programa Curumim no contexto do Sesc e sua relação com a educação não formal e com as concepções sobre a criança; e c) identificação, categorização e análise dos documentos que relatam os fundamentos e as práticas educativas socioambientais. Foram encontrados e analisados artigos, monografias e pequenos textos em *sites* de divulgação do Programa Curumim fornecendo informações sobre as atividades educativas propostas pelo Sesc, sobre o Programa Curumim e sobre os processos e atividades socioambientais realizados em diferentes unidades da entidade. Esses textos foram organizados e submetidos a análise de conteúdo, tal como proposta por Maria Cecília de S. Minayo. *O desafio do conhecimento. Pesquisa qualitativa em saúde*. São Paulo/ Rio de Janeiro: Hucitec /Abrasco, 1998.
5   Serviço Social do Comércio, Administração Regional no Estado de São Paulo, *Programa integrado de desenvolvimento infantil - PIDI*, São Paulo: Sesc, 1985, p. 6.

não fragmentada. Preconiza o desenvolvimento integral por meio do brincar e enxerga o educador como um facilitador das experiências significativas. Por isso, a ideia central do programa é oferecer à criança o direito à informação, à expressão e ao conhecimento, possibilitando-lhe descobrir a si mesma e ao mundo que a rodeia. Para isso, são desenvolvidas atividades ligadas a artes, esportes, ciência e tecnologia. Além disso, ao participar das atividades, a criança pode se desenvolver integralmente em seu próprio ritmo, considerando seus desejos e aptidões. Ou seja, trata-se de desenvolver da potencialidade da criança, com ênfase no cooperativismo, no respeito mútuo e no controle pessoal como forma de equilíbrio do grupo. Assim, a criança tem acesso a um espaço que inclui a descoberta, a invenção, a criação, a aprendizagem e o relacionamento com outras crianças. Tudo é feito de forma lúdica, respeitando o que a criança tem de mais característico: o ato de brincar[6].

As atividades com base no lúdico e no brincar estão em consonância com a concepção de infância da psicologia histórico-cultural, que, de certa forma, fundamenta o pensamento pedagógico atual. Trata-se de uma abordagem necessária para ampliar as práticas educativas realizadas especificamente para o desenvolvimento infantil.

Considerando-se o pensamento de Dumazedier[7], o Sesc assume, em suas atividades, o lazer como vivência ligada ao tempo livre. No campo do lazer, sua ação baseia-se no aproveitamento das horas livres da clientela com atividades que tenham fins educacionais. No Sesc, atualmente, o tempo livre do comerciário tem sido considerado um tempo a ser dedicado a si próprio, com qualquer atividade que satisfaça seus desejos. Para além do descanso, o lazer no Sesc é visto como um momento de diversão e recreação orientadas, o que inclui a realização de atividades intelectuais, visando ao desenvolvimento cultural e social.

De acordo com os princípios apresentados por Dumazedier, o lazer pode ser compreendido como tempo/espaço de vivências lúdicas,

---

6 Regiane Cristina Galante; Luiz Gonçalves Junior, "Educação pelo lazer: a perspectiva do Programa Curumim do Sesc Araraquara". Em: *VI Educere – Congresso Nacional de Educação* – PUCPR. Praxis. Curitiba: 2006, v. 1.
7 Joffre Dumazedier, *Planejamento de lazer no Brasil: a teoria sociológica da decisão*, São Paulo: Sesc, 1980.

de expressão do indivíduo, de realização de vontades, enfim, do ser humano que idealiza, constrói e se desenvolve plenamente. Nesse sentido, é possível o indivíduo educar-se – uma vez que a educação é permanente e o indivíduo é protagonista desse processo – durante de suas experiências de lazer. A preocupação fundamental do Programa Curumim é o desenvolvimento integral da criança, "complementando e suprindo vazios que as agências formais de educação, malgrado seu empenho, não logram preencher"[8].

A atuação do programa se baseia em valores como a ludicidade, o direito à informação, o domínio do meio e o exercício da cidadania. Permitir aos participantes modificar e redefinir a ação realizada também é a proposta do Programa Curumim. Outra preocupação é que o trabalho com as crianças ajude-as a estabelecer relações sociais, formar grupos, trocar conhecimentos e conviver com o diferente.

A educação não formal realizada pelo Sesc – e também por associações, fundações, entidades, ONGs, OSCIPs etc. – pode incluir atividades relacionadas ao meio ambiente, que podem contribuir para a formação socioambiental de crianças e jovens, complementando temas pouco aborddados no contexto escolar.

Entendemos que a educação não formal, propiciada por projetos e programas de entidades sociais voltados para crianças e jovens das classes sociais desfavorecidas, não deve ser concebida como forma de ocupar o tempo e tirar as crianças das ruas por falta de atendimento familiar. Ou seja, não se trata de oferecer atividades sem o compromisso de contribuir pedagogicamente para a formação social e intelectual do público-alvo. Ainda que sua identidade ainda esteja em construção, a educação não formal pode ser compreendida como atividade aberta que se alinha à perspectiva da educação ambiental crítica. Isso porque, no contexto social, econômico e político brasileiro, ela se propõe como espaço-momento de contribuir para a formação cidadã e crítica, voltada prioritariamente aos grupos sociais menos favorecidos.

---

8 Serviço Social do Comércio, Administração Regional no Estado de São Paulo, *Programa integrado de desenvolvimento infantil - PIDI*, São Paulo: 1986, p. 3.

Esta compreensão da educação não formal a partir da filosofia pode fazer com que algumas práticas da educação não formal apresentem-se como uma possível proposta de educação inovadora e transformadora, que busca a partir das relações vividas no cotidiano, da valorização de questões não consideradas em outros campos educacionais, fazer emergir as bases de uma relação educacional diferenciada[9].

O foco deste artigo é analisar a perspectiva educativa ambiental presente nos relatos, artigos e textos que descrevem as ações do Programa Curumim relacionadas ao tema meio ambiente e à concepção de infância.

Muitas ações analisadas baseiam-se na perspectiva de que o desenvolvimento humano é predominantemente individual, fruto de processos maturacionais que minimizam a importância dos fatores do ambiente social. No entanto, não se pode deixar de valorizar o papel desse tipo de iniciativa, que oferece, um espaço de socialização às crianças e pode, em alguns casos, favorecer possibilidades de desenvolvimento intelectual e cultural.

A CONCEPÇÃO DE INFÂNCIA E O PROGRAMA CURUMIM

---

9 Valéria Aroeira Garcia, "O papel da questão social e da educação não formal nas discussões e ações educacionais", *Revista de Ciências da Educação*, Americana/SP: 2008, ano 10, n. 18, pp. 93-4.

Em estudo anterior, Spazziani[10] fundamentou-se na perspectiva histórico-cultural para apresentar as formas de compreensão sobre a infância e seus reflexos na educação da criança. Narodowski[11], ao discutir a categoria "infância", indaga até quando será possível pensar a criança como um ser passivo, dependente e submisso aos comandos do adulto. Ele propõe um olhar sobre a infância considerando duas grandes categorias: a criança hiper-realizada e a criança des-realizada. A primeira é aquela que vive na realidade virtual (*internet*, computadores, *videogames*, TV), tem acesso às informações e ao conhecimento, mas encontra-se distante das necessidades de carinho e ternura que lhe eram anteriormente destinados; apresentam-se impondo desejos e atitudes aos adultos (pais, parentes e professores), subvertendo as relações de dependência e de heteronomia. A criança des-realizada, por sua vez, é aquela que vive nas ruas, independente, autônoma, buscando seu sustento e, às vezes, o da família. Tem de trabalhar desde cedo e vive intensamente a realidade real.

Essas novas categorias de infância vêm carregadas de significados e valores da sociedade pós-industrial, pós-moderna, pós-classista. Na concepção de Frigotto, são o reflexo dessa nova etapa do capitalismo, que traz "uma exacerbação dos processos de exploração e alienação, de todas as formas de exclusão e violência"[12]. Nesse mesmo movimento, tentam apagar os traços de outros significados que, apesar de não terem ocupado seus devidos espaços, ainda não foram superados.

Que significados velados da infância precisam ser reconstruídos? Qual é o modo de olhar para a criança capaz de compreender sua singularidade e as relações com sua cultura?

Nos documentos analisados sobre o Programa Curumim, está explícita a preocupação com a criança das famílias empobrecidas, excluídas de processos educativos. São crianças que, pelo processo de aceleração

---

10 Maria de Lourdes Spazziani, *Ouvindo Vygotsky... Dialogando com crianças: possibilidades do ensino da saúde na escola*, Tese. (Doutorado). Univeresidade Estadual de Campinas, Campinas: 1999.
11 Mariano Narodowski, "Adeus à infância (e à escola que a educava)". Em: Luiz Heron Silva (org.), *A escola cidadã no contexto da globalização*, Rio de Janeiro: Vozes, 1998.
12 Gaudêncio Frigotto, "Os delírios da razão: crise do capital e metamorfose conceitual no campo educacional". Em: Pablo Gentili, *Pedagogia da exclusão: crítica ao neoliberalismo em educação*, Rio de Janeiro: Vozes, 1995, p 81.

do capitalismo no contexto brasileiro, se encontram abandonadas dentro de suas próprias casas ou pelas ruas do entorno. Essa é uma das inúmeras consequências perversas do capitalismo selvagem que passou a vigorar no contexto brasileiro a partir da década de 1970: esse sistema abrigou e aprisionou a mão de obra feminina no interior do processo produtivo, aumentando o abandono das crianças no período em que não estão na educação escolar[13].

Para Vygotsky[14], como representante da perspectiva histórico-cultural, o desenvolvimento da criança é um processo que envolve maturação – fator biológico – e aprendizado – fator social e cultural. Ou seja, ele acontece pela incorporação e internalização de normas, comportamentos, sentidos e significados vivenciados nas relações sociais e a partir delas. O aprendizado se dá por meios de ações educacionais baseadas em formas intencionais de ensino, e, para Vygotsky, isso constitui condição necessária ao processo de desenvolvimento das funções psicológicas superiores. Diferentemente das proposições teóricas dominantes na modernidade, que veem a criança essencial em seu substrato biológico, em seu devir com relação ao adulto, a perspectiva histórico-cultural vislumbra a criança como sujeito constituído e transformador dos valores culturais. Seu desenvolvimento, entendido como fruto de múltiplos aspectos das relações sociais, leva-nos a compreender a criança como sujeito social inserido ativamente nas práticas cotidianas, com suas especificidades em relação à vida do adulto, mas em momento algum menos importante que ele. Pelo contrário, os estudos e as pesquisas realizados com base na perspectiva vygotskyana têm revelado a presença de um caráter plural, criativo e transformador nas realizações das crianças. A cada momento de seu desenvolvimento, a criança demonstra a aquisição de modos de intervenção competentes para as situações com que se defrontam.

---

13 A democratização do acesso à educação fundamental foi ampliada no final de 1970. No entanto, o compromisso da escola é de meio período e, durante o restante do tempo, a criança fica à mercê das condições oferecidas pela família, que, em muitos casos, significam a ausência de qualquer forma de apoio e estrutura educativa.

14 Lev Vygotsky, *A formação social da mente*, São Paulo: Martins Fontes, 1989. E ainda do mesmo autor, *Pensamento e linguagem*, São Paulo: Martins Fontes, 1989.

Portanto, a questão das crianças hiper-realizadas ou des-realizadas, tal como categorizou por Narodowski[15], pode ser entendida como expressão das possibilidades reais, do acesso a diferentes estímulos auxiliares que as situações do contexto social propiciam a esses diferentes grupos ou classes sociais, bem como do uso que fazem deles, promovendo situações inéditas e reações diferenciadas, alteradas pela intervenção humana.

Com relação à apreensão dos insumos sociais pela criança, John-Steiner e Souberman, no posfácio ao livro *A formação social da mente*, de Vygotsky[16], afirmam que a questão do desenvolvimento e do aprendizado está fundamentada na hipótese de que "as funções mentais superiores são socialmente formadas e culturalmente transmitidas"[17]. Essas funções estão relacionadas diretamente ao uso dos signos culturais disponíveis no meio social.

> A criança consegue internalizar os meios de adaptação social disponíveis a partir da sociedade em geral através de signos. Para Vygotsky, um dos aspectos essenciais do desenvolvimento é a crescente habilidade da criança no controle e direção do próprio comportamento, habilidade tornada possível pelo desenvolvimento de novas formas e funções psicológicas e pelo uso de signos e instrumentos nesse processo. Mais tarde a criança expande os limites de seu entendimento através da integração de símbolos socialmente elaborados (tais como: valores e crenças sociais, conhecimento cumulativo de sua cultura e conceitos científicos da realidade) em sua própria consciência[18].

Os textos que relatam os objetivos do Programa Curumim indicam a preocupação com o desenvolvimento integral por meio do brincar, sendo o papel dos educadores e monitores propiciar experiências significativas. Não há custo algum para os participantes, e as atividades devem assegurar "à criança o direito à informação, à expressão e ao

---
15 Mariano Narodowsky, *op. cit.*
16 Lev Vygotsky, *op. cit.*, 1989.
17 *Ibidem*, p. 142.
18 *Ibidem*, pp. 142-3.

conhecimento, possibilitando-lhe descobrir a si mesma e ao mundo que a rodeia"[19].

Os documentos destacam, ainda, que os participantes precisam experimentar situações e entender a realidade: "Todas as atividades do programa possibilitam que a criança conheça a si própria, seus talentos e limitações, seus colegas e as relações dos diferentes papéis exercidos em nossa cultura"[20].

Ou seja, os propósitos apontados consideram o desenvolvimento intelectual, emocional, psíquico, físico e social da criança. Embora esses princípios se encontrem facilmente presentes nos discursos de inúmeros programas educativos, consideramos necessária essa explicitação, dado que os estudos atuais compreendem a criança como sujeito social, ativo, participante, transformador, criativo. Valorizam-se os modos de olhar da criança sobre as coisas, pois esse olhar encontra novos significados para objetos ou situações e descobre coisas em lugares já vasculhados, apontando possibilidades de sentidos até então ignoradas[21]. A intervenção pedagógica desloca-se da interação entre sujeito (criança) e objeto de conhecimento (conteúdos) para uma interação em que sujeitos (crianças e adultos) se encontram em interlocução, em relações dialógicas polifônicas, a fim de interpretar suas ideias, leituras e escritas sobre o mundo à luz das ideias, leituras e escritas sistematizadas sobre o mundo.

Moysés e Collares destacam a necessidade de olhar para a criança enquanto um sujeito:

> Uma criança que gosta de jogar bolinhas de gude tem que ter coordenação visomotora; orientação espacial; integrar noções de espaço, força, velocidade, tempo; sociabilidade, pois não joga sozinha; capacidade de concentração e atenção; noções de quantidade; saber ganhar e perder; aprender e memorizar as regras do jogo etc. Uma criança que fale ao

---

19 Serviço Social do Comércio, Administração Regional no Estado de São Paulo, *Programa integrado de desenvolvimento infantil - PIDI*, São Paulo: Sesc, 1986.
20 *Ibidem*.
21 Jeanne Marie Gagnebin, *História e narração em W. Benjamin*, São Paulo/ Campinas: Perspectiva; Fapesp; Editora da Universidade Estadual de Campinas, 1994.

telefone tem que ter discriminação auditiva. A criança que gosta de ler, além de obviamente saber ler, tem memória, concentração, discriminação visual, percepção espacial, lateralidade (o sentido da leitura pressupõe lateralidade), tempo (o que vem antes e o que vem depois) etc. Para a criança que sabe andar de bicicleta, não podem existir dúvidas sobre sua coordenação motora, equilíbrio, ritmo, percepção espacial e temporal, esquema corporal, lateralidade. Ainda, dominar as regras do jogo com bolinhas de gude não envolve apenas memorização de regras, mas a capacidade de abstração necessária para o entendimento de como se joga o jogo. Aliás, todas as atividades citadas, assim como quase todas as brincadeiras de crianças, pressupõem criatividade e abstração, ao contrário do que muitos adultos insistem em negar. Talvez fosse o caso de nos perguntarmos por que, adultos, nos esquecemos de como éramos quando crianças e passamos a desqualificar tudo que constantemente elas nos mostram ser capazes de fazer[22].

A perspectiva histórico-cultural mostra a necessidade de a infância ocupar seu lugar nas práticas sociais atuais, não como etapa de falhas, de imaturidade, mas como narrativa de vivências e experiências inseridas num contexto cultural e, portanto, plenas, sensíveis, lógicas, criativas e refinadas.

---

22 Maria Aparecida Affonso Moysés; Cecília Azevedo Lima Collares, "Inteligência abstraída, crianças silenciadas: as avaliações de inteligência", *Revista de Psicologia da USP*, São Paulo: 1997, v. 8, pp. 85-6.

OS PRESSUPOSTOS EDUCATIVOS AMBIENTAIS E AS ATIVIDADES DO PROGRAMA CURUMIM

No que se refere às ações relacionadas à educação ambiental, encontramos nos documentos do Programa Curumim[23] proposições de atividades que contribuam para a consolidação da ética socioambiental das crianças, da "ação e reflexão" local à planetária. Há menção ao termo "educação socioambiental" em vez de "educação ambiental". O uso dessa definição parece indicar uma concepção ampla dessa área de conhecimento, porque vincula temas sociais imbricados aos ambientais. Os fundamentos explicitados revelam que esse campo tem como

> propósito formar sujeitos capazes de compreender a interdependência dos vários elementos que compõem a cadeia de sustentação da vida, as relações de causa e efeito da intervenção humana nesta cadeia, engajar-se na prevenção e solução de problemas socioambientais, e de criar formas de existência mais justas e sintonizadas com o equilíbrio do planeta[24].

---
23 D. S. B. Segura, *Educação socioambiental no Programa Curumim, Programa de educação para a sustentabilidade/ Gerência de Programas Socioeducativos*; São Paulo: jun. 2010.
24 *Ibidem*, s/n.

Ou seja, no interior do Curumim, as ações educativas socioambientais se sustentam pela necessidade de conectar diferentes saberes (filosóficos, culturais, políticos, econômicos, sociais, estéticos, artísticos, lúdicos) e os determinantes da relação com o ambiente, natural e construído.

Tais ações assumem a práxis da educação socioambiental explicitada na proposta da *Pedagogia de Terra* de Moacir Gadotti[25], um referencial que destaca o vínculo afetivo das pessoas com o ambiente no sentido de promover o entendimento "profundo a respeito das leis da vida e integrar ações em direção à democracia e à sustentabilidade, isto é, criar modos de viver que não acarretem o esgotamento dos recursos naturais decorrentes da interferência humana e que promovam a justiça social e a felicidade das pessoas"[26].

Vale relembrar que o Programa Curumim explicita a necessidade do desenvolvimento das dimensões cognitivas, emocionais, corporais e sociais das crianças de 7 a 12 anos, por meio de atividades de expressão plástica e corporal, ciência e tecnologia, convivência, brincadeira e aprendizagem. Nesse sentido a educação socioambiental é proposta como elo entre essas áreas, contribuindo com conteúdos e metodologias que remetem à ideia de cidadania planetária, isto é, a apreensão da complexidade do mundo no exercício dialógico cotidiano de leitura de mundo, com base nas experiências vividas pelas crianças.

Nos documentos, são identificados inúmeros termos relacionados ao campo da ecologia, denotando uma visão biológica da relação educativa ambiental. Também se observa a preocupação com a relação entre a dinâmica existente na natureza e as produções culturais e humanas:

> Do ponto de vista prático, isso implica uma nova relação com o corpo, com a casa onde habitam, com a cidade e com o planeta onde vivem. De que forma? De forma a percebermos o que nos une como humanidade e o que nos diversifica como cultura local e no que essa relação repercute no ambiente[27].

---

25 Moacir Gadotti, *Pedagogia da Terra*, São Paulo: Peirópolis, 2000.
26 D. S. B. Segura, *op. cit*, s/n.
27 Moacir Gadotti, *op. cit*., p. 35.

Quanto às metodologias propostas, o programa é bastante diversificado e envolve desde ações pontuais, como uma roda de conversa, até o desenvolvimento de um projeto em várias etapas, que condiz com um modelo de educação mais pertinente à formação contextualizada e, consequentemente, mais engajada na realidade.

Entre as atividades relacionadas ao meio ambiente descritas nos vários relatórios do Programa Curumim em diversas unidades do Sesc[28], é possível elencar: caminhadas, visitas a ambientes naturais ou construídos, construção de viveiros, plantios de mudas, horta, sucateca, exposição de fotos, entre outras.

Nos relatos das atividades realizadas, identifica-se que algumas estão vinculadas a uma data ou evento relativo ao meio ambiente, ao calendário de festas nacionais ou a temas indicados pela disciplina ecologia. Os temas abordados são amplos e referem-se a aspectos gerais de problemas ligados ao meio ambiente, à preservação, à ecologia, ao equilíbrio ecológico, à extinção de espécies etc.

Os instrutores trabalham com as crianças em equipe e elaboram regras com o grupo para guiar a convivência, bem como a forma de usar o espaço e os materiais proporcionados pelo Sesc. São exercitados o respeito ao outro, o aprendizado de novas linguagens e a reflexão sobre esse novo aprendizado. As atividades variam de unidade para unidade, e os temas e as atividades se adequam à região. Por exemplo, existem unidades que trabalham não só com crianças que são filhas de comerciários, mas também com usuárias em geral e com crianças de ONGs e de abrigos, de comunidades carentes.

Outra concepção identificada nos relatos é que a educação ambiental deve ser realizada por meio de atividades práticas, voltadas para problemas concretos. A ênfase está na ação e grande parte dos trabalhos refere-se à realização de projetos que viabilizem atividades em situações que expressem o contexto concreto imediato. Tomemos

---

28 Serviço Social do Comércio, *Sesc Curumim: criança, vida e educação*, Santos: 1987. Idem, *Relatos de experiência Sesc Curumim*. Encontro técnico de 22 a 24 de setembro de 2000. Idem, *Revista dos Curumins*, Sesc São José dos Campos: 2006, Edição 1. Idem, *Jornal Rede Curumim, Sesc Santana*, São Paulo: 2007, Edição 1. Idem, *Revista da Amizade, A cara do Curumim*, São Carlos: 2007, Edição 6.

algumas unidades como exemplos: no relato do Sesc Interlagos[29] há descrição de atividades realizadas na represa Billings para sensibilizar as crianças sobre a questão da água; no Sesc de São José dos Campos, realizou-se visita à Sabesp, às margens do rio Paraíba[30]; houve plantação de árvores no Dia Mundial do Meio Ambiente, no Programa Curumim do Sesc São Carlos[31]. Nessa perspectiva, entende-se que não há ênfase em estudos teóricos mais sistematizados, nem em discussões que promovam um posicionamento crítico mais contundente sobre as causas dos problemas socioambientais e possam gerar atitudes de questionamento e reinvindicação. Em vez disso, o compromisso com a resolução de problemas concretos se dá por meio da prática e durante a vivência – pois quem ama cuida.

Uma ação complementar a essas atividades, com o objetivo de ampliar o caráter crítico das ações educativas ambientais, sugere que as crianças se envolvam no contexto real da comunidade em que pretendem atuar para reconhecer a situação, os impasses e as necessidades a serem enfrentados. Ações desse tipo devem ser coerentes com a perspectiva de agregar uma atividade reflexiva, que conduza à necessidade de estudos mais aprofundados, ou seja, de embasamento teórico em consonância com os problemas concretos.

Muitas atividades em educação ambiental, como os "estudos do meio", vêm sendo desenvolvidas exclusivamente como atividades de contato com a natureza, especialmente com as áreas naturais, por meio de observação sistemática. O contato direto é considerado fator de transformação na forma de tratar o meio ambiente, seja pelo conhecimento adquirido, seja pela sensibilização dos sujeitos. Nessa concepção, a educação ambiental é desenvolvida por meio do contato com a natureza, e as atividades propostas envolvem passeio em áreas naturais para observação de plantas, animais, solo etc.; jogos com observação da natureza; passeio em parques públicos; construção de espaços para vivência ambiental, como jardim, horta, pomar etc. As-

---

29 Serviço Social do Comércio, op. cit., 2000.
30 Idem, op. cit., 2006.
31 Idem, op. cit., 2007.

sim, compreende-se de que a observação dos fenômenos da natureza, tais como o processo de metamorfose do girino em sapo ou o florescimento do ipê-amarelo, é suficiente para sensibilizar a criança sobre a importância de conservar o meio ambiente.

O trabalho com a educação ambiental, na perspectiva crítica, não pode se restringir ao contato direto com a natureza se caso queira contribuir para transformar os modos de pensar e de atuar das pessoas sobre o contexto socioambiental. De acordo com essa perspectiva, é necessário incluir o trabalho com outras fontes de informação, como textos informativos, filmes, palestras, fotos, imagens, etc. É preciso, também abranger outras realidades e questões, diversas das que são vivenciadas pelas crianças. A sensibilização e os conhecimentos adquiridos individualmente não garantem mudanças no tratamento do meio ambiente: estas dependem de fatores externos, e não da vontade isolada de cada sujeito.

Outra linha de atividades realizadas em educação ambiental se concentra em explorar o ambiente do entorno próximo da vida das crianças, por meio dos estudos da realidade. A intenção, nesses casos, é usar os problemas ambientais próximos na busca de soluções, favorecendo o amplo exercício de cidadania. Os temas estão ligados à realidade local, nas mais variadas escalas – a rua, o bairro, o município, a região – e envolvem estudos e pesquisas sobre os aspectos econômicos e sociais, bem como o resgate e a reconstrução histórica da relação do homem com a natureza, com o objetivo de obter melhorias na qualidade de vida das pessoas.

As atividades apresentadas podem envolver leitura, integração ao meio, reconstrução da memória e da história do bairro, trabalhos de comparação e conscientização sobre as transformações do meio pela ação do homem, mobilização da comunidade na busca de soluções para os problemas, entre outras. Nessa vertente, recomenda-se que o trabalho de educação ambiental se baseie no levantamento de problemas imediatos, tais como as queimadas, os cuidados com a natureza, o replantio de árvores e a prevenção. Destaca-se a ideia de formar crianças cidadãs por meio de ações conscientes, criando espaços de transformação.

Dessa forma, a análise e o manejo das relações com o outro constituem, nos processos de formação em educação ambiental, um dos principais elementos para a produção do conhecimento, o que implica uma atividade pedagógica de transformação dos espaços socioambientais. Com base nessa concepção, o Programa Curumim propõe atividades em diversas áreas do conhecimento, como artes (oficinas de pintura e produções musicais como coral e a composição de um *rap* ecológico), expressão corporal (teatro, danças e teatro de fantoches), meio ambiente (caminhadas e horta), ciência e tecnologia, prática esportiva (jogos competitivos e cooperativos), produção de texto e literatura (correio e jornal).

As atividades relacionadas ao meio ambiente, conforme identificado nos materiais analisados, têm como objetivo principal a sensibilização. No entanto, é possível perceber também alguns desdobramentos relativos ao resgate da cultura popular, como aconteceu de forma espontânea no Sesc Santana: após a realização de atividades no viveiro, algumas crianças trouxeram mudas de plantas medicinais que eram utilizadas pelos pais e avós.

As concepções de educação ambiental como evento, ação, estudo da natureza e estudo da realidade podem ser observadas nas práticas socioambientais realizadas no Programa Curumim. Entretanto, a educação ambiental como estudo da realidade voltado para o ambiente do entorno, assim como o estudos dos bairros, da cidade e das regiões mais próximas, parecem mais adequados à reflexão sobre os problemas ambientais próximos e à busca de soluções que ampliam o exercício da cidadania. Os temas ligados à realidade local, em variadas escalas – a rua, o bairro, o município, a região –, envolvem estudos e pesquisas sobre os aspectos econômicos e sociais, e o resgate e a reconstrução histórica da relação do homem com a natureza, com o objetivo de melhorar a qualidade de vida nos microcontextos sociais[32].

---

32 Maria de Lourdes Spazziani, "O ambiente e a comunidade: educação ambiental na escola". Em: Margareth B. Park (org.), *Memória em movimento na formação de professores: prosas e histórias*, Campinas: Mercado de Letras, 2006, pp. 9-12.

Um exemplo bastante interessante, nessa linha, é o projeto Adote uma Árvore, realizado pelo Sesc Interlagos, em que são distribuídas mudas para o cultivo em calçadas e em lugares públicos, além da realização de discussões durante os encontros[33].

Com relação ao campo ambiental, há um grande desafio posto para homens e mulheres da atualidade: construir uma sociedade educada, social e ambientalmente, para a sustentabilidade. Essa educação envolve transformações que permeiem o cotidiano de todas as pessoas e coletividades. A educação ambiental que vem sendo proposta recentemente emerge com o objetivo de articular ações educativas voltadas às atividades de proteção, recuperação e melhoria socioambiental. A proposta é potencializar o papel da educação já praticada e, em alguns casos, contribuir para que ocorram mudanças nos modos de conceber e executar tal modelo pedagógico. Dessa forma, espera-se impingir as necessárias e inadiáveis mudanças culturais e sociais rumo à melhoria da qualidade da vida em todas as dimensões.

De modo inequívoco, esse processo educativo ambiental se destina aos indivíduos que têm buscado promover uma ampla requalificação das ideias do senso comum sobre o meio ambiente, pautado hoje pela perspectiva explicativa das ciências naturais e pela perspectiva punitiva e prescritiva. Um novo senso comum sobre a educação ambiental pretende aproximá-la do cotidiano das pessoas, dos coletivos, dada a necessidade de transformar as relações sociais e os mecanismos degradadores do socioambiente. A maturidade alcançada tão precocemente pela educação ambiental de hoje abre espaço para pensarmos quais instâncias têm possibilitado o seu espraiamento nos diversos cenários da sociedade brasileira.

Em artigo recente, Vasconcellos *et al.*[34] indicam os espaços impulsionadores da educação ambiental, como universidades, movimentos sociais, redes sociais e políticas públicas. Esses espaços têm se constituído como base importante para o atual estágio da educação ambiental nos diferentes contextos brasileiros.

---

33 Serviço Social do Comércio, *Revista E*, São Paulo: 2014, n. 8.
34 Hedy Silva Ramos Vasconcellos *et al.*, "Espaços educativos impulsionadores da educação ambiental (EA)", *Cadernos Cedes*, São Paulo: 2009, n. 29, pp. 29-48.

A educação ambiental deve envolver sensibilização afetiva, compreensão cognitiva da complexidade ambiental e estímulo ao conhecimento ambiental diretamente ligado à vida cotidiana de cada sujeito, de modo a fortalecer a capacidade de ação sobre os diversos atores e grupos sociais que trabalham na perspectiva de um futuro sustentável.

Ao refletir sobre esse viés da educação ambiental, que parte da crítica dos modelos dominantes, é importante retomar as perspectivas dessa vertente para refletir e propor transformações na educação que se pratica no contexto escolar ou não escolar.

> Sendo essencialmente uma ação política, a educação ambiental é um processo de apropriação crítica de conhecimentos, atitudes e valores políticos, sociais e históricos que implicam construir, eivado de participação, um processo de construção pelos sujeitos, das qualidades e capacidades necessárias à ação transformadora responsável diante do ambiente em que vivem[35].

Portanto, a educação ambiental crítica se carqacteriza por discussões de conteúdos concretos, oriundos de problemas existentes no entorno imediato ou regional: o desperdício de água, o desperdício de alimentos, a não reciclagem dos papéis, todos os tipos de preconceitos e estratificação social etc. Essas ações e reflexões sobre podem e devem promover transformações nos modos de pensar e atuar dos sujeitos envolvidos[36].

Para que se crie um novo olhar sobre o meio ambiente, é necessário valorizar as relações humanas. Por meio de atitudes que valorizem a cooperação e a visão crítica e propositiva, forma-se uma corrente consciente e mobilizadora que pode tomar proporções maiores e começa a cuidar das necessidades da comunidade local, regional e nacional[37].

---

35 Maria Freitas Campos Tozoni Reis, "Pesquisa-ação em educação ambiental", *Pesquisa em Educação Ambiental*, São Paulo: 2008, v. 3, n. 1, p. 134.
36 Lev Vygotsky, *Psicologia pedagógica*, São Paulo: Martins Fontes, 2001.
37 Maria de Lourdes Spazziani; Marlene F. C. Gonçalves, "Construção do Conhecimento". Em: Luiz Antonio Ferraro Júnior, *Encontros e caminhos: Formação de educadores ambientais*, Brasília: Ministério do Meio Ambiente, Diretoria de Educação Ambiental, 2005.

É importante notar que a educação ambiental é entendida por muitos educadores ambientais como um dos grandes referenciais de mudança no campo da educação. As ações emanadas pelo Órgão Gestor da Política de Educação Ambiental – OGPEA/MEC/MMA, por meio dos programas de formação de educadores, atribuem à educação ambiental, em um governo com discurso sociodemocrático, o papel de impulsar ações e transformações em aspectos específicos do fazer educativo, como formação da consciência e na identidade dos educandos[38].

Essa vertente crítica da educação ambiental está fundamentada na dialética marxista, que atrbui as dificuldades de transformação da sociedade aos valores e práticas do modelo sociopolítico e econômico do capitalismo. Nessa perspectiva, é necessário mudar a superestrutura e a infraestrutura societárias atuais para proteger a natureza, partindo de mudanças radicais nas relações "eu e o outro", "eu e o mundo"[39].

A proposta pedagógica, na perspectiva da educação ambiental crítica, é a formação humana para a transformação do modelo dominante. Para isso, seus conteúdos devem estar articulados, incluindo o contexto imediato, o mediato e os mais gerais e abstratos. Precisam partir de temas com significado e produzir sentido com vista à ação social e política engajada, articulada a propostas de ação transformadora. O processo educativo deve ser compreendido como um ato de modificação consciente do mundo imaterial (das consciências) por meio da transformação do mundo material (por exemplo, da natureza[40]). Revolucionar a subjetividade das pessoas, para que compreendam o ambiente natural e construído com responsabilidade e sustentabilidade e atuem nele, traz como consequência outra forma de atuar na História, com possibilidade de elaborar modos alternativos de nos organizarmos e vivermos em sociedade.

---

38 Maria de Lourdes Spazziani, "O Meio Ambiente para jovens do Grêmio Estudantil: uma contribuição aos estudos sobre a subjetividade". Em: Natalina A. L. Sicca (org.), *Cultura e práticas escolares*, Florianópolis: Insular, 2006. E ainda da mesma autora, "O ambiente e a comunidade: educação ambiental na escola". Em: Margareth B. Park (org.), *Memória em movimento na formação de professores: prosas e histórias*, Campinas, SP: Editora Mercado das Letras, 2006.
39 Boaventura de Sousa Santos, "O fim das descobertas imperiais", *Fórum Social Mundial Biblioteca das Alternativas Publicado em Notícias do Milénio*, Edição Especial do Diário de Notícias, 8 jun. 1999.
40 Lev Vygotsky, *Psicologia pedagógica*, São Paulo: Martins Fontes, 2001.

A crise socioambiental, porque civilizatória, está atrelada à desigualdade de classes e às diferenças econômicas, que, por sua vez, levam à desigualdade de aptidões e faculdades da natureza humana. Se negarmos aos indivíduos a educação, em seu sentido mais pleno, negamos também a possibilidade de serem "mais humanos", no sentido marxista da expressão. Portanto, a educação ambiental crítica e transformadora se interessa em identificar quais elementos culturais precisam ser assimilados pelos indivíduos para que se humanizem, além de descobrir de que forma a atividade educativa alcançará esse objetivo[41]. Tal como argumenta a psicologia histórico-cultural[42], o que propicia o desenvolvimento do ser humano e influencia sua atuação sobre o meio são os processos de "imersão na cultura e emergência da individualidade. É um processo que se faz mais por revolução do que por evolução, o sujeito se faz como ser diferenciado do outro, mas formado na relação com o outro; singular, mas constituído socialmente e, por isso, numa composição individual, mas não homogênea"[43].

Sob essa perspectiva, cultura e natureza não são encaradas como opostas, assim como o caos e a contradição não são enfrentados como problemas, mas como fatores constitutivos de uma realidade complexa. Essa concepção abarca não só o movimento da realidade e seu caráter contraditório, mas também os homens e as relações entre eles, rompendo com a fragmentação entre sujeito e objeto, e dando conta de um universo desdenhado pela ciência positivista[44].

Assim, tratar a problemática ambiental atual significa reconhecer a questão social que deu origem a este estado de coisas: ela é consequência, mas também causa das relações estabelecidas em sociedade. As propostas de educação ambiental devem dar aos sujeitos condicões de compreender a realidade complexa e as relações de produção e

---

41 Demerval Saviani, *Pedagogia histórico-crítica: primeiras aproximações*, São Paulo: Autores Associados, 2005.
42 Lev Vygotsky, *A formação social da mente*, op. cit.; Idem, *Psicologia pedagógica*, op. cit.; e ainda, Mikhail Bakhtin, *Estética da criação verbal*, São Paulo: Martins Fontes, 1991.
43 Ana Luiza B. Smolka, Maria Cecília Rafael Góes (org.), *A linguagem e o outro no espaço escolar*, Campinas: Papirus, 1995, p. 10.
44 Leandro Konder, *O que é dialética*, 18. ed., São Paulo: Brasiliense, 1988.

reprodução da vida sob a lógica do capital, para a participação cidadã, em busca de uma sociedade mais justa e sustentável.

A educação ambiental, conforme o segundo artigo da Lei nº 9795/99, que estabelece a Política Nacional de Educação Ambiental[45], é componente essencial e permanente da educação brasileira, devendo estar presente de forma articulada em todos os níveis e modalidades do processo educativo, em caráter formal e não formal. Essa institucionalização garante a coerência e a continuidade no comprometimento dos órgãos oficiais para promover ações nessa área. A nosso ver, a educação ambiental deve não apenas ampliar a conscientização e estimular mudanças de atitudes e comportamentos, mas atuar no âmbito da aquisição de competências para a ação e, consequentemente, para a solução dos problemas do entorno.

A legislação ainda identifica a educação ambiental como um processo contínuo, ou seja, uma vez iniciada, prossegue indefinidamente por toda a vida, incorporando novos significados sociais e científicos. Devido ao próprio dinamismo da sociedade, o despertar para a questão ambiental no processo educativo deve começar na infância. O trato transversal da educação ambiental não se limita ao "meio ambiente", pois envolve temas como a erradicação da miséria, justiça social e ambiental, qualidade de vida e outros tópicos que justificam uma atitude crítica e a busca da transformação do atual modelo de desenvolvimento econômico-social.

A complexidade e o desafio da abordagem socioambiental exige da educação ambiental uma linguagem específica para propor às sociedades atuais uma reformulação de atitudes. Isso implica rever, com abordagem crítica e contextualizada, valores nos âmbitos histórico, político, científico, geográfico, econômico e cultural relativos à questão ambiental. Essa posição ética da educação ambiental está diretamente relacionada à visão de mundo e ao reposicionamento dos seres humanos. Daí decorre a importância de criar espaços estruturados que incluam a participação da comunidade em uma perspectiva de educação permanente.

---

45 Brasil. Lei nº. 9795/1999 – Política Nacional de Educação Ambiental. Disponível em: <http://www.planalto.gov.br/ccivil_03/leis/l9795.htm>. Acesso em: 20 set. 2012.

No contexto não escolar, a educação ambiental se realiza especialmente por meio de entidades que têm como finalidade a inclusão social de crianças, jovens e adultos em ações educativas, de lazer, esporte, saúde e cidadania.

> O que parece importante considerar é que a educação não formal, como área do conhecimento pedagógico, passou a ser observada como válida e como possibilitadora de mudanças, inclusive dentro da própria concepção de educação, a partir de seu aparecimento e de sua inclusão como área pedagógica em documentos e artigos relevantes da área educacional. Outros jeitos de "fazer" educação foram percebidos como válidos e, a partir de então, ganharam espaço e *status* de uma nova área educacional, por oposição ao que estava (e está) em crise. Parece ser esse o momento do nascimento não da ação da educação não formal, mas desta como área conceitual[46].

A atuação dessas instituições no contexto brasileiro mostra, em muitos casos, uma preocupação em possibilitar uma educação cidadã, responsável, participativa, em que cada sujeito apreende elementos da sociedade moderna em benefício de seu desenvolvimento integral como pessoa.

> Existe uma grande demanda de cidadania a respeito da educação ambiental no contexto atual, devido à percepção da premência do enfrentamento dos complexos desafios ambientais. Devem ser consideradas as necessidades planetárias, as discussões, avanços históricos e experiências acumuladas quanto à temática no Brasil e no âmbito internacional. Todo esse contexto fortalece o reconhecimento do papel transformador e emancipatório da educação ambiental, exigindo a revisão da referência superficial da transversalidade e da interdisciplinaridade contida na sua normatização para o ensino formal, que se apresenta desconexa, reducionista, desarticulada e insuficiente[47].

---

46 Valéria Aroeira Garcia, "O papel da questão social e da educação não formal nas discussões e ações educacionais", *Revista de Ciências da Educação* – UNISAL, Americana/SP: 2008, Ano X, n. 18, p. 72.

47 Brasil – Conselho Nacional de Educação – Resolução Nº. 2, 15/6/2012. p. 4 – Diretrizes Curriculares Nacionais para a Educação Ambiental. Disponível em: <http://www.abmes.org.br/abmes/public/arquivos/legislacoes/Res-CP-002-2012-06-15.pdf>. Acesso em: 20 set. 2012.

Uma das possibilidades produzir o efeito preconizado no discurso da educação ambiental é a abertura de moldes diferentes às famílias e à comunidade local. Esta terá de passar a ser vista como um agente ativo de criação de mudança e não um transmissor passivo de informações e valores[48]. Desse modo, faz-se necessário construir novas regras de convívio, fundamentadas na valorização da diversidade dos grupos humanos e não humanos, regras que de fato ampliem os espaços de representação, participação e envolvimento das diferenças – que foram perseguidas, silenciadas ou extintas no projeto instaurado na modernidade[49].

REFLEXÕES

O processo de construção de conhecimento tem gênese cultural e histórica, e torna-se inevitável compreender o desenvolvimento individual como algo inserido no âmbito das relações e práticas sociais. Assim, a compreensão sobre como o humano se desenvolve e apreende seu entorno reflete no modo de lidar com a construção de seu conhecimento.

Os encontros formais e intencionais propiciados pela educação realizada em espaços institucionais, mesmo fora do contexto escolar, envolvendo atividades sistemáticas com propósitos de desenvolvimento humano, constituem cenários estruturantes dos processos de ensinar e aprender: "neles aparecem como constituintes de todas as atividades aí desenvolvidas, elementos de sentido e significação procedentes de outras zonas da experiência social"[50].

Nos espaços socioeducativos são construídos novos sentidos e significados que estão relacionados às vivências de cada indivíduo envolvido

---

48 Suíse Monteiro Leon Bordest; Denise Oliveira; Neusa Baptista Pinto, *Educação Ambiental em ação no contexto de uma bacia hidrográfica: um olhar para a reserva urbana massairo okamura*, 24ª. Reunião Anual da ANPED, Caxambu, MG, 2001.
49 Eda Tassara, "Reflexões finais". Em: Marcos Sorrentino *et al.* (org.), *Ambientalismo e participação na contemporaneidade*, São Paulo: Educ/Fapesp, 2001.
50 Fernando Luís González Rey, "A pesquisa e o tema da subjetividade em educação", Anais da 24ª. Reunião anual da Anped, Caxambu, MG, 2001, p. 2.

e, portanto, à subjetividade social daquele grupo, na qual aparecem elementos de outros espaços da subjetividade social mais ampla.

As práticas educativas se realizam por meio dos diferentes discursos e ações que marcam o contexto sócio-histórico de determinado grupo. Portanto, os resultados, do ponto de vista da aprendizagem, são determinados pelos esforços de todos os atores envolvidos.

Em contextos de aprendizagem (escolares ou não escolares), o que define a qualidade do processo educativo é o trabalho interativo. Este é marcado pela relação entre os sujeitos, que se constitui na estrutura interna de regulação das interações; pelas características do objeto de trabalho (que é trabalhar *sobre* e *com* o ser humano) e seus impactos sobre o educador; pelas escolhas de tecnologias de interação e metodologias de ensino; e pelas percepções e concepções que permeiam os sujeitos[51].

Este artigo buscou abordar a presença das diferentes formas que comandam a lógica das ações em situações de ensino-aprendizagem relacionadas à educação ambiental no contexto do Programa Curumim. Tal perspectiva contribui para aprofundar referenciais teóricos e metodológicos com vistas a desenvolver dessa área do conhecimento, especialmente com relação a práticas em contexto não formal, de modo a promover a qualidade e consolidar essa área no contexto brasileiro.

---

51 Maurice Tardif; Claude Lessard, *O trabalho docente: elementos para uma teoria da docência como profissão de interações humanas*, Petrópolis, RJ: Vozes, 2005.

REFERÊNCIAS COMPLEMENTARES

O QUE LER
Izabel Córdova. *Duda e Cauê na Amazônia*. São Paulo: Paulinas, 2007.

Paulo de Tarso Gomes. "Educação sócio-comunitária: delimitações e perspectivas". *Revista de Ciências da Educação*. Americana/SP: 2008, ano X, n. 18, pp. 43-63.

Marina Pereira. "Unidades do Sesc formam pequenos cidadãos". Disponível em: <file:///C:/Users/user/Desktop/CURUMIM/Unidades%20do%20Sesc%20formam%20pequenos%20cidad%C3%A3os%20%C2%AB%20Retinas>. Acesso em: 30 jan. 2015.

Olga Rodrigues de Moraes Simson. "Construindo a história recente de Jarinu através da memória compartilhada". Em: Margareth Park (org.). *Memória em movimento na formação de professores: prosas e histórias*. Campinas: Editora Mercado de Letras, 2001, pp. 9-12.

Margareth Park. *Amabile e tranquila: minhas duas nonas*. Holambra, SP: Editora Setembro, 2008.

O QUE VER
A voz das avós no fluir das águas. Direção: João Amorim. Amorim Filmes, 32 min, son, color.

Filmes e documentários do Circuito Tela Verde: 4ª. Mostra Nacional de Produção Audiovisual Independente, promovida pelo Ministério do Meio Ambiente (MMA) e Ministério da Cultura (Minc), em especial os que seguem abaixo:

O menino terra. Direção: Hygor Amorim. São Carlos: Oz Produtora, 2010, 6 min, son, color.

Rede Guandu – Produção e Consumo Responsável: Instituto Terra Mater, Piracicaba, 12 min, son, color. Informações disponíveis em: <http://www.mma.gov.br/educacao-ambiental/educomunicacao/circuito-tela-verde>.

7. SUSTENTABILIDADE E EDUCAÇÃO AMBIENTAL   181

Rafaella Cristina Merida
Sesc Santo André

8. A CRIANÇA E SUAS RELAÇÕES INTERGERACIONAIS

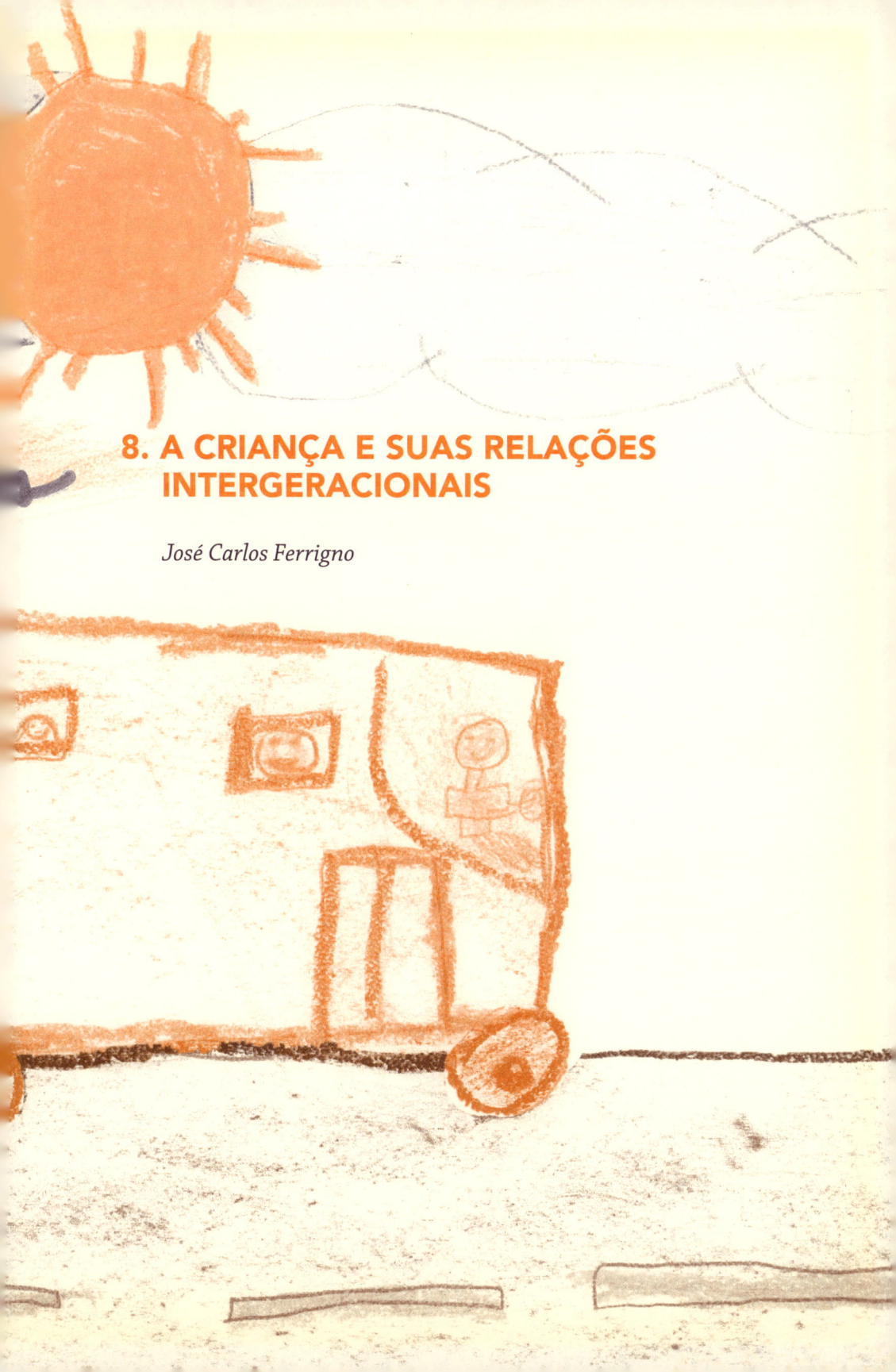

José Carlos Ferrigno

AS MUDANÇAS HISTÓRICAS DO RELACIONAMENTO ENTRE AS GERAÇÕES

Depois de séculos de lentas transformações sociais ao longo da Idade Média, profundas mudanças de comportamento ocorrem na civilização ocidental a partir da Era Moderna, tanto no âmbito mais amplo da sociedade quanto no da família. Novos padrões de relacionamento entre as gerações são construídos. A própria noção de infância, que não existia no mundo feudal, vai sendo progressivamente estabelecida. Para ter uma ideia de como era distinta a representação da criança naquela época, num livro de missa do século XI, o evangeliário de Oto III, há uma pintura em que Jesus aparece rodeado de criancinhas que mais parecem adultos em miniatura, considerando a proporcionalidade das partes do corpo.

Nas aldeias medievais, crianças e adultos misturavam-se no cotidiano e nas situações de festa e de trabalho. E, até o século XVIII, as fases da infância e da adolescência se confundiam. Nos colégios, as palavras latinas *puer* e *adolescens* eram empregadas indistintamente. Foram conservados documentos de alunos em que um jovem de 15 anos é descrito como um *bonus puer*, enquanto outro, mais novo, de 13 anos, é tido como *optimus adolescens*[1].

---

1 Philippe Ariès, *História social da criança e da família*, Rio de Janeiro: Zahar Editores, 1981, p. 41.

As gerações passam a ser objeto de estudo mais sistemático no período moderno. Primeiro, é a infância que adquire destaque e, em consequência da preocupação em dela cuidar, incentiva-se a escolarização[2]. Na segunda metade do século XIX e início do século XX, Stanley Hall[3] desenvolve uma psicologia da adolescência, e a repercussão de suas teorizações dá maior visibilidade social às pessoas dessa faixa etária. No século XX, a velhice é objeto de atenção com o desenvolvimento da gerontologia, a criação de associações de aposentados, o surgimento de centros de convivência para idosos e o acesso a novos conhecimentos nas chamadas Faculdades Abertas à Terceira Idade. Na segunda metade do século XX, a meia-idade, período situado aproximadamente entre os 40 e os 60 anos de idade, é problematizada por seu caráter de transição para a velhice e pelas peculiaridades da relação entre pais e filhos adolescentes. Tais acontecimentos chamam a atenção para a transitoriedade das formas de interação entre os grupos etários, pois elas variaram e, certamente, seguem mudando, tal como outras modalidades de relação social.

---

[2] Mike Featherstone, "A velhice e o envelhecimento na pós-modernidade", *Revista A Terceira Idade*, São Paulo: 1998, ano X, n. 14, pp. 5-17.
[3] Granville Stanley Hall, *Adolescence: its psychology and its relations to physiology, anthropology, sociology, sex, crime, religion, and education*, New York: Appleton, 1904.

DIFICULDADES DE INTEGRAÇÃO E POSSIBILIDADES DE SUPERAÇÃO DA DISTÂNCIA AFETIVA

E hoje, como se relacionam as gerações? Que sentimentos e atitudes prevalecem? Conflito, solidariedade, indiferença? Os valores da sociedade de consumo parecem colaborar para o distanciamento entre as gerações. O individualismo, o consumismo, a superficialidade dos laços afetivos, a mercantilização das relações sociais, a exacerbação das virtudes da juventude e o desprezo pelas tradições culturais, típicas do ideário capitalista e da lógica de mercado, distanciam velhos e jovens[4]. Há algumas décadas, quando os centros urbanos ainda não eram tão imensos quanto o são atualmente, era possível observar grupos de crianças ouvindo atentamente histórias contadas por pessoas idosas, incluindo seus avós. O crescimento vertiginoso das cidades, a nuclearização da família – que, por vezes, determinou o afastamento dos avós –, a popularização da televisão, além da consolidação de novos valores culturais, são outros fatores apontados para o enfraquecimento da transmissão de conhecimentos de uma geração para outra.

Vemo-nos mergulhados em um oceano de informações vindas de todas as regiões do planeta em tempo real, mas vivemos em um

---

[4] Zygmunt Bauman, *Identidade*, Rio de Janeiro: Zahar Editores, 2005, pp. 69-77.

mundo pobre de experiências. O esvaziamento das relações humanas, nesta sociedade apressada em alcançar o futuro, não permite tempo para o ato de "conversar por conversar". Exaltando a arte da narrativa, Walter Benjamin[5], já em 1936 (é difícil não se impressionar com suas proféticas observações), lamentava que a capacidade de contar histórias se encontrava em via de extinção em um mundo que privilegiava a informação, dispensando a capacidade crítica do ouvinte.

Presenciamos um afastamento emocional – e até mesmo geográfico – das faixas de idade em espaços exclusivos. As crianças, escolarizadas cada vez mais precocemente, desde os primeiros meses passam muitas horas em creches e instituições assemelhadas, porque pais e mães trabalham durante todo o dia. Na falta destes ou por outros motivos, inúmeras vivem permanentemente internadas em estabelecimentos especiais. Embora nesses locais haja contato com adultos, eles são poucos e estão aí principalmente para cuidar delas, fato que estabelece uma convivência mais restrita e restritiva, marcada por papéis bem definidos, sem espaço para o brincar. Crianças no espaço escolar, adolescentes com suas "tribos", adultos jovens no ambiente de trabalho e idosos em suas associações. Poucos e superficiais encontros entre as gerações. Mesmo na família, onde a proximidade física é inevitável, o diálogo entre pais e filhos e avós e netos é, muitas vezes, parco, empobrecido, conflituoso ou inexistente.

Entre os motivos para esse afastamento está o preconceito, que pode vir de qualquer um dos lados: tanto o idoso pode discriminar os mais jovens quanto o inverso. Dentre tantas outras trocas de adjetivos negativos, os velhos são tidos como lentos, ultrapassados, incapazes. Os jovens, como irresponsáveis, rebeldes. Os preconceitos etários são mútuos e múltiplos.

Todavia, tanto as ações espontâneas no cotidiano quanto as experiências provocadas de aproximação em ambientes institucionais são facilitadas por uma conjuntura cultural mais favorável. Os resultados dessas interações demonstram que há um rico potencial de trocas afe-

---

5 Walter Benjamin, "Magia e técnica, arte e política. Ensaios sobre literatura e história da cultura", *Obras escolhidas*, São Paulo: Brasiliense, 1994, v. 1, pp. 197-203.

tivas e de conhecimento entre as gerações, que pode ser efetivado sob determinadas condições facilitadoras, como veremos adiante.

A REAPROXIMAÇÃO SOB NOVA MENTALIDADE

O cenário de segregação geracional que ainda caracteriza as relações sociais vem mudando nas últimas décadas. Os movimentos estudantis, étnicos, de identidade sexual, de independência nacional e por liberdades democráticas, entre outros, que atingiram o ápice nos anos 1960, deflagraram importantes mudanças de valores e comportamentos. No espaço familiar, filhos se rebelaram contra o autoritarismo paterno; em âmbito nacional, a juventude se opôs; a ditaduras e a formas envelhecidas de fazer política. Tais situações criaram formas de conflito entre as gerações. No entanto, os anos seguintes foram marcados por um progressivo abrandamento dessas tensões intergeracionais, dentro e fora da família.

Mais recentemente, os discursos das ciências da saúde e de setores empresariais incentivam os velhos a adotarem um estilo de vida parecido com o dos jovens. Há novas imagens de velhice circulando, criando novas mentalidades e, possivelmente, exercendo algum efeito sobre a representação do envelhecimento nas gerações mais novas. Para vários autores, estaríamos vivenciando um momento de "apagamento dos comportamentos tidos como adequados às diferentes categorias de idade", "uma descronologização da vida", "um embaçamento das gerações"[6]. Nesses novos tempos, é possível criar ou experimentar novas sexualidades e identidades etárias tanto na vida real como no mundo virtual. Nos relacionamentos pela *internet* um homem pode se fazer passar por mulher, e vice-versa. Um velho por um jovem, e uma criança por um adulto. Curiosa situação esta que vivemos, na qual os mais velhos querem parecer mais jovens, enquanto crianças e adolescentes se esforçam para ter um visual adulto. As me-

---

[6] Guita Debert, *A reinvenção da velhice: socialização e processos de reprivatização do envelhecimento*, São Paulo: Edusp, Fapesp, 1999, p. 19.

ninas, muitas vezes equivocadamente estimuladas pela própria mães e pela mídia, se vestem como mulheres em miniatura, num processo de precoce erotização do comportamento. Como resultado, temos gerações com uma aparência menos desigual do que no passado, a começar por seu vestuário, mas principalmente por sua identificação com os padrões de consumo. Os rituais de passagem da infância para a vida adulta não existem mais, e as fronteiras que demarcam as fases do ciclo vital são mais tênues.

A diversidade de composição do grupo familiar também chama a atenção. Além da configuração nuclear com pai, mãe e filhos, temos famílias mais extensas, com a presença de avós, e outros parentes e filhos descasados, de volta ao lar dos pais; temos também casais hetero e homossexuais, com ou sem filhos; há pessoas casadas pela segunda ou terceira vez, com filhos de outros casamentos, e que passam a conviver com os filhos de casamentos anteriores do cônjuge; além de um número crescente de pessoas que vivem sozinhas. Tanta variedade de comportamentos e estilos de vida cria inúmeras possibilidades de novas relações intergeracionais para os próximos anos, desafiando nossa imaginação e dividindo leigos e especialistas em previsões otimistas e pessimistas.

AS RELAÇÕES DA CRIANÇA COM PAIS, AVÓS, PROFESSORES E OUTROS ADULTOS

Dentre as relações intergeracionais mais presentes nos estudos e nas práticas institucionais estão aquelas que envolvem as crianças em suas relações com pais e avós. A família, grupo multigeracional, é o primeiro e o mais comum *locus* do encontro de gerações. Sua importância para a socialização da criança é evidente. Por isso, há várias décadas o grupo familiar é exaustivamente investigado pelas ciências humanas, sobretudo pela psicologia. É na família onde mais frequentemente se dão conflitos entre gerações, conforme pude analisar em outro trabalho[7]. Desentendimentos entre pais e filhos, entre avós e netos, entre irmãos mais velhos e irmãos mais novos, compõem um quadro de relações, por vezes, conflituosas.

Felizmente, é também na família que os esquemas de cooperação e solidariedade mais fortemente se manifestam. Ocorrem repasses de recursos ora dos filhos adultos a seus pais idosos, ora destes para filhos e netos, conforme as necessidades de cada um. Lembremos que, além da ajuda financeira e material entre as gerações, há também a colaboração por meio da troca de pequenos, porém importantes, serviços vitais para o funcionamento da vida familiar, como tarefas domésticas que os idosos prestam e vice-versa. Tal fenômeno se dá principalmente nas famílias humildes, que não têm condição de pagar empregados domésticos. Nessas famílias, a ajuda das crianças é um importante fator de formação de responsabilidade, além de imprescindível para que os pais ou os avós tenham sua carga de trabalho aliviada, como nos mostra Oliveira[8]. Outra forma de colaboração imprescindível, talvez a mais preciosa, é constituída pelo carinho e pelo apoio emocional dos velhos aos jovens e vice-versa.

A relação entre pais e filhos, como mensionamos, tem sido exaustivamente estudada. Há uma profusão de publicações sobre "crianças difíceis" e "jovens rebeldes", assunto que ocupa autoridades, políticos, sociólogos, psicólogos, educadores e pais de modo geral, porque traz inquietações sobre o mundo a ser vivido pelas próximas gerações. Muitas vezes, porém, os problemáticos são os pais com seu comportamento ora repressivo, ora condescendente, ora ambíguo, ora distante. Ao entrevistar crianças do Programa Curumim, ouvimos várias queixas delas em relação a seus pais, entre outros motivos, pela falta de tempo para com elas brincarem[9]. A falta dessa disponibilidade acaba condicionando os genitores a não aproveitar as poucas

---

7 José Carlos Ferrigno, *O conflito de gerações: atividades culturais e de lazer como estratégia de superação com vistas à construção de uma cultura intergeracional solidária*, 2009. Tese (Doutorado), Instituto de Psicologia da Universidade de São Paulo – USP, São Paulo, 2009.
8 Paulo de Salles Oliveira, *Vidas compartilhadas: cultura e coeducação de gerações na vida cotidiana*, São Paulo: Hucitec / Fapesp, 1999, pp. 291-292.
9 José Carlos Ferrigno, *op. cit.*, 2009, p. 141.

oportunidades que surgem para se entreter com os filhos. Um exemplo desse fenômeno: em várias unidades do Sesc São Paulo, acompanhei as atividades recreativas programadas para a interação de pais e filhos. Há uma primeira atitude dos pais de deixar seus filhos nesses espaços para dirigir-se a outras atividades voltadas a adultos. Então, nesse momento, esses pais são informados pelos monitores que a proposta é exatamente a de unir adultos e crianças na brincadeira. Após alguma hesitação, geralmente a ideia é aceita e todos se envolvem nas atividades propostas. Porém, esse primeiro comportamento de se desincumbir e se afastar dos filhos nos leva a crer que brincar com suas crianças não faz parte do repertório comportamental de muitos adultos.

Para as crianças, a relação com os avós pode ser muito importante, porque, além da oportunidade de brincar, ela enseja também o fortalecimento dessas duas gerações no campo de forças das relações familiares. Simone de Beauvoir pondera sobre a possibilidade de alianças entre avós e netos para fazerem frente ao autoritarismo da geração intermediária, geralmente detentora do poder econômico:

> Quando os netos se tornam adolescentes ou adultos, nada em sua história anterior pesa nas relações que mantêm com seus avós. Estes últimos encontram, na afeição que os netos lhes manifestam, uma desforra contra a geração intermediária; sentem-se rejuvenescer ao contato de sua juventude[10].

Tecendo aguçadas observações com uma a bela forma de expressar sentimentos e ideias, Ecléa Bosi nos mostra a importância dos avós e também dos empregados domésticos, os "socialmente pequenos" em suas palavras, na socialização da criança:

> Enquanto os pais se entregam às atividades da idade madura, a criança recebe inúmeras noções dos avós, dos empregados. Estes não têm, em geral, a preocupação do que é "próprio" para crianças, mas conversam

---
10 Simone de Beauvoir, *A velhice*, Rio de Janeiro: Nova Fronteira, 1990, p. 532.

com elas de igual para igual, refletindo sobre acontecimentos políticos, históricos, tal como chegam a eles através das deformações do imaginário popular. Eventos considerados trágicos para os tios, pais, irmãos mais velhos são relativizados pela avó enquanto não for sacudida sua vida miúda ou não forem atingidos os seus. Ela dirá à criança que já viu muitas revoluções, que tudo continua na mesma: alguém continuou na cozinha, servindo, lavando pratos e copos em que outros beberam, limpando cinzeiros, regando plantas, varrendo o chão, lavando a roupa. Alguém curvou suas costas atentas para os resíduos de outras vidas. O que poderá mudar enquanto a criança escuta na sala discursos igualitários e observa na cozinha o sacrifício constante dos empregados? A verdadeira mudança dá-se a perceber no interior, no concreto, no cotidiano, no miúdo; os abalos exteriores não modificam o essencial. Eis a filosofia que é transmitida à criança, que a absorve junto com a grandeza dos socialmente "pequenos" a quem votamos nossa primeira afeição e que podem guiar nossa percepção nascente do mundo[11].

Na escola temos o relacionamento intergeracional espontâneo entre as crianças e seus professores. Relação preciosa e frequentemente marcante, muitos de nós trazemos viva a lembrança dos mestres dos primeiros anos escolares. No entanto, há poucas ações intergeracionais planejadas no ambiente do ensino formal, tanto no grau fundamental quanto no médio, seja na rede pública, seja na particular. Mais do que resultado de políticas institucionais, há tão somente esparsas e episódicas iniciativas de diretores, professores e de algumas ONGs que levam pais e avós para o espaço escolar e, com eles, desenvolvem atividades junto aos alunos.

Contudo, fora da família e da escola, há outros relacionamentos interessantes e promissores entre crianças e adultos – por exemplo, em processos de educação não formal, isto é, em espaços diferentes da escola tradicional. É o caso do Programa Curumim, iniciativa do Sesc São Paulo que atende crianças de 7 a 12 anos e busca propiciar a elas a oportunidade de uma educação integrada por meio do lazer

---

11 Ecléa Bosi, *Memória e sociedade – Lembranças de velhos*, São Paulo: T.A. Queiroz Editor, 1979, p. 31.

e de atividade culturais. Há, na mesma instituição, o programa Sesc Gerações, que busca aproximar as diversas gerações que frequentam a entidade. Nessas atividades intergeracionais, destacam-se as oficinas que promovem interações entre idosos e crianças. Mais à frente, comentaremos essas experiências.

Enfim, devemos rever as relações na família e na sociedade e repensar nossa forma de organização social, trabalhando para transformá-la principalmente em benefício dos mais vulneráveis, como as crianças e os velhos. Os programas institucionais de integração de gerações podem constituir um fértil caminho. Eles podem nos ensinar que a boa convivência entre adultos e crianças é possível, influenciando positivamente a adoção de novos estilos de convívio.

AÇÕES INSTITUCIONAIS PARA APROXIMAR GERAÇÕES

A mudança de ventos é perceptível e favorável. Dos anos 1990 para cá, educadores, especialistas da área social e instituições de educação formal (como as universidades) e não formal (instituições culturais, ONGs) começaram a perceber, de maneira cada vez mais nítida, a importância de aproximar as gerações. Iniciativas institucionais, então, passaram a se multiplicar em vários países, inclusive no Brasil.

Os Estados Unidos são pioneiros em ações intergeracionais. Desde os anos 1970, em iniciativas públicas e privadas, o trabalho voluntário tem aproximado gerações. Supervisionados por escolas de ensino médio, crianças e adolescentes ajudam idosos debilitados internados em instituições de longa permanência. Reciprocamente, idosos saudáveis e com boas condições de vida cuidam de crianças e jovens carentes ou em situação de fragilidade social. Segundo Sally Newman[12], a primeira iniciativa da qual se tem registro ocorreu em 1963, promovida pela Universidade da Flórida, e consistiu em visitas de crianças pequenas a uma instituição que abrigava idosos.

Os programas intergeracionais passaram a se multiplicar na Europa durante os anos 1990. Como reflexo dessa nova preocupação, os países da Comunidade Europeia estabeleceram o ano de 1993 como o Ano da Solidariedade entre as Gerações. Na Inglaterra e na Alemanha, os programas intergeracionais estão mais avançados e politizados; não ficam restritos a instituições, pois envolvem toda a comunidade. Em algumas dessas experiências, jovens e velhos trabalham "ombro a ombro", em Conselhos municipais e de bairros, na administração das questões de interesse da população. Mais recentemente, em vários países, surgiram esforços para estabelecer redes virtuais de programas e instituições dessa área.

Na América Latina, é também nos anos 1990 que programas intergeracionais, promovidos por instituições privadas e governamentais, começam a ser desenvolvidos de modo mais sistemático e com uma intencionalidade mais clara. No Brasil, em 1993, o Sesc Nacional lançou o projeto "Era uma vez... Atividades intergeracionais". No Sesc São Paulo, em 2003, surgiu o programa Sesc Gerações. Na forma de cursos e oficinas, tais programas geralmente se baseiam em atividades socioculturais, de lazer e de expressão artística, incluindo teatro, música, canto coral, literatura, esporte, informática, projetos

---

12 Sally Newman, *et al, Intergenerational programs: past, present and future*, Washington: Taylor & Francis, 1997, p. 63.

multimídia, educação ambiental, entre outros. São dirigidos aos frequentadores em geral, havendo ou não laços de parentesco entre os participantes. Os jovens e os idosos trocam experiências durante o exercício conjunto de práticas de lazer. Uma constatação importante é a possibilidade concreta de estabelecer expressivos processos de coeducação entre pessoas de diferentes idades.

O lazer e a prática desinteressada de atividades culturais, por seu caráter de ocupação livremente escolhida – e, por isso mesmo, geralmente prazerosa –, pode ser uma preciosa ferramenta para aproximar as idades. No cotidiano desses grupos plurietários, o processo de integração é não apenas recreativo, mas fortemente educativo. Isso porque, além do conteúdo específico que a atividade enseja, a formação de vínculos de amizade propicia o clima de confiança necessário para as trocas de experiências de vida.

A partir de observações diretas de tais atividades[13], levantamos algumas perguntas e ensaiamos algumas respostas a respeito das consequências desse convívio. Do ponto de vista educativo, o que os velhos ensinam às crianças? Histórias de vida, da família e da comunidade que promovem o enraizamento cultural dos jovens, isto é, a apropriação de suas raízes para uma melhor compreensão do presente e uma preparação mais realista para o futuro. Nessa convivência, também transmitem aos jovens valores e modelos de como envelhecer. O que crianças e adolescentes podem ensinar aos idosos? Novas tecnologias e novos valores culturais que lhes permitem compreeder melhor os novos tempos e adaptar-se a eles.

Por falar em educação, convém tecer algumas considerações sobre o direito e a capacidade humana de aprender em diferentes idades. Georges Lapassade[14], ao refletir sobre a importância da continuidade do processo educacional ao longo da vida, aborda o fenômeno que ele chama de "inacabamento do sujeito". Ele nos mostra que, diferentemente de outras espécies, o ser humano nasce física e psiquicamente prematuro e que, ao contrário do que sugere o pensamento

---

13 José Carlos Ferrigno, *Coeducação entre gerações*, São Paulo: Edições Sesc, 2010.
14 Georges Lapassade, *A entrada na vida*, Lisboa: Edições 70, 1975, p. 16.

dominante, ao longo da vida o homem permanecerá inacabado. Esse inacabamento é, aqui, entendido como uma inexorável e imanente condição existencial. Assim, Lapassade combate o mito da perfectibilidade humana, a ser supostamente alcançada em determinado momento da cronologia do indivíduo, geralmente situado no estágio de adulto jovem. Nesse mito reside uma das fontes de discriminação não somente aos velhos, mas também às crianças, gerações colocadas em posição de inferioridade social. Como seres destituídos do tempo presente, às crianças se pergunta o que serão, enquanto aos velhos, como se somente possuíssem o passado, se pergunta o que foram. Lembremos, ainda, a expressão nostálgica "no meu tempo", muito comum entre idosos: ela denota a desterritorialização do velho, tornando-o um "estrangeiro em seu próprio país".

Os programas intergeracionais têm recebido uma boa acolhida e seus resultados estão obtendo uma repercussão positiva. A proliferação de projetos intergeracionais nas áreas da educação não formal, do lazer, da cultura e do voluntariado pode corresponder a uma tendência crescente de aproximação entre as gerações. Porém, há um longo caminho a percorrer, pois esses programas enfrentam vários desafios: ausência de políticas específicas de governo; insuficiente aporte financeiro a projetos; pouca sensibilidade e conhecimento dos gestores; inadequação de equipamentos; monitores com sobrecarga de tarefas em outras áreas de atuação; reduzido número de funcionários; e insuficiente capacitação dos profissionais.

EXPERIÊNCIAS INTERGERACIONAIS COM IDOSOS E CRIANÇAS NO SESC

A mais antiga experiência intergeracional do Sesc São Paulo ocorreu em 1977, a partir de uma pesquisa sobre brinquedos populares. Idosos foram convidados a desenvolver suas habilidades em oficinas de criatividade. Posteriormente, em um evento chamado "Encontro de Gerações", realizado em comemoração à Semana da Criança, esses velhos assumiram o comando de uma oficina, ensinando as crianças a confeccionar brinquedos artesanais. Essa experiência possibilitou uma interação muito rica entre velhos e crianças, e estimulou a implementação de oficinas de criatividade em vários centros de atendimento da capital e do interior.

Com o objetivo de restabelecer a comunicação entre idosos e crianças, o Sesc da cidade de Ribeirão Preto criou, no início dos anos 1980, um grupo de teatro de idosos, Os Contadores de Histórias. A partir de histórias e lendas da época de sua infância, os idosos escolheram o teatro de bonecos para atenuar o constrangimento de enfrentar um palco e, caracterizados com máscaras e fantasias, puderam ocultar suas identidades. Tal estratagema serviu também para arrebatar o público, pegando as crianças de surpresa ao descobrirem seus próprios avós como atores, ao final do espetáculo.

Também no âmbito da contação de histórias, o Sesc Nacional implantou em vários estados brasileiros, como mencionamos anteriormente o projeto "Era uma vez... Atividades intergeracionais", que busca a aproximação entre idosos – na condição de narradores – e crianças, por meio da literatura infantojuvenil. Em 2004, o Sesc Santo Amaro, em São Paulo, promoveu um concurso literário que estimulou a reflexão de crianças e adolescentes sobre o envelhecimento e estimulou os mais velhos a pensarem nas gerações mais novas.

Essa breve menção a alguns projetos intergeracionais permite visualizar a ampla variedade de horizontes possíveis para estabelecer relações entre pessoas de diferentes idades sem relação de parentesco, num contexto simultaneamente lúdico e educativo. Além disso, as instituições de lazer podem ser uma alternativa de espaço compartilhado pelos membros de um grupo familiar – por exemplo, para o encontro entre pais e filhos fora do ambiente doméstico. E, historicamente, entidades como o Sesc recebem em suas instalações muitas famílias nas férias e fins de semana.

Quando refletimos sobre o potencial do lazer para aproximar as gerações, devemos considerar que o envolvimento em tarefas prazerosas e de interesse comum – o exercício do brincar, por exemplo –

pode apagar tais diferenças. Pude, inúmeras vezes, presenciar idosos e crianças juntos e profundamente mergulhados no exercício de tarefas interessantes a todas as gerações. Nessas circunstâncias, o tempo e a idade de cada um deixam de existir: só há o presente, somente *kairós*, o tempo vivido.

O envolvimento entre a criança e o idoso pode ser intenso mesmo quando se dá em encontros esporádicos. As lembranças ficam, e permanece também a vontade de "repetir a dose". Uma senhora, frequentadora do Sesc, em uma experiência que viveu, destacou o acolhimento que as crianças do Programa Curumim deram aos idosos numa atividade, convidando-os a participar de seu habitual lanche:

> *Essas crianças do Curumim foram maravilhosas, todas conversaram, todas participaram, todas nos trataram bem no dia em que nós, da terceira idade, lanchamos junto com elas, participando do lanche do Curumim. Eu sentei com dois meninos, e sabe o que um falou para mim? Ele disse: "Que pena que você não pode comer sempre com a gente, eu adorei". Eu disse: "Ah, para mim foi um prazer!". Aí, quando terminamos o lanche e ele foi jogar a bandeja, ele me perguntou: "Você também vai escovar os dentes junto com a gente?". Então, foi superlegal. Foi uma experiência boa...* **(Dona Sonia, 66 anos)**

Se os pais não têm muita disponibilidade para brincar com os filhos, os avós podem ser importantes parceiros de brincadeiras, como pude constatar a partir de vários relatos de senhoras que frequentam o Sesc. Mesmo as avós das classes populares que se responsabilizam pela criação e pela educação dos netos brincam com eles no pouco tempo que lhes sobra do duro cotidiano das tarefas domésticas[15].

Parece haver diferenças entre os valores e comportamentos de idosos das classes populares e aqueles das classes médias, diferenças que, de alguma forma, repercutem na relação entre avós e netos. Essa observação foi feita por Paulo de Salles Oliveira, quando comparou a disponibilidade dos avôs e avós que entrevistou[16] com a atitude de

---

15 Paulo de Salles Oliveira, *op. cit.*, pp. 294-95.
16 *Ibidem*, p. 272.

avós de classe média, sujeitos da pesquisa de Myriam Lins de Barros[17]. No primeiro caso, as avós buscam compatibilizar o cuidado dos netos com a intensa faina diária do trabalho doméstico, num contexto de carência material e financeira gerada pela pobreza. Entendem que sua missão é realmente a de se dedicar às crianças, já que, frequentemente, os pais dessas crianças, por motivos vários, não podem fazê-lo. Já entre os idosos de classe média, os novos valores ligados a uma vida independente e autônoma, além dos apelos relativos aos cuidados com o corpo e à fruição do prazer, fazem com que essas mulheres levantem restrições às suas filhas para ficarem com os netos. Como têm uma agenda de compromissos, negociam horários para as tarefas familiares. Isso não quer dizer que gostem menos ou mais de seus netos ou que apreciam ou não crianças, mas apenas que reivindicam um tempo maior para elas mesmas.

Como dissemos, no caminho para o encontro das gerações, há algumas condições que facilitam a interação das idades: participação em atividades de interesse comum; execução de tarefas prazerosas e voluntárias, como as do lazer; relações igualitárias entre mais velhos e mais jovens; suficiente tempo de convívio para a formação de amizades; iniciativa, principalmente dos mais velhos, na aproximação com as crianças.

Esse último ponto merece reflexão. Pessoalmente, ouvi diversas avós reclamarem da desatenção de seus netos, dizendo que quase não conversam com elas, já que estão sempre interessados em outras coisas, dentre as quais o computador, os *games* e a *internet* ocupam um lugar central. Segundo elas, entram e saem de casa ou do quarto com um lacônico "Oi, vó" ou "Tchau, vó", desaparecendo em seguida. Em minhas conversas com essas avós, questionei-as para saber o que elas faziam para se tornarem mais interessantes para seus netos e procurei incentivá-las a tomar a iniciativa do contato, a buscar uma ponte com a juventude. De acordo com outros relatos, várias avós conseguiram uma maior aproximação com seus netos graças à sua própria iniciativa e criatividade, principalmente aquelas que incrementaram suas

---
17 Myriam Lins de Barros, *Autoridade e afeto*, Rio de Janeiro: Jorge Zahar Editor, 1987.

relações sociais com gente jovem em outros espaços sociais.

No caso específico dos programas intergeracionais, são decisivos para o sucesso da experiência: o exercício democrático e coletivo no planejamento, execução e avaliação do trabalho em grupo; e a condução segura e competente de educadores conscientes da importância de sua missão. Aliás, a formação de recursos humanos nessa área certamente será, ao lado da sensibilização de gestores de instituições públicas e privadas, o grande desafio para desenvolver o campo intergeracional em nosso país e em todo o mundo.

RUMO A UMA CONVIVÊNCIA CRIATIVA E SOLIDÁRIA

Em depoimentos que recolhemos em várias investigações, constatamos que os idosos que tiveram a oportunidade de desenvolver atividades com adolescentes e crianças passaram a vê-los como pessoas capazes e responsáveis. Já os adolescentes e crianças constataram a capacidade de realização dos idosos, ao invés de considerá-los seres decadentes e inúteis. Uma admiração mútua ocorreu nesses encontros. Uma das condições que penso serem indispensáveis para um resultado tão bem-sucedido é o igualitarismo, que assegura a ausência de qualquer forma de opressão ou de autoritarismo. Ecléa Bosi traduz muito bem o que quero expressar a esse respeito: "Quando duas culturas se defrontam, não como predador e presa, mas como diferentes formas de existir, uma é para a outra como uma revelação"[18]. Uma revelação é algo que nos surpreende e acrescenta, que nos modifica, mas sem imposição, porque nos dá a oportunidade de incorporar novos conhecimentos ao nosso universo cultural sem destruí-lo. Nessa perspectiva, o outro, diferente de mim, não é apenas tolerado; mais que isso, ele é desejado, pois sua presença me enriquece, me complementa, dando a mim o que não tenho e que desejo possuir.

Tais considerações nos levam a pensar também que a boa convivência depende de uma atenção mais acurada às expectativas e às

---
18 Ecléa Bosi, "A atenção em Simone Weil", *Psicologia USP*, São Paulo, v. 14, n. 1.

necessidades do outro. Essa questão merece reflexão. A atenção pode ajudar muito no processo de aproximação das pessoas com as quais vivemos e na construção da amizade. A atenção ao outro exige desprendimento, para que se possa atingir um estado de contemplação isento de críticas apriorísticas, geralmente fundadas em julgamentos apressados e preconceituosos. Em vez disso, um olhar movido pela curiosidade e pela promessa da descoberta parece ser o melhor caminho. Tal atitude implica certo desapego de nós mesmos. Ponderações semelhantes a essas foram feitas por Simone Weil, filósofa, professora, operária e militante de esquerda, inspirada pelas milenares tradições do Oriente. Para ela, o exercício de observar o outro não deve ter o sentido da vigilância ou da procura pelo erro alheio, mas sim a intenção de conhecer o outro. Para isso, é preciso amá-lo. Não apenas as relações intergeracionais se beneficiam dessa atenção ao outro, mas, obviamente, todos os relacionamentos humanos. Os educadores e os pesquisadores da área social, especialmente, dela se beneficiam em seu exercício profissional. O respeito ao ponto de vista do outro e o reconhecimento das diferenças individuais, assim como a constatação de pontuais discordâncias, não devem abalar a amizade, ideia muito bem expressa por Simone Weil quando declara: "É preciso que as diferenças não diminuam a amizade e que a amizade não diminua as diferenças"[19].

Para concluir esta breve reflexão, considero que o relacionamento entre as gerações, mesmo se marcado por conflitos, pode ser produtivo e transformador, desde que se processe uma fina sintonia na dialética estabelecida entre a necessária renovação de valores e a não menos importante preservação das tradições culturais. É esse jogo de mudança e permanência e a esperança trazida pelo novo, como nos ensina Hannah Arendt[20], que preservam a humanidade da ruína imposta pelo tempo.

---

19 Simone Weil, *A condição operária e outros estudos sobre a opressão*, Rio de Janeiro: Paz e Terra, 1996, p. 62.
20 Hannah Arendt, *A condição humana*, Rio de Janeiro: Forense Universitária, 10. ed., 2003, p. 65.

REFERÊNCIAS COMPLEMENTARES

O QUE LER
Ecléa Bosi. *O tempo vivo da memória: ensaios de psicologia social*. São Paulo: Ateliê Editorial, 2003.

O QUE VER
A educação da pequena árvore. Direção: Richard Friedenberg. Canadá: Allied Films, Lightmotive, 1997, 110 min, son, color.

Caminho para casa. Direção: Lee Jeong-Hyang, Coreia do Sul: CJ Entertainment, Tube Entertainment, 2002, 100 min, son, color.

Cinema Paradiso. Direção: Giuseppe Tornatore, Itália/França, 1988, 123 min, son, color.

Dona Cristina perdeu a memória. Direção: Ana Luiza Azevedo. Brasil: Casa de Cinema de Porto Alegre, 2002, 13 min, son, color.

Gran Torino. Direção: Clint Eastwood. Estados Unidos, Austrália: Warner Bros, Village Roadshow Productions, Gerber Pictures, Media Magik, 2008, 116 min, son, color.

Lições para toda a vida. Direção: Tim McCanlies, EUA: Digital Domain para a New Line Cinema, 2003, 111 min, son, color.

O garoto da bicicleta. Direção: Jean-Pierre Dardenne; Luc Dardenne, Bélgica/Itália/França, 2011, 87 min, son, color.

COISA... BOA!!

Meus amigos (Grupo dos Felinos)

Diego de Castro e Sousa

Sesc Santos

"Assim... eu desenhei eu e meu grupo, chamado 'O Grupo dos Felinos', por causa que eu e meu melhor amigo Fernando gostávamos muito de leões e tigres."

9. PROGRAMA CURUMIM, MÍDIA E DIVULGAÇÃO CIENTÍFICA E CULTURAL

Leila Bonfietti Lima

Alguns espaços não formais de educação têm sido tomados como objetos de estudo de diversas pesquisas em divulgação científica e cultural. Isso porque os ambientes onde informações são geradas, organizadas e transferidas têm um grande potencial de inclusão da comunidade escolar na chamada cultura científica, aquela em que assuntos voltados para ciência, tecnologia e cultura fazem parte dos costumes e hábitos de uma sociedade.

A experiência "fora da sala de aula" do Programa Curumim tem o objetivo de ajudar os participantes a experimentar situações e entender a realidade. As atividades do programa permitem que a criança conheça a si própria, seus talentos e limitações, seus colegas e suas relações com os diferentes elementos de nossa cultura. O Curumim evita os modelos acabados e visa estimular o desenvolvimento intelectual, emocional, psíquico, físico e social da criança de forma global e não fragmentada. Aposta no desenvolvimento integral por meio do brincar e enxerga o educador como um facilitador dessas experiências significativas[1].

Nesse sentido, pode-se dizer que o programa se enquadra no conceito de educomunicação:

---

1 Serviço Social do Comércio, Administração Regional no Estado de São Paulo, *Sesc Curumim: criança, vida e educação*, São Paulo: Sesc, 1987. Idem. *Autotreinamento sobre a criança – Projeto Curumim – de 14/4 a 15/5/1987*, São Paulo: 1987.

Um dos deslocamentos a serem contemplados, numa visão mais dialética da presença tecnológica no mundo, diz respeito à transferência de um modelo de comunicação linear a um modelo em redes, de comunicação distribuída. E este fato desestabiliza definitivamente os modos tradicionais de se fazer educação. Frente a este panorama, o convite é para que comunicadores, educadores, engenheiros, gestores de informação pensem, desenhem e avaliem juntos a introdução das novas tecnologias na educação, perguntando-se permanentemente pelo modelo de comunicação que subjaz ao sistema educativo específico. A isso denominamos gestão da comunicação e da informação em espaços educativos. Tal projeto inclui a educação à distância, a educação para os meios e a própria educação não formal. Em todos estes sistemas ocorre o mesmo: a aprendizagem se dá na medida em que o indivíduo sente-se tocado, envolvido, conectado. Desta maneira, o ambiente mediado por tecnologias pode ajudar a produzir sentidos, convertendo-se em mediação. É o sentido que provoca a aprendizagem, não a tecnologia, e é por isso que o campo compete à comunicação ou à educomunicação[2].

Portanto, a partir de uma reflexão sobre a relação do Programa Curumim com a mídia em geral, com o jornalismo cultural e também com as novas mídias, como blogues e redes sociais, este artigo pretende apresentar e discutir pontos do programa com base em conceitos da divulgação científica e cultural e da educação não formal. Reflete, também, sobre a relevância social da divulgação das informações e dos saberes gerados no programa.

---

2 Ismar de Oliveira Soares, "Gestão comunicativa e educação: caminhos da educomunicação", *Comunicação e educação*, São Paulo: 2002, n. 20.

O PROGRAMA CURUMIM NA MÍDIA

De acordo com o documento "Sesc Curumim – criança, vida, educação", elaborado em 1987, que registra as coordenadas para a implantação do programa[3], as unidades do Sesc ficaram encarregadas de enviar circulares, *releases* e cartazes sobre a nova proposta a diversas escolas e de convidar as primeiras crianças a participar do projeto. Também ficaram responsáveis por distribuir folhetos à comunidade interna, para que ela tivesse conhecimento do projeto, divulgasse aos familiares e inscrevesse seus filhos, ou seja, os primeiros curumins.

Nesse primeiro momento, a divulgação em escolas foi extremamente importante para levar os primeiros curumins ao Sesc e atingir seu público-alvo – ou seja, dependentes de comerciários, geralmente crianças de baixa renda e na faixa etária entre 7 e 12 anos. Por outro lado, devido ao limite no número de vagas e à grande demanda, a divulgação fora desse espaço, ou seja, na mídia, não era uma prioridade para o Sesc.

Para atender a essa nova demanda, um novo campo de trabalho foi criado, já que educadores e gerentes, com diferentes formações acadêmicas, foram contratados ou realocados para atuar em um programa de educação não formal. Verificar como esses profissionais se

---

[3] De acordo com o referido documento, as primeiras unidades do Sesc que implantaram o Programa Curumim foram: Carmo, Pompeia, Piracicaba, Santos, Bauru e Campinas.

relacionam com a mídia e com a divulgação do trabalho realizado é um aspecto importante nesta análise.

Para tanto, as equipes do Curumim de Santos e Campinas foram escolhidas para responder a uma entrevista sobre o assunto, devido ao envolvimento delas com as novas mídias. Ambas possuem um blogue, e o Curumim Santos também tem um perfil no Facebook, por meio do qual mantém contato com ex-curumins, além de disponibilizar fotos e informações para as crianças, seus familiares e pessoas interessadas no programa.

Em entrevista para a produção deste artigo, a equipe do Curumim Santos disse acreditar que a mídia em geral – impressa, *on-line* e audiovisual – se interessa por toda a programação do Sesc e, consequentemente, também pelo Programa Curumim. Nas palavras da educadora, Danielle Baumgartner:

> Já demos várias entrevistas a jornais, revistas e televisão, porém não há uma frequência preestabelecida – a procura destes meios de comunicação se dá à medida que o Sesc e o Curumim realizam projetos que atendam e satisfaçam o interesse do público[4].

Lucelina Rosa, coordenadora do Programa Curumim do Sesc Campinas, ressalta o interesse da mídia em datas específicas, como a época de matrículas e as festividades, e aponta ainda a importância da divulgação do trabalho realizado:

> No caso do Curumim, neste início do ano, quando estivemos com as inscrições abertas, houve, sim, um interesse e procura por cobertura. O programa foi bem divulgado em canais locais com filmagem das inscrições; entrevistas em rádio; mídias impressas. Porém, passadas as inscrições, a divulgação tem sido um pouco restrita. Acredito que falta, ainda, avançarmos nas estratégias de divulgação permanentes (já que se trata de um programa permanente), de forma a tornar mais acessíveis as várias ações que desenvolvemos com as crianças[5].

---

4 Danielle Baumgartner em entrevista concedida a Leila Bonfietti Lima, por e-mail, em 6 set. 2012.
5 Lucelina Rosa em entrevista concedida a Leila Bonfietti Lima, por e-mail, em 26 jul. 2012.

Para verificar a relação atual do Programa Curumim com a mídia impressa e *on-line*[6] foi realizada uma pesquisa nos dois maiores jornais de São Paulo: a *Folha de S.Paulo* e *O Estado de S. Paulo*.

Como o Curumim é chamado tanto de "programa" quanto de "projeto", na ferramenta de busca dos portais eletrônicos (http://www.folha.uol.com.br/ e http://www.estadao.com.br/) foram realizadas duas pesquisas: uma com as palavras-chave "programa – Sesc – curumim" e outra com "projeto – Sesc – curumim", sem delimitação de datas ou períodos.

SESC CURUMIM NA *FOLHA DE S.PAULO* E NO *ESTADÃO*

A busca cujo resultado é o Quadro 1 foi realizada nos portais eletrônicos dos dois jornais supramencionados e teve como ponto de partida as palavras-chave indicadas acima. Os resultados estão classificados por ordem cronológica decrescente. No caso da *Folha de S.Paulo* há uma separação, no portal, entre as seções "Site da Folha" e "Jornal Impresso". Para a busca com as palavras "programa – Sesc – curumim", o referido jornal apresentou oito resultados diferentes na seção "Site da Folha" e apenas um na seção "Jornal Impresso". Para a busca com as palavras "projeto – Sesc – curumim", apresentou nove resultados na seção "Site da Folha", cinco dos quais repetiram resultados da busca anterior e não foram elencados novamente.

Diferentemente da *Folha de S.Paulo*, o sistema de busca do *Estadão* não separa os resultados obtidos para as publicações *on-line* e impressa. Na pesquisa com as palavras "programa – Sesc – curumim", não houve nenhum resultado. Já na busca "projeto – Sesc – curumim" foram obtidas seis ocorrências (ver Quadro 1).

---

6 A mídia audiovisual não foi inserida na pesquisa devido ao fator regionalidade. Como esses veículos divulgam muitas ações regionais, seria necessário uma investigação mais apurada nas cidades que mantêm o Sesc Curumim.

QUADRO 1 – SESC CURUMIM NA MÍDIA
FOLHA DE S.PAULO E *ESTADÃO*

Data	Jornal	Seção	Título	Resumo
18/2/12	*Folha de S.Paulo*	Folha.com – Folhinha	Oficinas unem brincadeira, esporte e aprendizagem	Sobre período para matrículas no Sesc Esportes e no Curumim Carmo.
7/1/12	*Folha de S.Paulo*	Folha.com – Folhinha	Confira apresentações grátis de narração de histórias em São Paulo	Sobre evento de férias. Apesar de contar com as palavras pesquisadas, não faz referência ao Programa Curumim.
11/7/10	*Folha de S.Paulo*	Guia da Folha Online – Criança	Escolha uma atividade para entreter os pequenos em SP	Divulgação de exposição com obras criadas pelas crianças do Curumim.
12/4/10	*Folha de S.Paulo*	Folha de S.Paulo – Agenda	Agenda	Divulgação de evento com a participação de educadores do Programa Curumim.
20/8/09	*Folha de S.Paulo*	Folha Online – Ilustrada	Veja quem são os finalistas do Prêmio Jabuti 2009	Sobre o Prêmio Jabuti. Apesar de contar com as palavras pesquisadas, não faz referência ao Programa Curumim.
2/5/09	*Folha de S.Paulo*	Folha Online – Ilustrada	Veja a programação da Virada Cultural	Divulgação da Virada Cultural. Apesar de contar com as palavras pesquisadas, não faz referência ao Programa Curumim.
2/5/09	*Folha de S.Paulo*	Folha Online – Cotidiano	Temperatura pode chegar a 15 °C na madrugada da Virada Cultural	Sobre a Virada Cultural. Apesar de contar com as palavras pesquisadas, não faz referência ao Programa Curumim.

Data	Veículo	Seção	Título	Observação
1/5/09	*Folha de S.Paulo*	Folha Online – Ilustrada	Veja a programação das unidades do Sesc na Zona Sul na Virada	Divulgação da exposição de desenhos feitos por crianças do Curumim.
13/11/08	*Folha de S.Paulo*	Guia da Folha Online – Passeios	Guia da Folha Online seleciona 20 boas sugestões de passeios em SP	Divulgação de programas culturais em São Paulo. Apesar de contar com as palavras pesquisadas, não faz referência ao Programa Curumim.
31/8/08	*Folha de S.Paulo*	Guia da Folha Online – Passeios	Guia seleciona cinco programas para família neste domingo	Sobre o período para inscrições no Programa Curumim do Sesc Vila Mariana.
30/8/08	*Folha de S.Paulo*	Guia da Folha Online – Criança	Inscrições para o Projeto Curumim do Sesc terminam no domingo	Sobre o período para inscrições no Curumim do Sesc Vila Mariana. Aprofunda-se um pouco mais na definição e nos objetivos do programa.
20/8/08	*Folha de S.Paulo*	Guia da Folha Online – Criança	Sesc recebe inscrição para programa gratuito de atividades infantis	Sobre o período para inscrições no Curumim do Sesc Vila Mariana.
19/5/04	*Folha de S.Paulo*	Folha Online – Ilustrada	Instituto de Artes da Unesp apresenta musical infantil	Divulgação de musical realizado por crianças e adolescentes que traz integrantes do Curumim do Sesc Pompeia como convidados.

5/7/01	*Folha de S.Paulo*	Folha de S.Paulo – Eventos	Eventos	Divulgação do evento "Cantoria do Curumim" com canções folclóricas.
13/4/01	*Folha de S.Paulo*	Folha de S.Paulo – Sucursal Vale	Peça infantil traz o universo indígena	Divulgação de peça teatral. Apesar de contar com as palavras pesquisadas, não faz referência ao Programa Curumim.
13/3/00	*Folha de S.Paulo*	Folha de S.Paulo – Ilustrada	Exposição homenageia o sociólogo	As crianças do Curumim realizaram oficinas de maquetes de sucata para ilustrar as diferenças urbanas no evento "Casa Grande & Senzala, Um Olhar sobre a Metrópole".
26/11/99	*Folha de S.Paulo*	Folha de S.Paulo – Sucursal Vale	Exposição	Divulgação da exposição "Assim é Curumim".
19/11/99	*Folha de S.Paulo*	Folha de S.Paulo – Sucursal Vale	Exposições	Divulgação da exposição "Assim é Curumim".
22/4/99	*Folha de S.Paulo*	Folha de S.Paulo – Sucursal Vale	Aldeia do litoral lança CD no Sesc	Divulgação de CD. O evento de lançamento contou com oficinas de dança e atividades voltadas para crianças do Curumim e de escolas estaduais.
16/1/94	*Folha de S.Paulo*	Folha de S.Paulo – Ilustrada	Mostra traz "bonequeiros" de vários estados	Divulgação de diversas peças teatrais com bonecos que compõem uma mostra organizada pelo Curumim.
23/12/11	*Estadão*	Notícias – São Paulo	Sesc no centro só daqui 3 anos	Sobre a transferência de um terreno em São Paulo para uma nova unidade do Sesc.

15/6/07	*Estadão*	Notícias – Cultura	O som que vem do Piauí e chega ao Sesc Pompeia	Divulgação de evento cultural. Apesar de contar com as palavras pesquisadas, o texto não apresenta referência ao Programa Curumim.
24/10/02	*Estadão*	Online – Caderno 2: Música	Andrea Marquee faz show no Sesc Pompeia	Divulgação de apresentação musical. Apesar de contar com as palavras pesquisadas, não faz referência ao Sesc Curumim.
9/10/02	*Estadão*	Online – Caderno 2: Variedades	Sesc Pompeia celebra 120 anos de Pinóquio	Sobre evento de aniversário do Pinóquio. A decoração do espaço contou com a colaboração das crianças e instrutores do Programa Curumim.
5/9/02	*Estadão*	Online – Caderno 2: Música	Naná e Gismonti reencontram-se no palco	Sobre apresentação musical. Apesar de contar com as palavras pesquisadas, não faz referência ao Programa Curumim.
19/10/01	*Estadão*	Online – Caderno 2: Música	Em cena, a permuta musical de Antunes e Brown	Sobre apresentação musical. Apesar de contar com as palavras pesquisadas, não faz referência ao Programa Curumim.

Fonte: Elaboração própria a partir de pesquisa realizada nos jornais Folha de S.Paulo e Estado de S. Paulo – vários números, em 9 jun. 2012.

A partir de uma análise mais detalhada do Quadro 1, é possível perceber que a maioria das notícias se refere à divulgação de vagas (tal como as equipes do Sesc Campinas e Santos mencionaram nas entrevistas). Quando muito, contam apenas com uma descrição mecânica do programa. As atividades do Curumim e seus objetivos não são descritos e analisados nos textos, que são curtos e diretos.

A maioria das matérias se encontra em seções de cultura e lazer. Os textos apresentam características factuais, ou seja, são pautados por eventos e, por isso, não se aprofundam tanto no assunto. Essa superficialidade, infelizmente, é uma das características do atual jornalismo cultural diário, que muitas vezes divulga apenas uma agenda de entretenimento.

A busca não obteve nenhuma notícia na seção de educação dos jornais. Nessa perspectiva, é possível perceber que a grande imprensa, muitas vezes, enxerga o Programa Curumim como entretenimento infantil, e seu caráter educativo quase não aparece nos textos, Ou seja, essa cobertura adere ao senso comum, que considera apenas as modalidades formais de educação[7]. Além disso, as primeiras observações do quadro já apontam para a maior importância que o programa recebe na *Folha* em relação ao *Estadão*, o que se deve ao fato de o primeiro jornal ser historicamente mais aberto a assuntos diversos.

O caráter diário e a rapidez com que as informações devem ser divulgadas nessas publicações costumam impedir uma maior reflexão sobre a real natureza dos temas abordados nos jornais, dificultando o papel do jornalista. Além disso, a produção da grande mídia está longe de ser a ideal, informativa e formativa, em virtude de aspectos predominantemente econômicos.

INDÚSTRIA E JORNALISMO CULTURAL

O conceito de Indústria Cultural, formulado por Adorno e Horkheimer na década de 1940, refere-se às formas de dominação do público pelos meios de comunicação de massa, definidos como aqueles que pouco ou nada contribuem para a formação de uma sociedade crítica.

---

[7] O conceito de educação não formal e sua relação com o Programa Curumim serão abordados mais adiante.

Para Adorno[8], o termo "cultura de massa" não pode expressar a produção e o consumo de produtos culturais pelas massas, porque pode ser entendido erroneamente como uma cultura que surge do povo, ou seja, pode ser confundido com arte popular.

> Em nossos esboços tratava-se do problema da cultura de massa. Abandonamos essa última expressão para substituí-la por "indústria cultural", a fim de excluir de antemão a interpretação que agrada aos advogados da coisa; estes pretendem, com efeito, que se trata de algo como uma cultura surgindo espontaneamente das próprias massas, em suma, da forma contemporânea da arte popular. Ora, dessa arte a indústria cultural se distingue radicalmente[9].

Assim como Adorno e Horkheimer, que abordam a transformação da arte em mercadoria, com a finalidade da venda, Pierre Bourdieu[10] analisa a informação transmitida pela televisão também no contexto mercadológico, onde ela perde completamente sua função de promover a cultura e se concentra na obtenção de lucros cada vez mais expressivos. Isso resulta na alienação e no desconhecimento como características marcantes das massas[11].

Além de Pierre Bourdieu, outros autores discorreram sobre o papel dos meios de comunicação de massas. Para Abraham Moles, fundador do Instituto de Psicologia da Comunicação Social, também conhecida como Escola de Estrasburgo, na França, as transformações causadas pelos meios de comunicação de massas nas sociedades modernas foram tão profundas que chegaram a alterar o princípio pelo qual se estabelece a percepção cognitiva do mundo exterior. O que prevalece na cultura moderna é a cultura mosaico, ou seja, um cultura com

---

8 Theodor W. Adorno, "A indústria cultural". Em: Gabriel Cohn (org.), *Comunicação e indústria cultural*, São Paulo: Companhia Editora Nacional, 1978.
9 *Ibidem*, p. 92.
10 Pierre Bourdieu, *Sobre a televisão*, Rio de Janeiro: Jorge Zahar Editora, 1997.
11 Entende-se massa como o conjunto de pessoas que perdem o sentido positivo da individualidade, ou seja, não se manifestam como sujeitos dotados de vontade e opiniões próprias, mas reproduzem um comportamento que resulta exatamente da sua alienação.

informações e mensagens que chegam até o público de maneira aleatória, desordenada e fragmentada[12].

Segundo Cunha, Ferreira e Magalhães[13], a imprensa brasileira – principalmente o jornalismo cultural diário – não está preparada para e não se empenha em divulgar manifestações tradicionais, folclóricas e regionais. Os autores apontam, ainda, que o jornalismo cultural tem o dever de ampliar a "cidadania cultural", ou seja, conscientizar a população sobre seus valores culturais, com base no binômio "formar e informar".

> Por isso o jornalismo cultural, além de fornecer ao público uma necessidade de atualização acerca dos temas que envolvem a produção cultural, deveria privilegiar não só a esfera da informação, mas também a da formação para que, a um só tempo, possa informar e orientar o leitor acerca do objeto ou fato estético/artístico/cultural que está sendo publicado[14].

O educador Eduardo Conegundes de Souza, graduado em música popular, concorda com a necessidade dessa contextualização cultural:

> Trabalhar com manifestações culturais, ou com sua recuperação, requer uma sondagem de como a gama de informações culturais vem chegando ao público e por quais meios têm sido veiculadas. Só assim essa recuperação pode ocorrer no sentido de recontextualizar as manifestações e torná-las novamente significativas dentro de uma dinâmica sociocultural[15].

Para Caldas, o papel educativo da mídia na formação de uma opinião

---

12 Antonio da Silveira Brasil Junior, "Tentativas de construção de um argumento sociológico sobre a televisão e a indústria cultural: Adorno, Bourdieu e Moles", *Revista Habitus*, revista eletrônica dos alunos de graduação em Ciências Sociais – IFCS/UFRJ, Rio de Janeiro: 2003, v.1, n.1, pp. 45-61.
13 Leonardo Antunes Cunha; Nísio Antônio Teixeira Ferreira; Luiz Henrique Vieira de Magalhães, "Dilemas do jornalismo cultural brasileiro", *Revista Temas: Ensaios de Comunicação*, Belo Horizonte: 2002, n.1, v.1.
14 *Ibidem*, p. 17.
15 Eduardo Conegundes de Souza, "Reflexões sobre a atuação da educação musical na educação não formal". Em: Olga Rodrigues de Moraes Von Simson; Margareth Brandini Park; Renata Siero Fernandes (orgs.), *Educação não formal: cenários da criação*, Campinas: Editora da Unicamp/Centro de Memória, 2001, p. 306.

pública e na geração da consciência crítica é fundamental para o exercício de uma cidadania, que consiste na plena ciência dos direitos e deveres que cada um tem perante a sociedade: "A construção da cidadania é fruto do exercício democrático e participativo da informação como agente de transformação social"[16].

Portanto, é necessário que o jornalismo cultural esteja liberto das amarras da indústria cultural e da visão excessivamente mercadológica da mídia, passando a preocupar-se com a divulgação de fatos que contribuam efetivamente para a formação cultural da população. Para tanto, é necessária a presença de jornalistas suficientemente preparados para o exercício dessa atribuição.

Nos grandes jornais analisados, não foram encontrados indícios de ênfase no aspecto educacional do Curumim. Isso pode ter como causas, dentre outras, a qualificação insuficiente dos profissionais dos meios de comunicação e o caráter mercadológico dos jornais (com muito espaço para anúncios e pouco para notícias e reflexões). Desse modo, é muito difícil que tais meios, considerando seu estado atual, exerçam uma divulgação adequada e completa. Mídias independentes, como blogues e redes sociais, podem ser maior efetivas nesse sentido, como é possível observar nos blogues vinculados ao programa e apresentados a seguir.

O PROGRAMA CURUMIM E A DIVULGAÇÃO CULTURAL

Para essa nova postura da mídia em geral, e mais especificamente do jornalismo cultural, é necessário destacar pontos da sociedade atual e da divulgação científica e cultural, que pressupõe uma participação ativa de todas as partes envolvidas no processo de comunicação e educação (no caso do Curumim, educadores e educandos).

---

16 Graça Caldas, "Jornalistas e Cientistas: uma Relação de Parceria". Em: Jorge Duarte; Antonio Teixeira de Barros. (Org.), *Comunicação para ciência e ciência para comunicação*, Brasília: Embrapa Informação Tecnológica, 2003, p. 75.

As transformações tecnológicas pelas quais a sociedade passou nos últimos trinta anos, principalmente com o avanço das tecnologias de informação e comunicação (TICs), geraram mudanças significativas no âmbito social (aumento das desigualdades), econômico (predominância da esfera financeira sobre a produtiva), político (o Estado perde importância para o "mercado") e cultural (valorizam-se mais as questões materiais em detrimento das culturais ou artísticas, que cada vez menos interessam às massas). Apontam-se diversos nomes para essa nova fase, não há um consenso sobre tal denominação: "Aldeia global, era tecnotrônica, sociedade pós-industrial, era – ou sociedade – da informação e sociedade do conhecimento são alguns dos termos cunhados com a intenção de identificar e entender o alcance destas mudanças"[17].

Alguns teóricos, como Masuda e Drahos, consideram a sociedade da informação e do conhecimento uma possibilidade de inclusão social. Para Masuda[18], essa sociedade se aproxima de uma comunidade voluntária, voltada para o benefício social. Por outro lado, há também estudiosos que apontam os riscos dessa nova economia. Drahos[19], por exemplo, acredita que a sociedade da informação possa se transformar em um lugar desigual, com a prevalência dos interesses dos mais ricos (que o autor chama de "barões da mídia") sobre os mais pobres[20].

Nessa perspectiva, as noções de cidadania e educação, no seu sentido mais amplo, para além da escola, são fundamentais para discutir o que é a sociedade da informação e do conhecimento. Isso porque, no contexto da economia globalizada e da sociedade organizada a partir do conhecimento, o fator educação assume um papel fundamental, pois contribui para a formação e o exercício da cidadania[21].

---

17 Sally Burch, "Sociedade da informação/Sociedade do conhecimento". Em: Alain Ambrosi; Valérie Peugeot; Daniel Pimienta (orgs.), *Desafios de palavras: Enfoques multiculturais sobre as sociedades da informação*, C & F Éditions: 2005, p. 1.
18 Yoneji Masuda, *A sociedade da informação como sociedade pós-industrial*, tradução de Kival Chaves Weber, Angela Melim, Rio de Janeiro: IPEA; Brasília, DF: PNUD, 1996.
19 Peter Drahos, "Information Feudalism in the Information Society", *The Information Society*, Indiana: 1995, v. 11, n. 3, pp. 209-222.
20 Maria Elza Miranda Ataíde, "O lado perverso da globalização na sociedade da informação", Ci. Inf., Brasília: 1997, v. 26, n. 3.
21 Marisa Perrone Campos Rocha, "A questão da cidadania na sociedade da informação", Ci. Inf., Brasí-

O Programa Curumim atua no desenvolvimento infantil e realiza atividades com grupos de crianças e tem como intuito gerar diversas situações de aprendizado, por meio da cultura e de atividades de lazer. A ideia central do programa, inteiramente gratuito, é oferecer condições que assegurem à criança o direito à informação, à expressão e ao conhecimento, possibilitando-lhe descobrir a si mesma e ao mundo que a rodeia. Para isso, são desenvolvidas atividades ligadas às artes, esportes, ciência e tecnologia[22].

A divulgação científica e cultural realizada pelo Programa Curumim é fundamental para que toda essa informação se transforme em conhecimento e contribua para construir uma sociedade na qual o acesso ao conhecimento seja mais democrático, para que este não se torne um instrumento de dominação e segregação social.

Um exemplo da divulgação cultural realizada pelo Programa Curumim é o trabalho de algumas unidades com as novas mídias eletrônicas, como blogues e redes sociais.

> As pesquisas sobre as matérias, curiosidades, testes, dicas, fotos e filmes publicados são realizadas pelas crianças do Curumim, sob orientação da instrutora Alessandra Polito, que é também quem o administra e faz as postagens, contando com a colaboração da equipe de instrutores e coordenação. Através dos comentários publicados no blogue, é possível perceber quem é o público que o acessa. Frequentemente são os próprios curumins, seus pais, responsáveis, parentes e amigos; também instrutores de outras unidades do Sesc, funcionários da unidade de Santos e o público em geral[23].
>
> O blogue surgiu em 2010 com o intuito de criar um mecanismo de divulgação dos trabalhos. Inicialmente a ideia era também que as próprias crianças o alimentassem. Seria uma maneira de se apropriarem das

---

lia: 2000, v. 29, n. 1, pp. 40-45.
22 Serviço Social do Comércio, Administração Regional no Estado de São Paulo, *Sesc Curumim: criança, vida e educação*, São Paulo: Sesc, 1987. Idem, *Autotreinamento sobre a criança – Projeto Curumim* – de 14/4 a 15/5/1987, São Paulo: Sesc, 1987.
23 Danielle Baumgartner em entrevista concedida a Leila Bonfietti Lima, por e-mail, em 6 jul. 2012.

ferramentas da *internet* e, ao mesmo tempo, divulgar – com o próprio olhar – a participação no Curumim. Porém, considerando a grande demanda de uso e de atividades que temos em nosso espaço da *internet* livre (onde temos os computadores), a alimentação do blogue pelas crianças acabou não funcionando de maneira efetiva. Assim, em 2011 assumimos o blogue como uma ferramenta da equipe de educadores, como um diário de bordo da equipe para as crianças e suas famílias. Tem sido muito bacana, porque os pais vêm comentar que estão acompanhando, as crianças também acessam bastante, muitos educadores também têm acessado e entrado em contato conosco para trocar experiências. Nossa equipe interna (de diferentes setores da unidade) também começou a se aproximar mais do nosso trabalho, na medida em que passaram a visualizar mais o que temos feito. Então, avaliamos que, neste momento, é uma ferramenta bem estratégica[24].

Com o advento das redes sociais na última década, o Programa Curumim do Sesc Santos não ficou para trás e ingressou no Facebook, rede social com maior número de usuários no mundo:

As informações podem ou não ser as mesmas [que as divulgadas no blogue], mas uma ferramenta não concorre com a outra. A principal função de ambas é informar, educar, entreter, valorizar e divulgar as atividades e os conteúdos oferecidos e desenvolvidos pelas e para crianças aqui no Curumim. O Facebook, pelo seu formato, é bastante utilizado para a divulgação de imagens das atividades realizadas cotidiana ou especialmente, bem como para o contato com os pais e responsáveis e com as próprias crianças. As postagens aí, diferentemente do blogue, ficam exclusivamente a cargo da equipe de instrutores. Não percebemos maior eficácia de um ou outro meio em relação à divulgação, pois muitas vezes o acesso aos dois é feito pelo mesmo público – são recursos que se complementam e coexistem muito bem em função de suas especificidades[25].

---

24 Lucelina Rosa em entrevista concedida a Leila Bonfietti Lima, por e-mail, em 6 jul. 2012.
25 Danielle Baumgartner em entrevista concedida a Leila Bonfietti Lima, por e-mail, em 6 jul. 2012.

Após breve análise dos blogues e do perfil no Facebook, é possível perceber que os conteúdos são voltados tanto para as crianças, incluindo ex-curumins, quanto para seus pais e responsáveis, para funcionários do Sesc e para pessoas interessadas no programa. Essas ferramentas também colaboram muito para a troca de conhecimentos e experiências entre unidades, o que é muito importante para o aperfeiçoamento do programa. É possível perceber que a participação interativa das crianças é maior no Facebook, devido ao caráter dinâmico e atual da ferramenta.

As fotos e os textos disponibilizados na rede, na maioria das vezes, são produzidos pelos educadores, mas sempre priorizando as atividades realizadas pelos curumins. Além disso, a equipe deixa claro para as crianças que elas também são responsáveis pelo conteúdo que é postado nas mídias sociais.

A difusão do conhecimento é um fator fundamental para o desenvolvimento pleno da noção de cidadania e para a constituição de uma sociedade mais harmônica e mais igualitária. Nesse sentido, a ação do Curumim se mostra de extrema relevância, bem como a estratégia adotada, em algumas unidades, para divulgar seus esforços e resultados através das novas mídias, com a finalidade de obter maior abrangência. Tais ações inserem-se no conceito de educação não formal, discutido a seguir.

A PRODUÇÃO DE CULTURA POR MEIO DA EDUCAÇÃO NÃO FORMAL

De acordo com Garcia e Rotta[26], existe na área educacional uma tendência a desvalorizar os saberes que não são aprendidos na escola, ou seja, de classificar as experiências do dia a dia – que os autores chamam de cultura atual – como "populares", "práticas" e "de senso

---

26 Valéria Aroeira Garcia; Daltro Cardoso Rotta, "Cartografias da educação não formal", *Revista de Ciências da Educação*, Centro Universitário Salesiano de São Paulo, Programa de Mestrado em Educação, Americana, São Paulo: 2011, n. 25.

comum". No entanto, esses valores são muito importantes para a educação não formal.

> Ao analisarmos alguns projetos e propostas voltados para crianças e jovens é possível perceber que a reflexão se dá muito mais no âmbito do cotidiano, por meio da oralidade, de tateios e da necessidade de resolver situações do dia a dia, o que implica dizer que é a prática que vem construindo o campo da educação não formal[27].

No entanto, de acordo com Park[28], trabalhar com culturas exige observar e respeitar a necessidade da ampliação de repertórios, já que muitas vezes os projetos desenvolvidos com grupos em situação de vulnerabilidade social são repetições de atividades focadas no "cotidiano", sem considerar aquilo que é próprio da atividade educativa.

> As experiências positivas focalizando a cultura, seja na educação formal ou na não formal, respeitam vários aspectos, tais como ouvir o grupo assumindo-o enquanto produtor de cultura, construir junto a proposta de trabalho, inserir pessoas da comunidade no processo, selecionar profissionais competentes, ampliar repertórios[29].

Por isso, para analisar a atuação de instituições não formais em comunidades situadas em centros urbanos, como o Programa Curumim, é necessário verificar quais atividades devem ser oferecidas para que os objetivos característicos da educação não formal possam ser mantidos. "O que podemos observar é que a escolha de atividades deve estar normalmente ligada às necessidades observadas dentro de cada grupo com o qual o trabalho se desenvolve"[30].

---

27 *Ibidem*, p. 58.
28 Margareth Brandini Park, "Cultura e contextos culturais". Em: Margareth Brandini Park; Renata Siero Fernandes; Amarildo Carnicel, *Palavras-chave em educação não formal*, Holambra, SP: Editora Setembro; Campinas, SP: Unicamp/CMU, 2007.
29 *Ibidem*, p. 108.
30 Eduardo Conegundes de Souza, "Reflexões sobre a atuação da educação musical na educação não formal". Em: Olga Rodrigues de Moraes Von Simson; Margareth Brandini Park; Renata Siero Fernandes (orgs.), *Educação não formal: cenários da criação*, Campinas, SP: Editora da Unicamp/Centro de Memória, 2001, p. 3003.

A partir da reflexão sobre o papel educativo apresentada no tópico anterior, é possível considerar que a divulgação científica e cultural é uma forma de educação não formal[31]. Isso porque, assim como os educadores, os divulgadores devem ter como objetivo a construção da cidadania. Desse modo, é de grande importância que a relação do Programa Curumim com a mídia se dê no sentido de buscar promover uma sociedade na qual o conhecimento tenha sua devida importância e o acesso a ele seja mais democrático.

DIVULGAÇÃO MIDIÁTICA E CULTURAL – RELEVÂNCIA SOCIAL: DEMOCRATIZAÇÃO E PUBLICIZAÇÃO DE INFORMAÇÕES E SABERES GESTADOS NO PROGRAMA

De acordo com as equipes do programa nos Sesc Santos e Campinas, em entrevistas para este artigo, a divulgação do trabalho realizado pelo Programa Curumim influencia e entusiasma ações da sociedade visando ao atendimento do público infantil e à reflexão sobre as estratégias e particularidades de programas voltados para essa faixa etária. Essa divulgação democratiza, de certa forma, os saberes gestados no programa, servindo de exemplo para novas iniciativas:

> Compartilhar o trabalho realizado internamente pode trazer à pauta questões, inquietações e desejos não apenas de outras instituições, mas de grupos familiares e da cidade em geral, em relação ao que se pretende oferecer às crianças e adolescentes como parte de sua formação. [...] Percebemos essa contaminação positiva e a possibilidade de troca com outras instituições e com a própria cidade e adjacências. Profissionais de Centros de Convivência da Prefeitura e professores da rede municipal, bem como estudantes da área de pedagogia e afins, já vivenciaram atividades promovidas pelo Curumim ou nos fizeram consultas, tendo o

---

31 Jaume Trilla, *La educación fuera de la escuela: ámbitos no formales y educación social*, Barcelona, Ed. Ariel, S.A.: 1996.

trabalho do Curumim como referencial para pesquisas ou para a implantação de novos programas em seus contextos[32].

Lucelina Rosa, do Curumim Campinas, completa:

> Divulgar as ações desenvolvidas no Curumim é muito relevante não só para as famílias e adultos responsáveis pelas crianças (que se conhecem e se aproximam), mas também no sentido de publicizar o trabalho da equipe de educadores; tornar conhecido o perfil de ação educativa desenvolvida com as crianças (que tem como base de trabalho a ludicidade); tornar visível aos comerciários as possibilidades que o Sesc São Paulo oferece às crianças nessa faixa etária. Temos, também, que publicizar o quanto investimos nas crianças que estão conosco aqui todos os dias e o quanto aprendemos com elas. Enfim, avalio que a divulgação é muito relevante[33].

Embora os esforços da equipe e a divulgação científica e cultural possam ser considerados modos de educação não formal, para que esta se apresente de fato como um instrumento de democratização do conhecimento, é necessário investir mais em todos os tipos de educação.

Na percepção de Brito Cruz[34], a verdadeira democratização do conhecimento passa necessariamente pela melhoria da educação básica. A divulgação científica por meio da produção de jornaizinhos, vídeos, jogos, assim como de blogues e redes sociais no ambiente escolar e fora dele, é uma prática muito importante, pois colabora com a formação da cultura científica desde o início da vida escolar dos alunos e auxilia no desenvolvimento de posições críticas desde a infância.

Nesse sentido, para que o interesse da sociedade em assuntos de cultura e ciência aumente, além de um bom trabalho de divulgação e comunicação científica e cultural realizado pela mídia em geral

---

32 Danielle Baumgartner em entrevista concedida a Leila Bonfietti Lima, por e-mail, em 6 jul. 2012.
33 Lucelina Rosa em entrevista concedida a Leila Bonfietti Lima, por e-mail, em 26 jul. 2012.
34 Brito Cruz em entrevista concedida a Leila Bonfietti Lima, pessoalmente, em 17 nov. 2010.

e pelas assessorias de comunicação de instituições de pesquisa e museus, é importante que a educação se torne prioridade fora dos ambientes escolares.

Assim, seria de suma importância mesclar a educação formal e não formal com iniciativas de divulgação e com um bom jornalismo. O jornalista e o divulgador têm um papel muito relevante, pois eles devem apresentar diferentes temas para a sociedade de uma forma clara, atrativa e crítica.

Programas como o analisado neste texto exercem um papel de grande relevância para a sociedade, porque abrem espaço para a troca de experiências e saberes em uma fase muito importante do aprendizado de crianças que, na maioria das vezes, não têm acesso a bens culturais de qualidade. Os objetivos e resultados do Programa Curumim seriam potencializados significativamente com uma divulgação mais ampla de seu trabalho, servindo de exemplo a outras iniciativas de educação não formal e abrindo cada vez mais espaços para a comunidade.

Portanto, apesar das iniciativas de divulgação em blogues e no Facebook, que são muito importantes para a troca direta de informações com os participantes e seus familiares, permanece o desafio de ampliar essa divulgação para mídias mais amplas, como jornais impressos e televisivos. Trata-se de um desafio tanto para as equipes do Curumim, com a socialização de seus trabalhos, quanto para a mídia, que deve se interessar mais por iniciativas que colaborem com a ampliação de repertórios culturais e que visem à cidadania de seus educandos.

MATÉRIAS E ARTIGOS

Folha.com
Folhinha. "Oficinas unem brincadeira, esporte e aprendizagem". Disponível em: <http://www1.folha.uol.com.br/folhinha/1049334-oficinas-unem-brincadeira-esporte-e-aprendizagem.shtml>.

Folhinha. "Confira apresentações grátis de narração de histórias em São Paulo". Disponível em: <http://www1.folha.uol.com.br/folhinha/1030897-confira-apresentacoes-gratis-de-narracao-de-historias-em-sao-paulo.shtml>.

Guia da Folha Online
Criança. "Escolha uma atividade para entreter os pequenos em SP". Disponível em: <http://guia.folha.uol.com.br/crianca/ult10047u764243.shtml>.

Ilustrada. "Veja a programação das unidades do Sesc na Zona Sul na Virada". Disponível em: <http://www1.folha.uol.com.br/folha/ilustrada/ult90u558973.shtml>.

Passeios. "Guia da Folha Online seleciona 20 boas sugestões de passeios em SP". Disponível em: <http://guia.folha.uol.com.br/passeios/ult10050u467274.shtml>.

Passeios. "Guia seleciona cinco programas para família neste domingo". Disponível em: <http://guia.folha.uol.com.br/passeios/ult10050u439839.shtml>.

Criança. "Inscrições para o Projeto Curumim do Sesc terminam no domingo". Disponível em: <http://guia.folha.uol.com.br/crianca/ult10047u439396.shtml>.

Criança. "Sesc recebe inscrição para programa gratuito de atividades infantis". Disponível em: <http://guia.folha.uol.com.br/crianca/ult10047u435332.shtml>.

Folha Online
Ilustrada. "Instituto de Artes da Unesp apresenta musical infantil". Disponível em: <http://www1.folha.uol.com.br/folha/ilustrada/ult90u44318.shtml>.

Folha de S.Paulo
"Agenda". Disponível em: <http://www1.folha.uol.com.br/fsp/folhatee/fm1204201005.htm>.

Ilustrada. "Veja quem são os finalistas do Prêmio Jabuti 2009". Disponível em: <http://www1.folha.uol.com.br/folha/ilustrada/ult90u612755.shtml>.

Cotidiano. "Temperatura pode chegar a 15 °C na madrugada da Virada Cultural". Disponível em: <http://www1.folha.uol.com.br/folha/cotidiano/ult95u559579.shtml>.

Ilustrada. "Veja a programação da Virada Cultural". Disponível em: <http://www1.folha.uol.com.br/folha/ilustrada/ult90u559256.shtml>.

"Eventos". Disponível em: <http://www1.folha.uol.com.br/fsp/ribeirao/ri0507200133.htm>.

Sucursal Vale. "Peça infantil traz o universo indígena". Disponível em: <http://www1.folha.uol.com.br/fsp/vale/vl1304200123.htm>.

Ilustrada. "Exposição homenageia o sociólogo". Disponível em: <http://www1.folha.uol.com.br/fsp/ilustrad/fq1303200014.htm>.

Sucursal Vale. "Exposição". Disponível em: <http://www1.folha.uol.com.br/fsp/vale/vl2611199920.htm>.

Sucursal Vale. "Exposições". Disponível em: <http://www1.folha.uol.com.br/fsp/vale/vl1911199918.htm>.

Sucursal Vale. "Aldeia do litoral lança CD no Sesc". Disponível em: <http://www1.folha.uol.com.br/fsp/vale/vl22049909.htm>.

Ilustrada. "Mostra traz 'bonequeiros' de vários estados". Disponível em: <http://www1.folha.uol.com.br/fsp/1994/1/16/ilustrada/1.html>.

O Estado de S. Paulo
Notícias. "Sesc no centro só daqui 3 anos". Disponível em: <http://www.estadao.com.br/noticias/cidades,SESC-no-centro-so-daqui-3-anos,814662,0.htm>.

Cultura. "O som que vem do Piauí e chega ao Sesc Pompeia". Disponível em: <http://www.estadao.com.br/noticias/arteelazer,o-som-que-vem-do-piaui-e-chega-ao-SESC-pompeia,10597,0.htm>.

Online. Caderno 2. "Sesc Pompeia celebra 120 anos de Pinóquio". Disponível em: <http://www.estadao.com.br/arquivo/arteelazer/2002/not20021009p7598.htm>.

Online. Caderno 2. "Naná e Gismonti reencontram-se no palco". Disponível em: <http://www.estadao.com.br/arquivo/arteelazer/2002/not20020905p4374.htm>.

Online. Caderno 2. "Andrea Marquee faz show no Sesc Pompeia". Disponível em: <http://www.estadao.com.br/arquivo/arteelazer/2001/not20011024p6379.htm>.

Online. Caderno 2. "Em cena, a permuta musical de Antunes e Brown". Disponível em: <http://www.estadao.com.br/arquivo/arteelazer/2001/not20011019p6343.htm>.

REFERÊNCIAS COMPLEMENTARES

O QUE LER
Revista Pesquisa Fapesp
revistapesquisa.fapesp.br

Revista Piauí
revistapiaui.estadao.com.br/edicao-98

Watchmen. Revista em quadrinhos de Alan Moore e Dave Gibbons.

O QUE OUVIR
Antonio Nóbrega. *Lunário perpétuo*. CD e DVD. São Paulo: Brincante Produções Artísticas, 2002.

O QUE VER
Gattaca: experiência genética. Direção: Andrew Niccol. Estado Unidos: Columbia Pictures Corporation e Jersey Films, 1997, 108 min, son, color.

Mera coincidência. Direção: Barry Levinson, Estados Unidos: Batimore Pictures

Punch Productions, New Line Cinema, Tribeca Productions. 95 min, son, color.

Muito além do Cidadão Kane. Direção: Simon Hartog. Inglaterra: Canal 4 da BBC: 1993, 105 min, son, color, P&B.

O ponto de mutação. Direção: Bernt Amadeus Capra. Estados Unidos: Atlas e Mindwalk.1990, 126 min, son, color.

Saneamento básico. Direção: Jorge Furtado. Brasil: Casa de Cinema de Porto Alegre, 2007, 112 min, son, color.

O quarto poder. Direção: Costa-Gavras, EUA: Warner Home Vídeo, 1997, 114 min, son, color.

SITES
Folha de S.Paulo
www.folha.uol.com.br

O Estado de S. Paulo
www.estadao.com.br

Rodrigo Leite Piccolo
Sesc Campinas
"O Sesc como clube."

10. REPRESENTAÇÕES CURUMINS

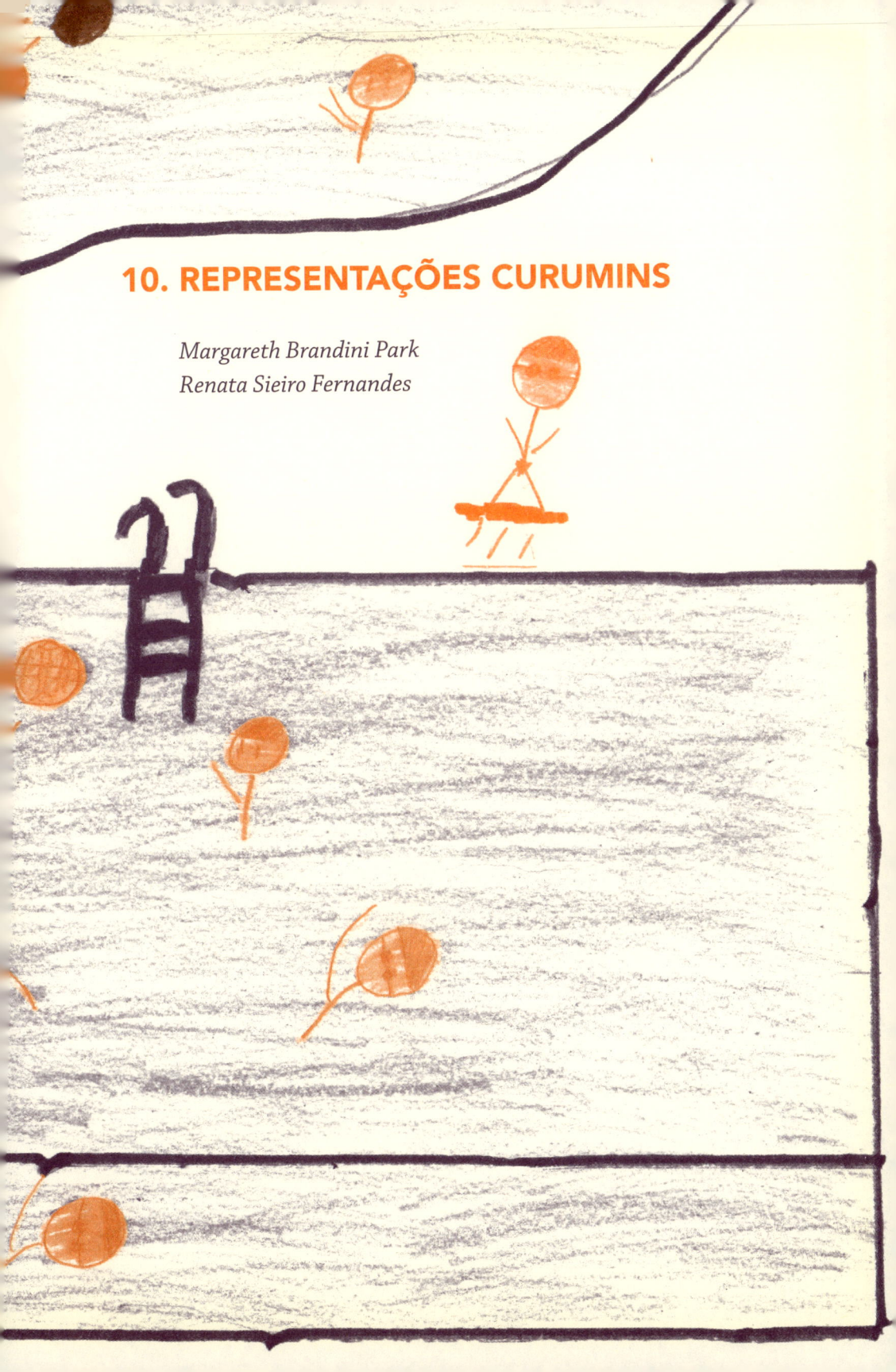

Margareth Brandini Park
Renata Sieiro Fernandes

O Sr. Rabuja é catador de pensamentos. Pensamentos bonitos e feios. Pensamentos alegres e tristes. Pensamentos inteligentes e bobos. Pensamentos barulhentos e silenciosos. Pensamentos compridos e curtos. No fundo, todos são importantes para ele, mesmo tendo, é claro, os seus preferidos. Mas isso ele não demonstra, para não ferir os outros pensamentos, pois todo mundo sabe que pensamentos são coisas muito sensíveis.
Monica Feth e Antoni Boratynski,
O catador de pensamentos

Espalhar pensamentos no papel costuma ser um ato pleno de risco. É semear numa horta de espaços e linhas que aprisionam e, muitas vezes, sufocam as raízes para que caibam nos limites-canteiros. Podemos utilizar algumas táticas, como semeá-los em quantidade: os coerentes junto dos contraditórios, os afáveis junto dos embrutecidos, os limitados junto dos criativos. A diversidade poderá levar a uma capilaridade de raízes, que garanta a oxigenação e, consequentemente, a vida que neles habita. Inspiradas nessa imagem é que nos propomos a semear os pensamentos coletados durante o processo de pesquisa das memórias curumins.

Este artigo focaliza as representações do Programa Curumim presentes nos depoimentos de gestores, coordenadores, educadores, famílias e crianças, (ex-)frequentadores, bem como nos registros escritos e imagéticos produzidos em diferentes unidades do Sesc São Paulo ao longo de 28 anos. Consideramos o Programa Curumim um tipo de práxis educativa institucionalizada do tipo não formal, na medida em que não depende de legislações ou regulamentações do Ministério da Educação (MEC), conforme define Trilla[1]. Para esse autor, o que distingue o formal do não formal é sua relação direta e dependente de um órgão externo, superior, ligado ao Estado – que, no caso brasileiro, é o atual Ministério da Educação (MEC). Para Trilha, a educação formal é aquela que tem uma forma determinada por uma legislação nacional, ou seja, que tem critérios específicos para acontecer e segue o que é estipulado pelo Estado – a educação escolar, hoje composta por educação infantil, ensino fundamental, médio e superior.

A educação não formal é: a) toda aquela que é mediada pela relação de ensino-aprendizagem, mas tem forma, assume e desenvolve metodologias com procedimentos e ações diferentes das adotadas nos sistemas formais, e b) aquela que estruturalmente, não tem uma legislação nacional que a regule. Ou seja, há uma série de programas, propostas e projetos que realizam ações e interferências perpassadas pela relação educacional, mas se organizam e se estruturam com a possibilidade de serem diferentes.

A memória diz respeito aos processos de aquisição, conservação e evocação de informações. Ela é seletiva e escolhe o que vai ser guardado e o que será posto de lado. Conforme Pollak, "os modos de construção podem tanto ser conscientes como inconscientes. O que a memória individual grava, recalca, exclui, relembra, é evidentemente o resultado de um verdadeiro trabalho de organização"[2].

Por essas razões, a memória participa efetivamente dos processos de construção de identidade, unidade e reconhecimento, individual e de grupo. Ela expõe (auto)representações de grupos sociais, étni-

---

[1] Jaume Trilla, *La educación fuera de la escuela: ámbitos no formales y educación social*, Barcelona: Editorial Ariel, 1996.
[2] Michael Pollak, "Memória e identidade social", *Estudos Históricos*, Rio de Janeiro: 1992, v. 5, n. 10, p. 204.

cos, geracionais etc. Para Pollak, "a memória [...] é também um fator extremamente importante do sentimento de continuidade e de coerência de uma pessoa ou de um grupo em sua reconstrução de si"[3].

Já o conceito de representação com o qual trabalhamos é o de Moscovici:

> a representação é um *corpus* organizado de conhecimentos e uma das atividades psíquicas graças às quais os homens tornam inteligível a realidade física e social, inserem-se num grupo ou numa ligação cotidiana de trocas, e liberam os poderes de sua imaginação[4].

Dessa forma, não entendemos a representação como um decalque da realidade, mas como um recorte de parcela do real, sob o efeito da interpretação e da imaginação de um sujeito que é histórico e social, que faz trocas e se relaciona, fornecendo versões do que é dito como realidade. Isso implica assumir os processos de subjetividade como verdadeiros.

A seguir, apresentamos a metodologia adotada para a coleta e a análise das fontes utilizadas e dos materiais recolhidos. Na sequência, apresentamos tudo aquilo que os dados permitiram perceber, inferir, interpretar e sugerir.

METODOLOGIA

Expomos a seguir o percurso da pesquisa, bem como as escolhas, seleções e orientações filosóficas, históricas e pedagógicas que embasaram as análises e interpretações.

Demos prioridade a uma pesquisa de tipo qualitativo, embora tenhamos nos valido de dados quantitativos, quando isso se mostrou necessário.

Optamos por trabalhar com as memórias e as representações advindas do que os sujeitos pensam e dizem sobre as experiências vivencia-

---
3 *Ibidem*, p. 204.
4 Serge Moscovici, *A representação social da psicanálise*, Rio de Janeiro: Jorge Zahar, 1978, p. 28.

das e as ideias que nortearam e norteiam o Programa Curumim. Para isso, coletamos e transcrevemos depoimentos de adultos, homens e mulheres, em seus cargos de gestores, coordenadores, educadores, além das famílias (pais e responsáveis) e ex-frequentadores. Também coletamos depoimentos e desenhos de crianças frequentadoras atuais de algumas unidades do Sesc São Paulo.

Os depoimentos foram produzidos a partir de roteiros abertos de entrevista e de questionários com perguntas fechadas e abertas para o público adulto. No caso das crianças, os depoimentos foram coletados a partir de desenhos utilizados como forma de representação imagética da realidade vivida. Não entendemos os desenhos como elementos substitutivos da fala e da escuta, mas como materiais visuais que compõem as narrativas:

> Para que as crianças possam se expressar e tenham o desejo de fazê-lo, é preciso que os adultos saibam ouvir. Isso não significa apenas ouvi-las, mas procurar compreender, dar valor às palavras, às intenções verdadeiras de quem fala. Todas as crianças falam, mas nem sempre os adultos são capazes de perceber a mensagem. Especialmente as crianças que falam pouco e que se expressam mal, têm certamente coisas importantes a dizer e esperam apenas adultos capazes de ouvi-las e compreendê-las[5].

Fizemos uma grande coleta de materiais escritos e imagéticos das práticas e jornais produzidos por educadores e crianças, bem como de folhetos que constavam nos acervos das unidades. Outros documentos obtidos haviam sido compilados pelo Sesc Memórias: textos sobre a origem do programa; depoimentos transcritos do grupo fundador; avaliações das crianças frequentadoras sobre o programa; fotografias dos espaços; registros sobre cursos de formação de educadores; atividades intergeracionais; eventos ocorridos no espaço das cidades.

Muitos desses materiais não haviam sido datados e tampouco catalogados, o que demandou um sobreesforço de interpretação histórica das pesquisadoras.

---
5 Francesco Tonucci, *Quando as crianças dizem: agora chega*, Porto Alegre: Artmed, 2005, p. 18.

Um conjunto de documentos reunido pelo grupo gestor foi usado em uma pesquisa-piloto anterior, realizada pela Tauari Consultoria e Pesquisa Ltda. O objetivo desse primeiro mapeamento do programa foi melhorar as ações e criar uma metodologia de avaliação qualitativa.

As unidades do Sesc São Paulo que desenvolvem atualmente o Programa Curumim são as seguintes: Araraquara, Bauru, Belenzinho, Bertioga, Bom Retiro, Campinas, Carmo, Catanduva, Consolação, Interlagos, Ipiranga, Itaquera, Osasco, Pinheiros, Piracicaba, Pompeia, Ribeirão Preto, Santana, Santo Amaro, Santo André, Santos, São Carlos, São José do Rio Preto, São José dos Campos, Sorocaba, Taubaté e Vila Mariana. A partir de critérios diferenciadores (Grande São Paulo – centro e periferia –, interior, campestre e litoral), foram selecionadas para a pesquisa as seguintes unidades: Consolação, Interlagos, Santo André, Campinas, Piracicaba e Santos.

A ancoragem teórico-metodológica da pesquisa situa-se em produções atuais no campo da educação e da educação não formal, e em estudos sobre a memória. As temáticas abordadas foram: cultura e divulgação cultural, brincar e brincadeira, infância, sociologia da infância, meio ambiente e relações intergeracionais.

A partir disso, fizemos alguns recortes, seleções e composições visando aproximar ou distanciar os dados, de modo a buscar neles subsídios para entender o os sentidos e significados que adultos e crianças atribuem a uma experiência educativa de longa duração, que acontece nas cidades, para além dos espaços escolares, numa intersecção de cultura, artes, lazer, educação, saúde e meio ambiente.

DESENVOLVIMENTO

O que pensam e dizem as crianças

O que chama a atenção, inicialmente, é a permeabilidade com os espaços da cidade, como se o Sesc São Paulo tivesse paredes imaginárias e o caminhar nômade pelos lugares fizesse parte da construção da autonomia e da independência da infância.

1. Os passeios e excursões

> Lá vão os curumins pela cidade
> Que vira oca,
> Vira aldeia
> Vira índio mais sereia! [6]

As crianças dizem apreciar os passeios na cidade e se ressentem quando estes diminuem de frequência ou não acontecem. As imagens da praça e do ônibus são emblemáticas do sair, do viajar, da mobilidade.

---
6 Poema de autoria de Margareth Brandini Park (M.B.P.).

– A gente brinca na praça... Ah, tem gente que joga futebol, tem gente que brinca de bola, tem gente que vai na biblioteca e outras pessoas que ficam brincando no balanço. Tem uma biblioteca na praça... Porque no dia de sol, quando é segunda-feira, a gente pode ir na praça, e quando é dia de chuva, quando é dia de ir pra praça, a gente tem que ficar aqui no Sesc. Sabe aquela praça aqui na Monteiro Lobato, aqui na frente?

– Aqui desenhei eu brincando com as minhas amigas na praça.

– E eu também gosto muito de quando tem excursão do Curumim.

– Quando a gente vai na área de lazer [fora do Sesc SP], a gente pega o papelão e escorrega no morro. Esses daqui são os "papelãos" [sic] que a gente deixa aqui, depois escorrega, e aqui é a árvore que tem lá na área de lazer.

– Eu desenhei eu e minha amiga Rafaela, porque a gente andou, fez uma caminhada, a gente fez um piquenique, conheceu várias artes na Bienal, eu adorei! Conheci um monte de arte.

– Às vezes a gente vai pra horta, a gente vai pra um monte de lugar. Eu adoro o Curumim. Tem um monte de coisa plantada que o Curumim plantou...

– Eu desenhei a gente indo pro passeio no Sesc Bertioga. Foi muito legal, porque tem algumas crianças pobres que não tinham ido à praia antes. E eles teve [sic] a oportunidade pra conhecer. Bertioga tem uma praia linda. A gente foi na praia, a gente brincou muito, a gente foi na piscina, comeu no refeitório...

– Eu desenhei um ônibus de excursão, porque a gente já foi pra tantos lugares, acho que Araruama. A gente fez várias coisas. A gente brincou de uns jogos muito legais. Também teve outro lugar que a gente foi, tipo Bertioga, e a gente plantou a palmeira juçara. Gosto das excursões porque em cada excursão que a gente faz, a gente aprende uma coisa nova.

Tonucci[7] propõe que façamos um pacto na cidade para que ela seja habitável, para que as crianças transitem por seus espaços, opinando, de maneira competente, sobre os destinos que são traçados por seus caminhos. Elas têm muito a dizer se forem ouvidas, por exemplo, sobre o que uma praça deve ter para ser atraente, brincante e segura na medida exata. Não interessa a elas uma praça pensada para ser absolutamente segura, sem obstáculos nem locais para se esconder. Precisa haver árvores para sombrear, bancos e mesas para os velhos jogarem seus jogos. Elas querem sair dos espaços fechados, jogar, passear, viajar, conhecer o mundo que existe para além dos espaços protegidos. Querem menos institucionalizações e mais horizontes a serem explorados.

Paredes imaginárias também comportam a imagem de um portal, um local de passagem que se atravessa e a partir do qual um universo de coisas desconhecidas e possíveis se descortina.

> Quando passamos por seu portal
> Um mundo brincante aparece
> Nele, fantoches, piscinas azuis e personagens de histórias
> Riem, nadam e dançam
> E todas as suas ruas são mansas.
> M.B.P.

2. O Sesc e o Programa Curumim

O Sesc e o Programa Curumim aparecem nas falas como agentes, lugares de educação:

– É o Sesc, porque sem ele eu ia ficar todo dia sozinha em casa.

– O Curumim ensina muitas coisas pra gente usando a reciclagem de materiais que já foram usados, [isso] é educação.

---

7 *Ibidem.*

> – Eu comecei a experimentar as coisas da vida, mais ou menos assim, de criança, no Curumim, que eu entrei com seis anos e meio.

> – Não sei o que vou fazer da minha vida sem o Curumim.

3. O respeito com o outro e com o meio ambiente

Dentro desses espaços e na relação com as pessoas, aparece a menção especial ao respeito para com o outro e com planeta:

> – A coisa que eu mais gosto no Curumim é que eles respeitam cada um, todas as pessoas. E a segunda é que eles preservam a natureza, que eles não usam copinho plástico no lanche. Eles usam o copo que dá pra lavar.

Havendo respeito e possibilidades de encontro, surgem as amizades, que permanecem fisicamente ou à distância, pelas redes sociais ou por outras tecnologias, como o telefone:

> – No Curumim eu fiz muitas amizades, acho que eu nunca vou esquecer. E, se um dia os meus filhos puderem entrar, com certeza eu vou... se o Curumim existir ainda, e eu espero que exista, com certeza eu vou colocar os meus filhos no Curumim para eles também fazerem as amizades que eu fiz.

> – Os amigos ficam, porque tipo assim, no Curumim tem dos 7 aos 12 anos. Tem duas com 6 [anos]. Aí você tem que conviver com todas as idades. Eu fico mais com o pessoal maior. E então, depois que a gente sair, a gente não vai parar de se encontrar. A gente tem Facebook, tem telefone, a gente pode marcar para sair.

4. Reeducação alimentar

A alimentação e a tentativa de construir novos hábitos alimentares como pilares da formação no Sesc São Paulo são apresentados como desafios:

> *– Antigamente eu gostava muito das comidas, aí agora não tanto. Porque antigamente o lanche também era maior e era mais gostoso. Tinha pastel, fritura, que nem criança gosta.*

> *– Agora só pão com requeijão e queijo. Às vezes. Às vezes é bolo de chocolate, aí é bom.*

> *– [Eu aprendo a] comer o que eu não gosto. Tem uns lanches no Curumim que as crianças não gostam, tipo aquelas tortas de ervilha, [mas] é vitamina.*

> *– A primeira vez que eu peguei lá no Curumim torta de legumes, quando eu mordi (e o meu irmão só tinha pegado suco), dava vontade de eu vomitar por causa [sic] que tinha um monte de coisa lá que eu não gostava. Tinha umas beterrabas enfiadas lá e também tinha uns brócolis. Brócolis é o que eu mais odeio no mundo e eu não como. Aí eu só pego suco. E se o suco for de uvas com umas bolinhas dentro eu também não tomo... eu vou lá e pego a fruta.*

As nutricionistas Fernanda Conejero e Laudicéia Vieira[8] realizaram um estudo para avaliar o conhecimento que as crianças do Programa Curumim Santos tinham sobre hortaliças. Por meio de questionários e atividades lúdicas, como bingo e teatro, puderam ampliar repertórios de forma divertida. O conhecimento das crianças, aliado às informações que os pais recebem, são importantes ferramentas para a formação de hábitos alimentares mais saudáveis. É imprescindível realizar com as famílias um trabalho educativo que seja também lúdico e atraente. A culinária é um tema de grande interesse, e o histórico

---

8 Fernanda Mendes Conejero; Laudicéia Vieira, "Avaliação do conhecimento de crianças no Programa Curumim Sesc Santos em relação às hortaliças", *Instituto Racine*, São Paulo: 2011.

familiar poderia ser tomado como base para receitas que possam ser discutidas, reproduzidas e degustadas coletivamente, junto das histórias daquele grupo[9]. O desafio, talvez, seja encontrar a justa medida entre apresentar um modelo de alimentação equilibrado e respeitar e valorizar os hábitos culturais dos grupos sociais oriundos das várias regiões brasileiras, especialmente do Norte e do Nordeste.

5. Os conflitos

Onde há pessoas e possibilidades de construir relações, aparecem conflitos e confrontos, mas também tentativas de solução. Situações desse tipo aparecem nas falas e desenhos das crianças, que reiteram a necessidade das regras que os adultos ajudam a formular:

– A gente tem uma regra que ela [educadora] colocou, que quem xingasse ou fizesse alguma coisa que a pessoa não gostasse ia ficar sentado por vinte minutos, aí pararam.

– Eu estou entrando esse mês agora, porque no outro mês eu fui expulso. Porque outro dia eu agredi. O meu pai e a minha mãe conversaram comigo.

– Se você brigar eles [educadores] chamam as duas pessoas depois, mandam os outros irem brincar e ficam conversando com eles. Chegaram me chutando, aí eu comecei a chutar, aí fomos parar em um debate.

As crianças manifestam seus descontentamentos quando vivenciam situações de exclusão, acidentes e brigas entre os pares:

– Quando alguém me exclui da brincadeira... Aí no desenho sou eu pedindo pra brincar, só que elas não deixam, então.

---

9 Margareth Brandini Park (org), *Diversidade, memórias e culinária*, Americana: Adonis, 2011.

– Eu não gosto é de estar jogando futebol e levar um carrinho na minha perna.

– Não gosto de esconde-esconde, que às vezes também tem perigo. Às vezes, eles [os monitores] deixam a gente até ficar quieto na nossa. No nosso canto.

– Eu não gosto de me machucar aqui no Curumim, porque tem vezes que eu tropeço.

– Não gosto quando eu vejo um curumim chorando em algum lugar... um bate no outro e o outro chora. Eu fico triste porque é amigo meu que saiu do Curumim por causa que [sic] estava sofrendo, por causa que [sic] estavam batendo nos outros sem motivo. Muitos já saíram por causa de briga, sofriam bullying.

– Eu adoro jogar bola com os meninos. Só que às vezes tem menino que fala que menina não pode brincar de futebol, então, eu brinco no outro lado.

6. As festas e apresentações

Os desenhos e as falas parecem narrar histórias como algo do tipo:

– Naquela imensidão de floresta pra pensar em medos. O sol põe a cara quente pra fora do mundo e o grande jacaré acorda para receber as brincadeiras, os gritos e os risos. Os medos também acordam de joelhos ralados, de braços avermelhados e da floresta a falar linguagem de folhas e galhos.

As festas, o teatro, a música – artes – e a piscina aparecem como atividades lúdicas e de aprendizado:

– É o Curumim Show, que a gente faz todo ano. Cada um escreve uma peça, ou canta, ou faz teatro, ou conta piada.

– Gosto da piscina, e quando estou nela, penso nas orcas pulando sobre o mar.

– É que na festa do pijama a gente estava no Curumim, e estava um monte de gente de pijama. Aí tinha gente que veio com o ursinho que dorme, tem gente que trouxe chupeta, e foi muito legal.

– Só foi a festa durante o dia. Daí a gente estava brincando e começou a tirar foto, por onde a gente ia, a gente ia tirando foto. Daí chegou uma hora em que a gente pensou: "Não, vamos lá em cima aproveitar que é a despedida do Fernando", que é o nome do moço... Daí a gente foi, começou a cantar um monte de coisa, ele chorou, foi muito legal. Depois a gente desceu na lanchonete e começou a cantar pra uma moça. Eu não sei que música era, mas a gente cantou pra uma moça que era cozinheira e depois ela também chorou e foi bem legal.

– É a música. Aí tem cadeira, tem fita, tem o pano também... vários pedaços de música. E quem montou essa coreografia [foi] a gente.

– Na verdade eu gosto de tudo. Eu gosto da música, eu gosto da parte de arte, eu gosto dos jogos... Gosto de toda a parte de recreação.

– A gente fez uma apresentação no Curumim este ano ainda que teve o Sex Pistols, o Rolling Stones e os Beatles. Já conhecia antes. Ouvindo umas músicas que minha avó, meus avós ouviam. Aí eles me mostraram.

– Esse tempo todo que eu estou no Curumim, sempre trabalhei com artes cênicas e audiovisuais. Já fiz curtas [curtas-metragens], já fiz teatro, já fiz dança... Ano passado teve Os Saltimbancos... Eu fui o jumento. Na verdade, foram sete meses de ensaio pra gente apresentar para os pais.

– [Tem] umas coisas que eu gosto, tipo os curtas-metragens que eu já fiz, a dança, das artes cênicas, artes plásticas e artes visuais.

– Tem uma sala de materiais que tem um monte de brinquedos e você brinca à vontade. Eu pego o [aparelho de] som do Curumim, junta um povo e a gente fica dançando, brincando de teatro. Tem o pessoal que joga bola, mas tem um pessoal também que faz comigo dança, teatro e tudo mais.

7. A prática esportiva

Os esportes são outro atrativo:

– Gosto de basquete, futebol, tênis, badminton, vôlei...

– Eu comecei a experimentar os esportes, que eu não sou muito chegado. Aí eu fiquei conhecendo.

– Porque eu sou alto, eu sirvo pro negócio, além disso, é bem legal jogar basquete. É esporte... É um esporte que ajuda você a perder calorias, que no meu caso eu tenho mesmo que perder...

Salvador Dali que podia ser daqui
Usava um relógio derretido
e Van Gogh protegia seu ouvido.
Monet criava flores em pingos
E eu pensando... que lindo!
                                    M.B.P.

8. A amizade e o brincar

As crianças destacam também o acontecimento da amizade, o pertencimento à turma e as práticas de inclusão por iniciativa das próprias crianças:

– Eu e meu grupo, chamado "O Grupo dos Felinos", por causa que eu e meu melhor amigo Fernando gostávamos muito de leões e tigres. Ele tinha um problema na cabeça e ninguém queria ser amigo dele. Ele não consegue pensar direito e não consegue ficar quieto também. Eu nunca contei pros meus amigos. Aí todo mundo começou a virar amigo dele. E a gente se conheceu no Curumim, ele é meu melhor amigo até hoje.

E, como não poderia deixar de ser, o brincar é citado na grande maioria das vezes. Os amigos, as partilhas, laços e abraços que não desfaço!

– Eu pulando corda e eu na árvore. Às vezes, os professores deixam, quando é jogos e brincadeiras e a gente está perto das árvores. Eles falam assim: "Mas vai logo e depois desce. Vocês são a nossa responsabilidade, a gente tem que cuidar de vocês, toma cuidado". Eu brinco só um pouquinho e depois desço. Eu não fico perto dos troncos mais finos pra não ter acidente de quebrar e a gente cair no chão...

Zavalloni[10] defende a ideia de que as crianças precisam treinar habilidades e aprender a tomar o devido cuidado. Um belo estilete para produzir objetos demanda grande precisão e treino, e as crianças devem ter a oportunidade de manuseá-lo. Segundo ele, estamos criando pessoas incapazes de trabalhar com as mãos, e isso pode ser devastador no dia a dia delas, incapazes sequer de trocar uma lâmpada.

– Eu gosto de brincar com meus amigos. É muito divertido, eles sempre vêm com uma brincadeira nova pra gente brincar, a cada dia.

– A gente vai brincando no Curumim. Tem umas brincadeiras [em] que somos guerreiros e a gente tem que lutar contra trolls e orcs, que são uns bichos meio estranhos, todos verdes, de jogo de computador. Chama Orc Worlds. No outro dia a gente vai lá e brinca de outra brincadeira.

– É, eu brinco de super-herói quando é livre. Eu gosto de brincar muito.

– Gosto de brincar com meus amigos. Desenhei uma máquina que fez um portal. É tipo luta pra... pra quem vencer. Não, não tem uma máquina, a gente inventou, o meu amigo... É, montaram com madeira, alguma coisa.

---

10 Gianfranco Zavalloni, *A pedagogia do caracol*, Americana: Adonis, 2011.

9. A despedida

As falas das crianças evocam a luz do sol como um personagem que lhes possibilita estar fora dos espaços delimitados. Elas precisam dele para garantir o desejo de movimentar o corpo. Adoram brincar ao ar livre, nadar, jogar, festar, fazer arte, andar pelos espaços da cidade, comer coisas gostosas, conversar, abraçar e ser abraçadas pelos monitores, ter seus amigos e sua turma, plantar e colher, ouvir histórias, conhecer artistas e suas obra. Gostam, pois, da vida plena e da pequena, em certos aspectos parecida com velhos quintais convidativos, uma boa árvore para subir, a comidinha cozida nos tijolinhos amontoados. Sabem perfeitamente a importância do quintal ampliado, das viagens que ensinam, das exposições que ampliam o fruir, tudo isso sem se esquecer da importância da essência que os faz crianças-junto-de-suas-criancerias.

E terminam por ressentir-se da saída e das despedidas, como se dissessem do difícil exercício de dizer adeus e perder vínculos:

> *– É quando está acabando o ano que a gente vai ver as nossas fotos lá no teatro. É a despedida, todo mundo chora. É porque é final de Curumim, e as pessoas estão chorando e elas vão tudo lá pra essa pracinha.*

Desligar-se do Sesc São Paulo e do Programa Curumim aparece como uma experiência doída e nostálgica para as crianças, assim como para os adultos, pais e educadores. Nesse ponto, todos comungam da mesma sensação.

O que pensam e dizem os ex-curumins

Os 14 ex-curumins que forneceram ideias, pensamentos, sensações e informações são procedentes tanto de São Paulo capital como do litoral e do interior: 15,38% são ex-frequentadores do Sesc Piracicaba, 38,46% do Sesc Carmo e 41,17% do Sesc Santos. A amostragem se manteve equilibrada na categoria gênero: 50% feminino e 50% masculino.

Os depoimentos mais expressivos e reflexivos, com maiores detalhes de informações e memórias, são os dos mais velhos, que possuem entre 20 e 30 anos, possivelmente pelo afastamento temporal e pelo maior repertório de experiência biográfica.

Aparecem sentimentos de tristeza por ter de sair do programa em função da idade e por ter de ir embora no fim do dia, no final do ano ou na parada para as férias:

– O negativo... Eu acho que era o fim do ano, porque era a despedida.

– O momento de dizer adeus e concretizar a ideia de que eu cresci.

– Eu não gostava quando acabava.

– Depois de tantos anos, só ficaram as memórias boas, creio que de recordação triste foi quando atingi o limite de idade.

Na maioria dos projetos por nós pesquisados, os parâmetros etários para a saída costumam provocar sentimentos de muita tristeza e, às vezes, de revolta, porque significam abandonar um lugar em que suas necessidades são atendidas. No caso do Programa Curumim, após a saída, os frequentadores poderiam ser encaminhados a outros projetos voltados para o público jovem, como o Conexão Jovem. Porém, não encontramos menção a tal orientação, e sugerimos que o diálogo entre projetos poderia criar uma passagem natural entre eles, contribuindo para amenizar as sensações de perda apontadas pelos usuários.

Um aspecto bastante destacado diz respeito à metodologia, o que poderia ser chamado de "pedagogia do Curumim". Ela envolve pensar um currículo aberto e flexível, não organizado por disciplinas ou temas definidos *a priori*, mas extraídos do cotidiano, do interesse e da necessidade do grupo; a mistura de idades; o foco no desenvolvimento de habilidades, com base na interação social e na construção ativa do conhecimento; as influências reconhecíveis, como a pedagogia ativa do movimento escolanovista, o pensamento de Vygotsky e Piaget, assim como de Freinet e Paulo Freire; o fazer coletivo; estratégias como a roda, o lanche comunitário, o correio, a caixa avaliativa, os trabalhos diversificados, os passeios, o desenvolvimento da autonomia e da independência.

O tempo de duração do Programa Curumim, num total de quatro horas ao dia, é tido como suficiente ou insuficiente para diferentes depoentes, que o relacionam ao tempo do aprender e do brincar livremente ou com orientação:

> – O tempo era valioso, cada segundo era aproveitado de todas as maneiras possíveis. Quando [se é] criança o tempo para brincar nunca é suficiente, porém sempre saí satisfeita com tudo o que aprendia, e o melhor é que aprendi brincando.

> – Eram, ao todo, quatro horas. Lembro que, na época, eu não achava [o tempo] suficiente. Por mim, eu ficava lá o dia todo, mas hoje dá para entender; afinal, a gente tinha obrigações com a escola também.

> – O tempo para brincar era mais do que suficiente, na verdade, creio que em quase 100% do tempo estávamos brincando, pois mesmo quando fazíamos alguma oficina ou algo parecido tudo era levado como mais uma brincadeira.

Uma das falas evidencia o lúdico como dimensão do tempo:

> – O tempo todo era lúdico. Como criança, na época, queria que durasse muito mais, mas sempre foi [um tempo] suficiente.

Outras falas trazem à tona o tempo da diversão como distração e recreação, como o modo de fazer da infância. Evocam também a presença do movimento, do fluxo, da ação.

A brincadeira aparece como forma de ensinar e aprender, e o aprendizado acontece de forma natural, diretamente pelaq experiência. São lembrados os seguintes jogos e brincadeiras: queimada, sinuca, tênis de mesa/pingue-pongue, jogos de tabuleiro. Também foram mencionados os seguintes esportes: futebol, vôlei, basquete, handebol, polo aquático e natação.

Outra característica associada à metodologia são as oficinas práticas como meios de fazer e aprender, ou aprender fazendo:

> – Na oficina era[m] produzidos vários trabalhos com restos de madeiras que transformávamos em diversas utilidades, até brinquedos como carrinhos de rolimã e raquetes para os jogos de pingue-pongue. Eu chegava em casa com diversos tipos de suporte para pratos para minha mãe, com detalhe[s] feitos com pirógrafos. Aprendemos a fazer papel machê para cartões de Natal.

A roda, por sua vez, é lembrada como uma ótima estratégia de comunicação e escuta:

> – [Um] dos momentos mais importantes era a roda. Ao término de todos os dias de atividade fazíamos uma roda onde discutíamos o andamento das coisas. Cada curumim tinha a oportunidade de se pronunciar livremente para dizer se algo estava lhe desagradando, ou também se algo andava bem e era digno de elogio.

Também foram mencionados os passeios, saídas e viagens por exemplo: Aldeia indígena; Vale do Quilombo, Santos; Museu de Arte Sacra, Santos; Praia do Góis, Guarujá; Praia do Forte, Praia Grande; Sesc Bertioga; cinema... Os convidados especializados e as trocas de correspondência também são lembrados como importantes estratégias de vivência e de aprendizado:

> – [Outro momento importante] era o [do] correio. O correio era útil para que entrássemos em contato com pessoas mais distantes, ou então, para os curumins mais tímidos, que não gostavam de se pronunciar na roda.

As linguagens artísticas mais lembradas são o teatro, a música, o circo, o desenho e a dança, todas elas linguagens de expressão, comunicação, criação e invenção.

Sobre as atividades educativas aparecem as oficinas, como as de ioga, esportes, canto coral, relaxamento, capoeira, brincadeira, jogos, desenho de caricatura, criação de história em quadrinhos e a horta:

> – Na horta plantávamos de tudo, cuidávamos da plantação e chegávamos a colher e fazer festa na horta para tomar banho de mangueira e comer o que foi colhido.

A praça do entorno do Sesc São Paulo aparece como um elemento significativo nas memórias da relação com a cidade:

> – Aqui era a árvore de jabuticaba [perto do Sesc Piracicaba]. A gente sempre pegava jabuticaba. Essa árvore caiu na chuva que teve... e aqui era o caminho de pedra que [sic] a gente apostava corrida.

Dentro do Sesc São Paulo, os lugares preferidos e mais lembrados são: quadra, ginásio, piscina – o lugar dos esportes e brincadeiras –, sala de oficinas – o lugar do trabalho –, brinquedoteca – o lugar dos jogos –, sala de vídeo, biblioteca, área de leitura ("com pufe e gibi"), canto de leitura – o lugar da informação e da fantasia:

> – Gostava muito de ler livros, gibis e ver os antigos álbuns de fotos dos curumins.

Quando se referem aos educadores e àquilo que fazem, dizem que eles ensinam, orientam/instruem, cuidam, acompanham, participam brincando, jogando e conversando, ou seja, educam, cuidam e são tão brincantes quanto as crianças:

> – Eles conversavam muito conosco sobre diversos assuntos, desde sexualidade até futebol, assuntos do cotidiano e tudo mais. Eram pessoas incríveis que, apesar de ter perdido contato [com eles], admiro até hoje. Eu conversava bastante com eles, se eu tinha algum problema em casa ou na escola eles se dispunham a ajudar, mesmo que fosse em algum período fora do Curumim.

> – Os adultos-monitores estavam sempre lá e, de vez em quando, até brincavam com a gente. Os adultos-pais não estavam por perto e, na minha opinião, isso era muito bom, porque a gente podia fazer o que quisesse, dentro das regras do Sesc, é claro. Os monitores sempre foram tão crianças quanto nós, talvez só mais responsáveis!

Dizem que os educadores tratam todos com igualdade, dão carinho e atenção, são bem preparados, são próximos das crianças, são amáveis e justos. Isso denota que consideram os educadores como referências de adultos.

Quando elencam as repercussões das experiências do Programa Curumim na vida, os ex-frequentadores mencionam as novas amizades, muitas delas conservadas (via Facebook), e a ampliação de repertório cultural. Isto é, priorizam as oportunidades de socialização e a aquisição de conhecimentos aos quais talvez não tivessem tido acesso de outra forma:

> – [Se não fosse o Programa Curumim] não teríamos a oportunidade de ter contato com isso [todas as atividades] fora do Curumim.

> – Aprendi a absorver cultura geral (algo que eu não tinha muito no lugar em que morava).

Falam, ainda, sobre o desenvolvimento do respeito, que proporcionou convivência e socialização, promoveu integração social (etária, geracional, cultural) e ajudou a ganhar responsabilidade e formar o próprio caráter:

> – Era uma época em que precisávamos de boas influências na nossa vida. Com certeza, fez toda a diferença.

Outro marco, além das amizades, é o aprendizado:

> – Todas as amizades que cultivei até hoje e todas as brincadeiras, artesanatos, histórias, peças, músicas, danças e memórias que eu levarei pro resto da minha vida.

Dizem que o programa despertou neles interesses por outras coisas da vida, alimentando a curiosidade e a busca de conhecimento:

– O Curumim ajudou no meu interesse por arte, cultura, música, viagem.

– O Curumim aguçou minha busca por conhecimento e desejo por estudar.

O diferencial sociocultural também é ressaltado:

– Muitos vizinhos também foram [no Programa Curumim] e vejo hoje, por eu ter crescido em uma comunidade pobre, a diferença entre aqueles que frequentaram o Curumim e aqueles que não frequentaram.

Sobre a influência do programa na formação e atuação profissional, os depoentes dizem que, muitas vezes, ela foi direta:

– Na minha primeira formação [em Educação Física] o Curumim me ajudou bastante, pois lidava diretamente com o público, e na profissão atual também, pois hoje ensino e muitas ferramentas pedagógicas usadas pelos educadores foram absorvidas por mim.

– Por aqui, muitos "gigantes" ainda vão passar e aprontar, já eu, atualmente, venho pro Sesc trabalhar... e confesso que é uma grande honra para mim, estar no lugar em que sou... um eterno curumim.

Em suma, o reconhecimento das influências positivas é sempre lembrado:

– Tudo que sou e tenho foi [devido] a esse projeto [sic] Sesc Curumim.

Nas falas aparecem marcos significativos, como aprender a ler, uma habilidade essencial para o conhecimento e a leitura do mundo:

– *Eles nos ensinavam a melhor forma de aprender, eu aprendi a ler lá, isso é muito significativo para mim e foi bom para o meu aprendizado.*

Cada depoente, com suas experiências particulares, relembra algum fato ou situação marcante, muitas vezes emotiva:

– *Na hora do Sesc, no cantinho, encontrei um passarinho morto e foi ali que eu e mais um curumim decidimos enterrar ele [sic], foi numa sexta-feira de 1987, mais ou menos. E ali plantei a semente do que seria, dali em diante, o cemitério dos passarinhos. Limpamos a área, fizemos uma cruz de madeira e se tornou, de fato, até hoje, por muitas gerações, o cemitério dos passarinhos [quando] eu e um outro curumim tivemos essa brilhante ideia.*

A quadrilha da Festa Junina:

– *Na entrada da primavera a gente pegava caixinhas de refrigerante, encapava com papel crepom e, depois, fazíamos um tipo de um carpete todo desenhado pra poder comemorar o dia da primavera. E também aprendemos outras músicas.*

– *Tínhamos também a quadrilha, porque, na época da Festa Junina, a gente saía para arrecadar prendas na rua. E tínhamos as nossas barraquinhas de brincadeira, nosso pessoal. E tinha sempre as quadrilhas, a quadrilha do litoral e a quadrilha normal. Então, a gente saía do ginásio passando e cantando música de procissão.*

As brincadeiras de roda:

– *A roda imensa dos curumins, quando os monitores chegavam e a gente começava a fazer as brincadeiras de roda. Tinha aproximadamente umas cem crianças. O pessoal resgatava aquelas brincadeiras antigas que hoje não tem mais. Tem músicas como a dos "escravos de Jó" que a gente fazia. A gente cantava a música do chapéu que tem três pontas. E uma que todo mundo gostava era o "freefly". A gente fazia, cantava, depois os monitores entravam no meio da roda.*

O plantio de mudas:

> – Eu não sei se ainda tem, mas aqui a gente plantou um monte de pezinho de fruta, no jardim daqui da frente do Sesc.

De forma geral, os ex-curumins dizem que havia um processo de educação constante, permanente, espontâneo, e valorizam a não obrigatoriedade de saber qualquer coisa. Parecem querer frisar que na escola há a obrigatoriedade de saber, a cobrança por saber ou não saber. Prezam uma educação para a vida, para o dia a dia, e não para fazer uma prova, por exemplo.

Não houve relato explícito de aspectos negativos da experiência no Programa Curumim. O que há são menções a acidentes eventuais ou casuais.

> – Eu e minha colega Simone, que era uma menina bem fortinha, somos amigas até hoje, ela quis comer o meu lanche, e a gente se pegou pelo cabelo.

> – Foi quando a gente foi para o cinema. Eu fui com a minha prima. A gente estava indo, ela estava toda animada porque ela era menor, ela tinha 8 anos e eu já tinha 11 anos. Aí ela caiu da escada quando a gente estava subindo. Passaram por cima dela e ela se cortou, e a gente não assistiu ao filme. Ela estava toda animada para ver. Isso foi uma coisa triste que eu me lembro até hoje.

Os depoimentos apontam a qualidade que o Sesc São Paulo oferece a seus usuários, do atendimento à saúde ao turismo e cultura, e essa qualidade destoa da maioria dos projetos classificados como de educação não formal. Talvez porque dependam de verbas públicas, campanhas ou doações, eles apresentam qualidade precária, que exige dos educadores grande criatividade no dia a dia para suprir necessidades inerentes aos processos educativos.

O que pensam e dizem as famílias

A partir de avaliações feitas por pais e responsáveis após atividades denominadas Integração, que visam à presença das famílias junto aos filhos, foram coletados dez depoimentos, dos quais oito são de mulherese dois são de homens.

As palavras mais presentes nos depoimentos de pais e responsáveis para tentar traduzir essas experiências são: integração (constituir um todo, completar um todo com as partes que faltavam, ou fazer com que alguém ou algo passe a pertencer a um todo), participação (fazer parte e estar presente) e aproximação (estar perto).

Sobre as atividades para as crianças, os pais dizem que são experiências ricas para o desenvolvimento da coordenação motora e rítmica, e para o desenvolvimento da criatividade. Para eles, são atividades que promovem o brincar, favorecem o trabalho em grupo, estimulam a socialização, proporcionam a convivência grupal, proporcionam diversão.

Há menção, embora tímida, à relação entre pais, filhos e demais crianças. e entre os próprios adultos. A importância maior é atribuída à experiência que o programa proporciona de pais e filhos brincarem e passearem juntos.

A ênfase dada na relação entre pais e filhos – e menos entre filhos e demais crianças e adultos, ou entre adultos-adultos – sugere que o Sesc supre algo que deveria acontecer no ambiente doméstico e privado, e que não ocorre por causas do trabalho e de outros fatores do cotidiano. De fato, os pais alegam falta de tempo – as exigências do capitalismo capturam os fins de semana e muitas horas do dia, inclusive após o sol se pôr – para estar diretamente com os filhos no dia a dia, fazendo algo juntos. Cabe mencionar a abertura dos Espaços de Brincar, em algumas unidades do Sesc São Paulo, para receber pais e crianças em convivência lúdica. O Espaço de Brincar funciona, por enquanto, nas unidades Bauru, Belenzinho, Bertioga, Bom Retiro, Campinas, Interlagos, Osasco, Pompeia, Santana, Santo Amaro, Santo André, Santos e Sorocaba.

Outra percepção comum é a de que o Sesc funciona como um clube que oferece lazer, aprendizado, cuidado, saúde e alimentação, como são os clubes aos quais é necessário se associar. De acordo com os depoimentos, o Sesc também amplia o repertório sobre que existe de produção sociocultural; apresenta lugares da cidade que são desconhecidos ou não visitados; e apresenta informações novas, como instrumentos construídos com materiais variados e a exploração de ritmos musicais com variados artistas.

As oficinas para pais e crianças são descritas como gostosas, prazerosas, divertidas, – ou seja, se relacionam a aspectos positivos e importantes do fazer junto e do lúdico.

Além dos depoimentos advindos das avaliações do Integração, foram entrevistados diretamente 26 pais que acompanharam seus filhos durante a coleta de dados para esta pesquisa, sendo 19 do gênero feminino e 7 do gênero masculino.

As impressões que vão prevalecer são as de mães, mas em três casos foi a avó quem deu depoimento. Não houve nenhum depoimento de avô. Em apenas um caso o casal de pais participou da entrevista.

De 26 depoimentos, 13 foram coletados em unidades do Sesc da capital, 10 do interior e 3 do litoral.

O tempo de frequência das crianças no Programa Curumim varia de menos de um ano a quatro anos. Prevalece o período de dois a três anos de frequência, mas a amostra é equilibrada.

Pelo menos duas gerações da família frequentaram ou frequentam o Programa Curumim (tios, pais, sobrinhos, filhos), o que mostra que dão continuidade à experiência. No geral, irmãos maiores haviam frequentado o programa, e a tendência é que os irmãos menores passem a frequentar também.

Os pais fizeram comparações entre o Programa Curumim, como um tipo de educação não formal, e a escola, como instituição de educação formal, ainda que não tenham sido solicitados a fazê-lo. Referem-se ao que acontece no programa e aos funcionários com terminologias vindas da escola (atividade extraclasse, professores, alunos etc.).

Uma mãe, que é professora, compara o Programa Curumim com a escola e aponta as diferenças, qualificando positivamente o Sesc:

> – É muito motivador o Sesc. É uma coisa totalmente diferente da rotina diária da escola. Eles estão aqui e são trabalhados em vários aspectos, não com o intuito de formar no sentido de formatura. Na própria escola, a gente tenta respeitar a criança como um indivíduo pra que ela tenha a opinião dela, mas é muito difícil isso no dia a dia. Porque na escola você está preocupada com a aprendizagem e aqui não, aqui eles estão preocupados com isso: respeitar a opinião, trabalhar regras, convivência, oferecer pra eles algumas áreas do conhecimento, como música, esportes, artes. Então, a sensação que eu tenho é que meu filho vem aqui para ser feliz.

As reestruturações do programa podem resultar na diminuição das atividades semanais, o que é considerando um motivo de tristeza:

> – Ela ficou muito triste quando começou a ficar só dois dias no Curumim; ela queria ligar, ela mandou e-mail [para o Sesc], "porque eu quero ir todos os dias". Ela ficou abalada, mas se conformou.

> – A única coisa que ela reclama é que teve a mudança este ano e diminuíram os dias. Agora ela só vem de terça e quinta-feira, e ela sempre veio a semana inteira. Antes, só de segunda que não tinha.

Os depoimentos descrevem as relações entre o Sesc e a família. Mencionam que o programa supre a falta tempo por parte dos pais para proporcionar atividades e divertimento para as crianças.

Para uma mãe com filho único, o programa e a oportunidade que o filho tem de integrar-se com outras crianças.

Afirmam que o Sesc lhes dá a segurança de que as crianças estão sendo acompanhadas e instruídas, pois confiam no trabalho dos educadores.

Para um depoente, o Sesc é parceiro da família no sentido de que complementa e dá seguimento à educação desenvolvida em casa:

> – O Curumim ajudou muito, é muito parceiro da gente, da nossa família. Porque não adianta só a gente ter o trabalho de educar em casa e, de repente, não ter essa extensão que é o Curumim. Então, o Curumim, na nossa ausência, acaba complementando a educação, e isso é bacana.

Para um depoente, o Sesc é o lugar da diversidade cultural – toma como base a religião, pois a família é evangélica – e esta é a riqueza da experiência, ou seja, não busca a padronização – lida com o dissenso.

Para uma mãe, o Programa Curumim melhora os hábitos alimentares e há, de fato, preocupação do Sesc em criar hábitos de alimentação saudável:

> – Minha filha teve um distúrbio alimentar, já não queria comer de tudo e começou a emagrecer muito. E como aqui tem o lanchinho balanceado, com frutas, ela começou a ter essa influência. E com essa influência da boa alimentação, ela voltou a comer normalmente. Ela via todas as crianças comendo as frutas e hoje ela come. Aprendeu a comer mamão aqui.

Os pais mencionam que no programa as crianças aprendem a fazer algo, se divertem, se desenvolvem intelectualmente, fazem amigos, se desinibem e se distraem dos problemas cotidianos e emocionais:

> – Ele se abriu muito, ele conversa bastante; [meus filhos] aprenderam a nadar, aprenderam a fazer bastante brinquedo aqui. Atividades que ele não conhecia, brinquedo, brincadeira que eles não sabiam e conheceram [aqui].

> – [Positividade foi] em termos de intimidade [sic], ela não era muito dinâmica, de conversar, se expressar, tinha certa dificuldade até nas falas, mas isso foi contornado... [As filhas] já se comunicam muito bem.

Pedimos aos pais que descrevessem situações positivas e percebemos um destaque para a metodologia, aplicada no programa. A roda especificamente, foi citada como lugar do diálogo, da escuta e da mediação:

> – O que ele mais conta que gosta é da roda de conversa. Ali, cada um expõe a sua situação, é um olhando pro outro, não tem diferença de criança. Esse contato com a roda é muito importante para a criança, ela não vai sentir que está sozinha, ela sabe que está todo mundo ali dentro do mesmo barco.

> – Ela gosta muito da roda de mediação, sempre chega em casa dizendo que fulano, ciclano [sic] foi mediador.

Eles também mencionam as atividades extra-Sesc como importantes e significativas:

> – Eles fizeram uma atividade extraclasse [sic] e eles foram até o Sesc Bertioga. Desceram a serra de ônibus com as crianças sem os pais. A minha filha já conhecia o Sesc Bertioga, aquele espaço que é maravilhoso. E, aí, os instrutores levaram as crianças na parte de fora que dá na praia. E muitas crianças não conhecem a praia. Então, passaram a ter contato com essa imensidão maravilhosa azul que é o oceano a partir do momento, da oportunidade que o Sesc Santo André deu. Foi emocionante, algumas crianças choraram, porque afinal de contas é uma grande emoção. Foi o que eu achei de mais bonito.

> – O primeiro passeio que ela fez pra Bertioga, ela achou o Sesc de lá muito lindo... E ela nunca tinha ido viajar sozinha, então aquilo pra ela foi tudo.

Um dos pais menciona especificamente a praça da cidade como lugar de liberdade e de uso do espaço público gratuito:

> – [D]os dias de praça ele gosta também, porque eles jogam bola, eles correm... ele não gosta muito quando é pra ficar meio preso, ali, tem uma sala que eles falam que é de projeto, acho que é [na] terça e quinta. Não vem quase criança. Tem muitas crianças que só vêm três dias por semana, porque eles gostam da praça, gostam da piscina.

O desenvolvimento emocional também é destacado, a partir da mudança e da melhora do comportamento dos filhos:

— No momento em que eu botei [sic] ela aqui eu vi que o comportamento dela melhorou bastante. Ela ficou menos agressiva, começou a respeitar mais os amigos. Ela sempre dividiu tudo com alguém, mas ela era assim, ela queria ser o centro das atenções. Então, aqui, ela foi melhorando, melhorando e hoje ela está assim: maravilhosa!

— Ela era muito plugada [sic] e hoje ela já se concentra mais no que ela vai fazer, [ela percebe que] até aqui eu posso, é meu limite, aqui eu já não posso mais.

— O Curumim Show é uma vez por mês e tem uma apresentação. Eles programam teatro ou dança e apresentam. Foi interessante ver, porque ela era muito, envergonhada. Agora, se inteirando mais com as crianças ela superou a vergonha.

Mencionam o desenvolvimento de habilidades cognitivas presentes em atividades como o desenho e a leitura:

— Meu neto gosta muito de desenho e de desenhar. Então, ele sai daqui fantástico, ele já chega e ele já quer saber de desenhar, de fazer as coisas, você não precisa mandar. E outra coisa, outro hobby dele é a leitura.

— Eles exaltam muito a leitura, tanto que vira e mexe eles pegam livro e levam para casa para ler.

Referem-se ao desenvolvimento da habilidade corporal-motora proporcionada pelo esporte e pela dança:

— Ele conta que gosta muito da piscina. Dia de sexta-feira [ele] não quer faltar por nada. Mas, às vezes, não dá [para levar]. Eu falei pra ele: "Não vai dar pra você ir pra piscina amanhã, porque a mãe trabalha, não dá para te levar". Aí ele falou: "Ah, mas amanhã é dia de piscina, eu queria ir pro Sesc, mãe". Falei: "Vou fazer o quê?". Aí, eu fui dormir e ele estava chorando. [Só que] deu pra trazer. Eu vim porque eu fiquei com dó. Ele ficou chorando, foi dormir chorando, queria porque queria vir.

– De natação ela também gosta muito. Os dias da natação eles ficam esperando...

– O Curumim desperta nela coisas que eu não sabia que ela era capaz de fazer. Ela não dança dentro de casa, ela não atua dentro de casa. Dali a pouquinho me liga o pessoal do Sesc falando assim: "Estou aguardando sua filha, porque ela vai dançar". Eu falei: "Dançar? Como? Ela não dança!". Eu não pude vir porque eu estava com um compromisso dentro de casa e falei pro meu marido: "Arruma ela com a roupa tal e a leva". Daqui [sic] a pouquinho ele chegou em casa indignado e falou assim: "Tu não sabe, a tua filha dança".

Referem-se ainda ao apoio que recebem dos educadores.

– Uma coisa muito bonita que aconteceu aqui foi o apoio de todos quando a Aline perdeu a mãe. A mãe dela faleceu em 2010, quando ela tinha 7 anos e, por isso, ela ficou uns tempos sem vir. Aí, quando ela voltou, o apoio de todos foi muito bonito, tanto dos monitores quanto dos colegas. Todos abraçaram ela e apoiaram muito nesse momento difícil. Fico até emocionada, pois foi uma coisa muito importante para a Aline e para a gente também. É muito bom perceber o carinho das pessoas nesses momentos e eu fiquei mais confortada vendo esse apoio de todos aqui para [com] a minha neta. Depois disso nunca mais a Aline reclamou de nada. Ela gosta muito daqui e diz que é uma forma de distrair a cabeça e não sentir tanto a falta da mãe. Ela se sente bem aqui, ela brinca, tem amigos e se distrai. Isso é muito importante para ela e para nós também, porque temos confiança aqui no Sesc.

Elogiam as apresentações para a família e demonstram a satisfação que acarreta:

– Fizeram o trabalho do circo e meu filho fez uma apresentação que eu achei muito bonita, com um objeto circense e ficou muito legal a apresentação. Fiquei emocionada quando ele apareceu fazendo a apresentação... ele tinha que rodar e fazer piruetas, tipo malabarismo com um objeto.

– Teve uma apresentação aqui e ela tinha que vir e trazer um tipo de máscara, e isso foi passado no telão pra gente assistir. Ela ficou muito contente com isso e eu também.

– Foi quando teve a apresentação da Festa Junina e eu fiquei cheia de prazer quando eu vi ele tocar um instrumento que não sei o nome, tipo um canudo, que faz um barulho diferente. Ele tocou e eu fiquei toda, toda; foi onde fiquei bem contente.

Elogiam as festas realizadas, como a Festa Junina e as festas temáticas ou balada, como formas de comemoração e de rituais que persistem na cultura urbana:

– Eu gostei muito da Festa Junina do ano passado. Eles fizeram o próprio chapéu, customizaram... e o colete. Eu achei que foi muito bacana, porque eles fizeram com as próprias mãos e vieram todos enfeitados, com o chapéu, o colete. Achei superbacana. Tudo é legal!

– Me parece que [meu filho] gostou muito daquela balada, quando eles montaram um acampamento naquele salão maior, que tinha as lanternas. Eles passaram a noite aqui. Aquilo [para as crianças] foi muito gratificante, eles se divertiram muito. Ficaram com as tendas, com as barracas, com as lanternas... eles leram, eles trocaram experiências, foi muito bacana.

– Ela me lembrou das festas que tinha no final do mês e que eram temáticas. Cada um inventava uma festa! E teve uma vez que ela inventou uma festa, chegou a vez dela inventar e ela inventou a festa do cabelo maluco e ela colocou uns arames. A gente fez uma coisa muito legal. Ela ficou muito feliz com essa festa e nunca mais esqueceu.

– A festa da bruxa! Acho que essas festas marcam muito a vida deles, marcou muito [a da minha filha].

Falam positivamente sobre o trabalho em grupo, exemplificando com o lanche:

> – Eles ressaltam muito o trabalho que eles fazem em grupo, os lanches que fazem unidos, todos os curumins.

Valorizam o uso e aprendizado da tecnologia, como o caso da *internet*, recurso imprescindível a ser dominado na época atual:

> – A internet... *na nossa época não era assim, a criança não era tão ligada a computador, internet, e o bacana é que o Curumim está ajudando eles a acompanharem essa progressão da juventude de hoje em dia.*

Citam exemplos específicos como a visita dos atletas como sendo importantes para o aprendizado da vida por meio da experiência compartilhada:

> – *Uma coisa que foi muito positiva, que até hoje ela fala, foi quando a Fabiana Müller [atleta do salto com vara] veio aqui e conversou com ela, que ela pôde chegar perto... Também teve os jogadores de vôlei. Ela chegou em casa ainda muito emocionada, chorando muito, parecia que ela ainda estava naquele momento. E eu fiquei muito feliz por ela poder, com 9 anos, participar disso, ver isso, entender a importância de um esporte, como se fazer, como não se fazer.*

E a construção do minhocário para observação e cuidado da natureza e dos bichos pequenos:

> – *Ela gosta de tudo. Ela adorava! Ela falava: "A gente hoje deu comida pras minhocas!".*

O apoio para o entendimento e superação de acontecimentos, como a morte, também já citado:

> – *Uma cena negativa foi a perda de uma aluna que faleceu por meningite. Eles tomaram contato com essa questão de que criança também morre, porque a ideia que a criança tem é que só velhinho morre, por uma questão natural. Então, eles*

observaram que existe essa possibilidade, que criança também morre, que a vida é efêmera, é finita, ela se acaba. Então, foi difícil, mas também foi importante, porque ela tomou contato com uma realidade.

Mencionam a ocorrência de ofensas, importunações, implicâncias infantis, mas as descrevem como sendo posturas naturais das crianças:

– Como elas são crianças, tem aquelas picuinhas: "Ah, eu não gosto de fulano, não gosto de ciclano [sic]" e sempre um vai fazendo a cabeça do outro. Mas, quando acontece esse tipo de coisa, sempre os professores chamam, conversam... Sempre tentam resolver aqui mesmo no Curumim.

– Acho que de negativo, acho que [houve] quase nada. Há implicância de criança, uma com a outra, mas isso é normal do convívio, do relacionamento, eles resolvem... as coordenadoras têm uma política de já resolver na hora o conflito, se tem uma criança implicando com a outra. Isso elas deixam bem claro pra gente.

– Depois de um tempo que a Aline retornou para o Curumim, depois do falecimento da mãe, algumas crianças começaram a implicar com ela e alguns até cantavam pra ela: "Ela não tem mãe, coitadinha dela". E a Aline ficou muito chateada com tudo isso. Ela chorou muito. Aí, os monitores conversaram muito com ela, falaram para ela não ficar tão triste, porque a mãe não queria que ela ficasse triste daquele jeito. Eles também conversaram comigo e com os pais das crianças que fizeram isso. Conversaram também com essas crianças e falaram que se fossem eles que tivessem perdido a mãe não iam querer ouvir uma brincadeira dessas. Aí, foi isso. Mas a gente entende, né? É coisa de criança. Mas ela ficou bem triste. Eu também conversei com ela e depois ficou tudo bem.

– Foi uma coisa à toa. A amiguinha virou para ela e falou que estava de mal dela, do nada; e ela é muito sentida, chegou chorosa em casa e [eu disse]: "Filha, liga pra isso, não. Você tem tantas amiguinhas lá, tem na escola, você vai ficar chateada porque ela não quer falar mais com você?". Foi só isso.

Ou acidentes ocasionais como algo a que todos estão sujeitos:

> – Uma caiu num brinquedinho de um metro e meio, o que é normal, e a outra saiu rolando, não conseguiu parar, bateu a cabeça e teve um cortinho.

> – Assim que ele entrou, teve um menino que empurrou ele sem nenhum motivo aparente. Ele chegou assustado e a gente também ficou um pouco assustado, porque ele tinha acabado de entrar e ficamos com medo de que ele não ficasse mais por conta de já chegar e ter esse impacto. Mas os próprios monitores chamaram para conversar, explicaram a situação e foi tudo contornado.

Ou casos de briga:

> – Uma briga que ela teve com o amiguinho e ela falou assim: "Ele não é mais meu amigo".

Ou agressão:

> – Um amiguinho chutou a barriga dela, então ela chegou [em casa] chorando, foi uma cena negativa, mas que entre crianças acontece. Tanto eu vim, conversei com os monitores, como eles chamaram a criança, conversaram com ela e com o pai e foi tudo resolvido.

Em um caso houve menção a uma situação de expulsão do Programa Curumim:

> – Ele foi expulso do Curumim, porque ele é um menino muito ativo, ele não tem limite. Ele deu um empurrão na professora [educadora], na mulher que cuida deles, porque ela reclamou dele [em razão de algo que ele fez]. Aí ele foi expulso. Nossa! Esse menino ficou doente, porque ele é apaixonado pelo Curumim. A gente não conversou aqui para ele voltar; disseram que iam dar uma chance e ele achou que não iam chamá-lo mais. E, de repente, chamou e deu tudo certo. Ele está arrependido demais, diz ele que foi a pior coisa da vida dele.

E o caso de uma "chamada de atenção":

> – O pessoal da limpeza aqui no Sesc junta as folhas em certos lugares para depois recolher e jogar fora. E um grupinho de curumins estava chutando as folhas pra todo canto, espalhando-as. E aí os educadores chamaram todos os curumins, explicaram o porquê deles não poderem fazer aquilo, porque as pessoas são pagas pra limpar o Sesc, eles estavam espalhando, teriam que pegar novamente e que isso não era certo. Foi o único conflito até hoje que eu fiquei sabendo.

Assim como os ex-curumins, aqui também as famílias manifestam ausência de negatividade nas experiências de seus filhos. Consideram-nas sempre positivas e, quando mencionam alguma cena ou situação negativa, geralmente envolve acidente (se machucar, a quebra do hidrante), evento fora do Sesc e do horário do Programa Curumim (como a briga entre dois meninos por causa de uma menina e que envolveu até polícia), ou algo corriqueiro das relações, como ofensas e importunações infantis (jogar pedra um no outro, não respeitar o lugar na fila, o lugar do almoço).

Tendem a não se recordar de situações negativas, mantendo uma certa nostalgia e romantizando a experiência passada:

> – De negativo, não tem o que falar do Curumim, sinceramente, não tem do que falar. [Minha filha] nunca me falou alguma coisa assim, de que aconteceu [algo] de ruim. De negativo eu não tenho nada para falar.

> – Me parece que a experiência dele é toda positiva [em] se tratando de Curumim. Nunca ouvi ele reclamar [de] nada a respeito.

A pesquisa realizada pela empresa Tauari confirma os depoimentos coletados por nós, a qualidade, o acolhimento, o cuidado, o profissionalismo, a imersão em universos culturais, que ampliam repertórios, são avaliados pelos pais como um verdadeiro passaporte para apropriações que podem alavancar um futuro mais promissor a seus filhos.

O que pensam e dizem os educadores

Com relação aos depoimentos dos educadores, tivemos 74 mulheres e 26 homens. O tempo de vinculação de trabalho ao Sesc varia de 6 meses a 24 anos, o que mostra gerações etárias diferentes trabalhando com as crianças e uma dedicação temporal do educador ao programa. Essa mesma variação se deu em torno do tempo de investimento profissional na área da educação. Dentro dessa área as experiências variam em termos de lugares de trabalho, sendo estes formais/escolares, como educação formal (educação infantil e ensino fundamental e médio, escola técnica), e não formais, como educação especial, acampamento, terceiro setor, empresa de viagem, hotel, clube, museu, prefeitura, academia, hotel-fazenda, indústria, instituição filantrópica, editora, Sesi, igreja, livraria, programas do governo do Estado, instituto de artes.

As funções exercidas também variam – o leque é amplo também em razão da diversidade de formação profissional – o que mostra um trabalho do tipo hierarquizado e, talvez, exercendo as mesmas funções, mas com nomenclaturas diferenciadas, que implicam níveis salariais diferenciados, como psicólogo escolar, analista técnico, professor de diferentes áreas, orientadora vocacional, orientador, coordenador de projetos, monitor de viagem, monitor de recreação, coordenador de equipe, animador sociocultural, supervisor de lazer, educador, pesquisador, contador de histórias, arte-educador, monitor recreacional, coordenador recreacional, conselheiro tutelar, educador ambiental, ilustrador.

De todo esse rol, o que mais aparece é a experiência anterior no ensino formal, com a função de professor. Esses educadores do campo do não formal chegam a esse espaço já tendo passado pela experiência no campo da educação formal e podem ou não trazer consigo algumas características benéficas, dependendo de como significaram para si essa vivência mais normativa.

A maioria das respostas evidencia preferir o campo da educação não formal, especialmente localizado no Sesc ou em outras instituições, como ONGs, fundações, institutos, projetos do governo etc.

Há muitos educadores que se identificam com o espaço formal escolar, ou com ambos. E há pelo menos dois educadores que dizem ter se desmotivado com a estrutura fechada da escola e somente ter tido espaço com atividades extracurriculares, o que lança um olhar especial e sedutor para a educação não formal.

Como tem acontecido atualmente no campo da educação não formal, no Sesc São Paulo o nível educacional de todos os educadores é o superior completo, especialmente nas áreas de artes e educação física. Alguns em psicologia. Apenas um educador é formado em pedagogia e dois são formados em história ou sociologia, mas todos são das áreas de humanidades.

Além do alto grau de escolaridade mais da metade dos educadores têm curso de especialização ou pós-graduação, o que também corrobora outras pesquisas feitas sobre o delineamento dos educadores não formais.

Em razão de a maior parte dos educadores advir da área das artes, as linguagens com que mais trabalham são as artísticas, mas, na sequência, aparecem as corporais, audiovisuais e de radiofonia.

Os educadores dizem trabalhar com mais de uma linguagem, havendo combinação delas.

Além da formação profissional, os educadores, no geral, ainda investem na formação continuada, proporcionada pelo próprio Sesc São Paulo ou patrocinada por eles mesmos, em diferentes instituições sociais, culturais, artísticas e educativas. Os cursos são promovidos por diversos tipos de instituições, como escola de teatro e música, museus, Espaço Brincante, universidades, oficinas culturais, escolas, Senac, ateliês.

Apenas cinco educadores não participam de cursos de formação continuada e permanente. Os demais investem em cursos preferencialmente no campo de diversas linguagens artísticas, do corpo, da saúde, das relações étnico-raciais, da educação ambiental e idioma.

Com relação ao trabalho do Programa Curumim desenvolvido diretamente com as crianças, os educadores dizem haver mistura de idade, diferentemente do espaço formal/escolar, e a quantidade de crianças por grupo varia de 50 a 180 – dependendo da unidade do Sesc. O número é alto e segue princípios presentes na escola formal.

Apenas um educador mencionou trabalhar com um grupo de adolescentes, envolvendo apenas 13 jovens.

Com relação à parte pedagógica, no que se refere ao hábito de planejar e fazer registros de seu trabalho, com que frequência e quais as formas utilizadas, apenas um educador diz não fazer por falta de tempo e de organização pessoal.

Todos dizem fazer algum tipo de registro diariamente ou semanalmente e o fotográfico é o mais utilizado. Há também registros feitos por meio de vídeos e áudios, desenhos, pinturas e escrita sob a forma de relatos.

Quanto aos relatórios, são feitos em forma de anotações em agendas, diários de bordo, ou fichas de avaliação individual.

As mídias sociais, como blogues ou Facebook, são utilizadas para que os frequentadores possam participar também.

Os planejamentos são feitos a cada dois meses e repensados diariamente ou uma vez por semana, o que indica uma alta frequência e a atribuição de importância a esse momento educativo.

Algumas educadoras mencionam o fato de manter o planejamento como esboço ou com abertura para o improviso, o que denota flexibilidade e o pensamento mais voltado para um processo de trabalho e não como grade fechada.

Com relação a isso os educadores dizem:

> *– Costumo planejar minhas atividades, muito embora existam momentos nos quais o que planejo vai se adequando ao grupo de trabalho, em função do momento vivido por cada grupo ou pelas informações trazidas pelas crianças. Mas sempre tenho uma linha de trabalho e um objetivo quando inicio alguma temática. Procuro fazer pequenos esboços ao final de cada dia, anotando numa agenda alguns detalhes significativos, algumas falas ou comportamentos individuais, até onde aquele grupo evoluiu, ou quais propostas foram efetuadas. Ao final da semana organizo um relato que serve de referência para dar continuidade na semana*

seguinte e facilita quando da elaboração do relatório em grupo. Além do registro manuscrito, por vezes guardo algum tipo de material produzido pela criança.

– Acredito que planejar uma atividade é essencial e o faço com frequência, pois é uma forma de aprofundar minha pesquisa sobre o tema proposto, levando em consideração o contexto e as crianças que acolhemos, o compartilhamento de ideias com a equipe, além de estarmos afinados com o funcionamento da unidade no que diz respeito aos espaços e necessidades técnicas. Contudo, devemos sempre levar em consideração a questão do improviso, que, muitas vezes, é saudável, diante da necessidade do debate e de questões que surgem com as crianças, bem como de alguma situação inesperada como falta de espaços etc.

– Registro as atividades em um caderno particular, logo após a vivência com cada grupo. Além disso, sempre peço que, ao final de cada experiência, em duplas ou individualmente, eles façam um registro por meio de desenho ou palavras sobre o que gostaram ou não do experimentado.

– Inclusive escrevi um artigo sobre o trabalho realizado no segundo semestre de 2011, pois tenho o planejamento, o registro fotográfico, o registro feito pelas crianças e o descritivo de cada dia de trabalho.

Quando perguntados sobre a frequência de encontros para a discussão e reflexão sobre as práticas do programa, os educadores dizem haver atribuição de tempo frequente e os encontros coletivos com a equipe sempre ocorrem nos próprios espaços do Sesc São Paulo, variando – de unidade para unidade – entre diariamente, uma ou duas vezes por semana, ou toda vez que for necessário.

As maiores dificuldades encontradas no seu trabalho, sob a ótica dos educadores, *residem* na grande quantidade de crianças por educador, ausência de espaços apropriados, havendo necessidade de adaptações ou ajustes, o envolvimento e responsabilidade dos pais, bem como a falta de entendimento e/ou acompanhamento das famílias, não conseguir integrar o trabalho do Curumim com o da unidade, as posturas das crianças e a resolução de conflitos entre elas, o tempo necessário para planejamento de questões pertinentes à infância e pré-adolescência na contemporaneidade, o tempo para pesquisar dentro do horário de trabalho e para discutir a prática, a transição de coordenação e de equipe, a coordenação ausente em função da cultura da polivalência dos funcionários, fazer projetos em conjunto e atividades que chegam de surpresa e atropelam as que estão em andamento, o alcance das ações, pois elas acabam sendo ações importantes, porém pontuais.

Quando refletem sobre os resultados positivos que notam no trabalho, tendem a dar preferência ao lado das crianças, ou seja, é a criança o alvo de muitas intervenções e talvez quem se coloque mais aberto às experiências de aprendizado. Os educadores afirmam perceber mudança ou melhora no relacionamento, na maneira de resolver os conflitos, tentando resolvê-los sozinhos e sempre por meio do diálogo; no comportamento, passam a se expressar nas discussões, tornam-se mais comunicativas, curiosas, investigativas, mais alegres, se expressam mais do que quando chegaram (em sua maioria). Em relação à participação no programa percebem o amadurecimento, o respeito às regras e combinados, o aumento da autoestima e autonomia das crianças, aumento do senso de responsabilidade, respeito a si próprio e ao próximo, maior interesse por questões relacionadas a preservação do meio ambiente e envolvimento com as atividades propostas e aberto às novas experiências; interesse por atividades artísticas. No aprendizado assimilam os conteúdos trabalhados, os hábitos alimentares e higiênicos, desenvolvem o senso crítico e o projeto de vida futuro, como diz um depoimento:

– A pessoa não sabia o que faria da vida antes de participar do programa. Hoje, é comissária de bordo, fala inglês fluente, tudo isto conquistado, segundo ela, com nossa ajuda, daí vejo que esta missão vale a pena.

Os poucos educadores que mencionam os resultados positivos para si dizem que o ambiente de trabalho é bom e facilita o dia a dia. Também mencionam a presença da curiosidade para aprender para e com as crianças:

– Quando o amor por essas crianças me faz sentir a pessoa e a profissional mais realizada do mundo, consigo aprender com situações negativas e ser feliz com todas estas pequenas grandiosas positividades.

Dizem considerar o trabalho transformador, na medida em que percebem mudanças comportamentais nas crianças. Percebem também que elas incorporam valores que os adultos atribuem como positivos. Dizem que se tornam participantes ativos na vida fora do Sesc, que se sentem pertencentes e podem ser possíveis transformadores de outros ambientes, porque:

– Elas têm menor resistência àquilo que ainda não conhecem, seja para modificar algo, superar um conceito, vivência ou ideia, seja para legitimar aquilo que o indivíduo já tenha como verdadeiro e correto para si.

A transformação das crianças a que os educadores se referem tem mais a ver com uma mudança pessoal e interna do que com algo que efetiva ou deliberadamente acontece socialmente. Nesse caso, mencionam o potencial transformador que têm para agirem posteriormente.

Quando se referem à transformação que o trabalho provoca neles mesmos, educadores, ou em ambos os lados, dizem que se orgulham de poder desaprender as coisas consolidadas num esforço para trazer o novo, ainda que mantendo algumas tradições. Dizem que o trabalho traz experiências marcantes que ficam guardadas na memória, que aprendem com as crianças, que os fazem refletir sobre situações até então invisíveis ou entendidas como sem importância.

– Deixo o Sesc de uma forma diferente da que entrei e também percebo que isso acontece com as crianças.

Reiteram que a transformação é sutil ou processual e que é impossível sabê-la de imediato. Para eles, a transformação tem a ver com mudança interna e pessoal e é entendida como sendo para melhor e como forma de construir e ressignificar experiências consigo, com os outros e com o mundo.

O que pensam e dizem os coordenadores

Foram entrevistados 6 coordenadores do Programa Curumim, sendo 4 do gênero feminino e 2 do gênero masculino.

Todos estão há pouco tempo no exercício da função, variando de 1 a 5 anos. Entretanto, há os que estão no Sesc há pelo menos 30 anos exercendo outras funções.

Assim como os educadores, todos os coordenadores têm curso superior completo e cursos de especialização ou pós-graduação em diferentes áreas, o que mostra um alto nível de escolaridade e investimento na formação pessoal e constante, e esta se dá nas áreas de ciências sociais, educação física, turismo, administração, geografia, comunicação social.

Alguns trabalham no campo da educação há pouco tempo, entre 4 a 5 anos, mas há os que já são veteranos, atuando entre 10 e 32 anos na área. As experiências anteriores nessa área aconteceram em unidades escolares e faculdades ou em locais não formais, como ação educativa em instituições, no terceiro setor, na Secretaria Municipal de Educação, em acampamentos e acantonamentos, em um oceanário e em um Parque Nacional, e a mesma pessoa pode ter passado por mais de um lugar de trabalho.

As funções exercidas também variam entre professor, monitor cultural, animador cultural, instrutor pedagógico, educador social, coordenador, assessor.

Esse caminho parece indicar um percurso que sai da prática e vai para a coordenação, ou seja, necessita de uma experiência anterior com o trabalho posto em prática e com os públicos envolvidos para posteriormente assumir cargos de gestão.

Apenas uma pessoa, de modo indireto, inclui a experiência escolar. Todos dão preferência às experiências no campo da educação não formal em diferentes áreas.

Com relação a atuação dos coordenação, todos pedem aos educadores que façam o planejamento, o registro do cotidiano e os relatórios. O planejamento acontece anualmente, os registros pontuais costumam ser semanais ou mensais e os relatórios são semestrais.

Faz parte de sua função, diariamente, repassar as atividades do dia para se inteirar das situações emergenciais, visando ajustes de programação e auxílios para lidar com o comportamento das crianças.

Pelo menos uma vez por semana há reunião de planejamento (ampliação de repertório e alinhamentos gerais) ou assuntos de rotina, avaliação e contratações.

Em algumas unidades as reuniões acontecem duas vezes na semana com a equipe toda para discutir conceitos, dinâmicas, propostas de atividades, situações e conflitos do cotidiano, além da programação para as crianças aos fins de semana e a Ludoteca, espaço de brincar criado e desenvolvido pela equipe do Curumim.

Em uma unidade a reunião acontece um sábado por mês, com seis horas de duração para discussão de textos, planejamento e diálogos concomitantes com a programação mensal, além de haver troca de informações por *e-mail* para demandas burocráticas.

A cada final de semestre há paradas para avaliação e replanejamentos ou reorganização do trabalho.

As maiores demandas com que os coordenadores têm que lidar no seu dia a dia dizem respeito a procedimentos administrativos e estatístico, apuração de ponto, conversas entre setores para afinar as atividades, encaminhamentos e monitoramentos das contratações, fechamento/consolidação da programação, equilibrar as demandas institucionais com as programáticas, subsídios aos demais setores, demandas associadas às outras funções, trabalho de pesquisa e discussão com as equipes para cada projeto/programa em que atua, organização do tempo para acompanhamento das atividades realizadas na unidade, reuniões diárias e mensais com os instrutores, comportamento e acompanhamento das atividades junto às crianças e com os pais que não buscam as crianças nos horários estipulados pelo programa para possíveis encaminhamentos.

Aparece desde a demanda burocrática e de sobreposição de função a polivalência a que os educadores até o trabalho com os educadores, com as crianças, o trabalho educativo e os pais, ou seja, a função sobrecarrega os coordenadores que, assim, acabam tendo de dar preferência a uma situação ou outra, sem poder atender a todos, o que acaba gerando queixas dos educadores.

A porcentagem da percepção de tempo que despendem com aspectos burocráticos é de 50%. Apenas dois casos se situaram abaixo dos 50%, indicando 40% e 30%, que é um tempo relativamente alto. Em suma, destina-se muito tempo à burocracia, quando se podia estar trabalhando diretamente na parte educativa ou empregando esforços e investimentos em estudos e pesquisas.

Dizem que as maiores dificuldades e preocupações giram em torno de: primar pela qualidade do Sesc e fazer integração com outras áreas e com os educadores da região; dificuldade de divulgação; participação em mais de um projeto; falta de apoio técnico e burocrático; lidar com mudanças na equipe e com mudanças de paradigmas teóricos de eixos orientadores do programa; monitorar e encaminhar necessidades e pedidos; facilitar a rotina dos educadores e mantê-los motivados e valorizados; esclarecer aos pais os princípios do programa; aspectos físicos, como limitações de espaços disponíveis para as atividades com as crianças e ausência de uma sala de referência para os educadores que atenda às necessidades do programa (preparação de materiais, desenvolvimento de trabalhos manuais etc.).

Todos os coordenadores consideram que seu trabalho é transformador, apenas um se coloca em paradoxo. O conceito de transformação está ligado, no discurso, a trocas de repertórios e aprendizagens, construção de relacionamentos entre sujeitos que acontecem no ambiente, oferecimento de opções de repertórios para quem tem pouco ou quase nada, mudanças nos modos de ver e viver a vida, educação propositiva, mudança de atitude, felicidade e satisfação, amadurecimento. Além disso, atribuem às crianças, famílias e a eles próprios:

– Visualizo o quanto elas trocam, compartilham, refletem e amadurecem ao participar do programa, das diversas brincadeiras, do momento do lanche e mesmo das situações de conflitos que acabam acontecendo.

– Acredito que o Sesc se transforma em um ambiente de trocas intensivas e que tais trocas por si transformam as demais.

Apenas dois coordenadores manifestaram uma preocupação social mais ampla, que extrapola os limites de ação das pessoas e do Sesc e parecem atribuir a responsabilidade a outras instâncias – talvez governamentais e públicas estatais. E não como ações pontuais, fragmentadas e momentâneas, mas como ações efetivas – não políticas sociais, mas políticas públicas –, integrais e integradas na cidade.

O que pensam e dizem os gestores

Dentre as 6 pessoas indicadas pelo grupo gestor do Programa Curumim para dar seus depoimentos por serem referência nele, encontram-se os que possuem formação em artes plásticas, educação física, biologia e pedagogia. Todos possuem, ainda, cursos de especialização em áreas como pedagogia do esporte escolar, educação ambiental, agroecologia, fundamentos da educação, sociologia e história.

Encontramos nesse grupo pessoas que trabalham há pouco e há muito tempo no Sesc, entre 9 e 31 anos, exercendo as funções de instrutor, monitor, coordenador, animador nas áreas de ginástica, educação física e administração.

Em seus depoimentos aparecem menções às características do programa a partir do que cada um elenca como mais marcante e significativo em função da ideia original e apresentam exemplos do que se manteve ou que se perdeu por alguma razão:

– O discurso oficial de surgimento do programa era aquele discurso que reconhece uma fragilidade, vulnerabilidade na infância brasileira paulistana, sobretudo, no

início da abertura dos anos 1980, quando a condição de crianças em situação de rua começa a ganhar público, quando a mulher, principalmente no comércio, começa a ir mais para o mercado de trabalho e pode, supostamente, deixar as suas crianças em situação mais vulnerável, menos atendida, então, isso tudo está escrito nos documentos. O que impulsionou o Sesc a pensar na formação, na criação desse programa tem a ver com uma leitura de uma vulnerabilidade.

– Ele começou a existir em 1987. Começou a ser pensado em 1985, 1986 por um grupo, mas, desde então, já foi ganhando milhões de caras, milhões de importâncias, milhões de entendimentos. Então, em unidades diferentes você tem entendimentos diferentes. Eu consigo hoje, 21 anos depois, como gerente da área, ver uma espécie de espinha dorsal. Ela fala um pouco com aquela original, mas ela tem um viés.

– A essência do Programa Curumim, do que se era proposto no começo, do vínculo afetivo, do estabelecimento de relações realmente próximas, eu acredito que com pouco tempo a gente consiga isso. Eu acredito realmente numa convivência um pouco mais duradoura. E isso tem os dois lados, o lado da criança e o lado da equipe técnica, que está atuando com a criança. Nós temos o privilégio em unidades menores, mais distantes, não tão central de ter uma rotatividade um pouco menor de profissional e de crianças. Eu acredito que existem unidades [em] que esse vínculo quase que nem se estabelece.

– Como a gente está falando de criar vínculo, como a gente está falando de conversar com as crianças, de permanecer com elas, é um número X de crianças pra uma pessoa. A gente chegou à conclusão de que um número bacana seria entre 20 e 25, não mais que isso.

– Eu acho que é muito difícil quando você não consegue ter o tempo de estabelecer um vínculo realmente verdadeiro, afetivo, de troca, que a criança tenha a confiança de sentar com você e conversar. Eu acho que a gente perdeu muito disso. Se é um profissional que está dando uma atividade duas vezes por semana, pra mim não é Curumim.

— Ele tem que ter uma coerência nesse estado, independente[mente] das características diversas das unidades. Ele tem um mínimo de pressuposto para que isso aconteça.

— Comparando com o atendimento do Sesc que hoje está em 400 mil pessoas por semana, a gente falar em 3 mil ou 3.500 crianças no ano é relativamente pouco. Então, pra aqueles que olham pra números, é um atendimento baixo, eu sou de um tempo em que havia um desafio pra aumentar esse atendimento às crianças. A gente chamava de Curumim não só o programa de atendimento regular às crianças inscritas naquelas atividades diárias, a gente já chamava de Curumim tudo o que se fazia pra criança.

A menção ao reconhecimento da necessidade de haver parâmetros norteadores e orientadores aparece no sentido de muito mais do que as variações se contraporem ao excesso de flexibilidade, porque essa característica é entendida como algo que pode facilmente descaracterizar o *ethos* do programa idealizado.

— Entendemos a importância da flexibilidade, mas a identidade é necessária e, embora o que vá ser feito seja muito diverso, os objetivos, as diretrizes, os princípios, e até alguns aspectos metodológicos, precisam ter uma identidade.

— Isso facilita muito o diálogo entre os educadores porque, quando você tem um conflito entre equipes, se você tem essas diretrizes, esses valores, esses princípios alinhados, a discussão tem um caminho. Então, eu entendo o respeito à flexibilidade das competências do perfil dos educadores, até do perfil das crianças.

Outro aspecto que preocupa os depoentes é a grande quantidade de funcionários para atender as crianças e o descompasso com o tempo de formação necessária para atender ao que o programa estipula ou que "está no DNA do Curumim":

— O número de funcionários praticamente dobrou em muito pouco tempo. E aí o que eu sinto é que não está havendo tempo hábil para as pessoas se apropriarem dos programas.

Outra preocupação é com o legado do programa, ou seja, com aquilo que se está perdendo ou se diluindo por falta de manutenção:

– É um momento muito delicado. Estamos crescendo, que bacana. É importante institucionalmente, tem um equipamento maravilhoso, tem mais é que inaugurar mesmo, as pessoas precisam, mas a gente precisa tomar cuidado para não perder esse legado, que é importante, que tem história. Então, eu acho que a gente precisa ter esse cuidado, a delicadeza de manter isso vivo.

Na maioria dos depoimentos, há referências às possibilidades mais sedutoras de trabalhos envolvendo projetos, entendendo as antigas áreas como "gavetas", nas quais se colocam conhecimentos compartimentalizados, muito próprio de um modo de entender a disciplinarização no ensino formal.

O trabalho por projetos busca romper com as disciplinas e a segregação do conhecimento, visando a um entrecruzamento constante de fluxos, movimento, numa transversalidade, em que as habilidades a serem desenvolvidas são o guia do trabalho educativo e os temas ou conteúdos são pretextos para promover práticas, reflexões, exercícios, ensaios e experiências. Um modo de praticar a educação que vem ao encontro do que o campo da educação não formal sugere, embora a educação formal também possa fazer tentativas nesse sentido, repensando-se, revendo-se, reestruturando-se.

Os depoentes apontam para um jeito de fazer educação de uma forma mais "solta", priorizando ouvir a criança para construir junto com ela o trabalho, por meio de diálogos e conversas, reconhecendo a diversidade constante de público e, portanto, de interesses e baseando-se nisso para desenvolver a prática educativa:

– Sentar e ouvir a criança. Acho que isso é um valor do programa. É um princípio. Qualquer coisa que seja feita tem que fazer sentido, tem que ter significado para aquela criança. Ela tem que ser respeitada, tem que ser ouvida. E não é uma criança, são às vezes cem, duzentas crianças. Esse trabalho não é algo fácil, e a gente nunca vai conseguir atender a todas as expectativas. Isso já é um papel

do educador, de tentar traçar as relações de todos esses desejos, de todas essas características que o grupo de crianças traz. Já é uma primeira diretriz entender que a criança produz cultura.

– Tudo está ligado, conectado, um passa pela área do outro. Então, eu vejo uma necessidade primeira de entender que crianças são essas. Quais as necessidades que existem naquele grupo. Quais os desejos. Então, eu acho que, primeiro, cabe diagnosticar esse grupo, ouvir esse grupo. Vamos lançar o desafio de que esse projeto seja realmente construído pelas crianças? O que elas querem fazer? Que anseios são esses? Que tema vai ser esse? Por que a gente que tem que escolher o tema? Por que esse tema tem que ser um tema prévio? Vamos construir juntos o tema e tudo que vai acontecer no Curumim. Então, a gente fez essa proposta. E foi incrível, porque a gente percebeu quanto mais a gente tem que se preparar para isso. Parece que não ter um projeto implica não ter um trabalho prévio, mas a gente teve que se preparar muito. A gente leu muito, a gente estudou muito, a gente assistiu vídeos, a gente brigou muito! Brigar no bom sentido. A gente tinha discussões de esgotar o argumento para a gente poder fomentar essa ideia de que aquele fosse um trabalho construído totalmente pelas crianças.

– Esse é um dos princípios da educação não formal. Na verdade, o que diferencia o trabalho com os chamados conteúdos escolares é que, na verdade, aqui o conteúdo vai ser determinado pelo desejo e pelas necessidades do grupo. Pode ser uma resolução de um problema, mas é algo que parte do grupo, e isso é conceitual desse tipo de educação.

O brincar e a brincadeira são eixos norteadores do Programa Curumim, indicando que a criança é um ser brincante e a manifestação lúdica é um direito cultural.

– Tem documentos antigos [do Sesc São Paulo] que afirmam a brincadeira como um elemento de poder. Por isso criaram espaços lúdicos, parques para expansão, para o repertório corporal, para livre-brincar, como é o caso de Itaquera, Inter-

lagos, no interior tem bastante também, em Bertioga. O que eu entendi e, em determinado momento eu propus ao Sesc, é que a gente, no interior das unidades, precisava criar esse espaço para os muito pequenininhos. Não é para o garoto que já tem 6, 7 anos, é para a primeira infância mesmo.

– Hoje, a neurociência comprova que as crianças que brincam livremente são crianças que têm uma estrutura emocional mais forte. Elas têm mais resiliência. Elas conseguem encarar melhor as questões da vida adulta que a gente sabe bem que não são nada fáceis.

– A gente está numa instituição, já não é mais a rua, é lógico que é possível trazer um pouco isso.

Fala-se de criar situações para as crianças brincarem de forma orientada ou dirigida, mas também de forma livre. Entretanto, o horário livre não é uma situação tranquila e confortável para todos os educadores, na medida em que ele traz não apenas uma discussão sobre a autonomia da criança, mas também uma concepção de trabalho, ou seja, como se implicasse que o adulto-educador estivesse de folga ou não estivesse em situação de trabalho. Ou que ele pudesse fazer algo de seu interesse ou que devesse ocupar o horário com algum tipo de trabalho de sua função. Os depoimentos mostram que essa situação é complicada, e um jeito de tentarem solucionar isso tem a ver com, talvez, uma mudança de terminologia:

– A gente tentou mudar, quer dizer, de chamar, por exemplo, esse tempo livre, que é o momento que eles podem escolher mais à vontade, de ser escolha a sua atividade, por exemplo. Quer dizer, ele pode escolher a atividade. Ele não está livre, [está escolhendo algo dentro de um rol], mas aí tem gente também que quer propor coisas naquele horário. Quer dizer, se você propõe já não é mais livre, então é muito difícil isso.

– É lógico que a gente está ali, o papel do educador é estar olhando, estar vendo as relações, se a criança está fora, se o outro é que está mandando no jogo, se a

bola sai dele, enfim, esse é nosso papel de observar e se precisar intervir. Não tem que planejar, não tem que bater papo. Você está observando, brincando até com as crianças também. Quer dizer, você pode fazer a leitura de como esse grupo está por meio do horário livre.

– Eu percebi que não eram só alguns gestores que tinham essa visão equivocada do "tempo de não se fazer nada", tempo do "estar vagabundeando". É que alguns educadores também entendiam que, se ele não está lá trazendo alguma atividade, ele não está fazendo nada. E a gente tem trabalhado muito para desconstruir um pouco essa ideia e mostrar o quanto esse momento do livre brincar, do horário livre, é importante. Eu acho que, talvez, as principais coisas que o educador precisa fazer nesse momento é sim estar muito atento, porque talvez aquilo seja o momento mais qualificado para ele poder enxergar essa criança.

Ao solicitar aos depoentes que construíssem uma fotografia que caracterizasse o programa, esperávamos obter sínteses representativas do *ethos* dessa proposta educativa. E apareceu a dificuldade de realizar uma fotografia apenas por haver muitas, como um caleidoscópio:

– Acho que é um pouco de tudo isso, da mistura. Como que a gente faz a imagem de liberdade de expressão? Eu não posso dizer: Ah, a imagem da brincadeira em si, porque não é só a brincadeira em si. É essa liberdade de escolher, essa liberdade desse brincar. Um quadro, um pássaro? Uma árvore? Eu não consigo ter uma imagem só dessa foto.

– São tantos símbolos, tanto ícones que eu teria para essa imagem, que na verdade eu não consigo formar. São milhões de possibilidades na minha cabeça. Eu não enxergo uma possibilidade ou uma imagem só, são muitas coisas. Então, acho difícil formar uma imagem só, ou formar uma coisa que dissesse tanto.

– Uma foto que pudesse ilustrar a convivência entre crianças mediadas pela brincadeira. Uma foto que parecesse que está uma superbagunça, mas que por detrás daquela bagunça aparente tem muita coisa não dita.

– Acho que apareceriam várias camadas. Uma camada é como se fossem vários planos. Tem a camada que representa a instituição, que ela é mais pesada, mais formatada, mas não é rígida, talvez mais impermeável. Está lá. Acho que tem um grande grupo, assim, de pessoas que está muito motivado a fazer o Curumim e que não são só os educadores, os instrutores. Essa gente toda lá. Então, é uma foto muito numerosa. Mas ela toda é salpicada pelas crianças. Elas, presentes em todos os lugares. Eu estou tentando não usar essas expressões como "pesada" e "rígida" porque eu não estou pensando negativamente, eu estou pensando na história, que é longa e que constituiu, então, ela não tem a leveza de um processo que começou ontem. Ela tem muitas camadas de história, então, portanto, ela não pode ser leve mesmo.

– Ela pode não ser representada por pessoas, ela pode até ter fantasmas. Ah, eu faço assim por fulano de tal. É um fantasma, né? Nem sei se ele pensava mesmo isso, mas ele fica me assombrando.

– Teria quer ser a roda. A gente ali, não que somos iguais, é lógico, é criança ou jovem, a gente tem um papel que não é igual a eles, mas ali todo mundo está no mesmo nível. Todo mundo se olha, você não vê cabeça, você não fica atrás do outro, você fica com o olho no olho. Um moleque de cadeira de rodas. Ele tem as limitações dele. E num primeiro momento teve aquela preocupação dos instrutores. E as próprias crianças do Curumim olhavam pra ele. Como é que a gente vai brincar com esse moleque? No momento seguinte, eles estavam brincando com a cadeira de rodas. Empurrando, rodando assim, fazendo ela girar. Eu nem sabia que fazia isso. E o moleque rindo, entrou na brincadeira também. O que era uma dúvida num primeiro momento demorou uns minutinhos e aí já virou brincadeira.

– Como botar na mesma foto aquilo que o homem constrói, como um espaço, por exemplo, que é o brinquedão aqui lúdico que a gente tem lá fora, que são aquelas madeiras e cordas onde as crianças piram, curtem, sobem? E muitas vezes caem e se machucam. Enfim, o espaço construído, que é cultural, mas também um espaço natural, que é a praia, que são as matas. Eu não sei se a gente conseguiria pôr isso tudo numa foto, mas, pra mim, a essência é as relações entre o ser humano, a cultura criada pelo ser humano, e essa relação com o espaço físico, [o] natural e o construído.

As cenas retratam imagens associadas à liberdade, à brincadeira, ao numeroso, ao circular, à diferença incluída e respeitada, ao que o homem constrói transformando a natureza e que se traduz em cultura e, ainda, às paisagens naturais.

A esse imaginário aparece menções às inspirações e orientações teóricas que servem de eixos para as propostas educativas. São mencionados os pensamentos e conceitos de autores como Freinet, Paulo Freire, Madalena Freire e Moacir Gadotti, para a parte da metodologia e formação de sujeitos autônomos; Piaget e Vygotsky, para a epistemologia socioconstrutivista; Edgar Morin, para a complexidade da sociedade; Zygmunt Bauman, para pensar a modernidade; José Saramago, para pensar a diferença; João Batista Freire, para pensar o corpo; Carlos Rodrigues Brandão, para pensar a cultura popular; Margareth Brandini Park e Renata Sieiro Fernandes, para a educação não formal. Além dessa lembrança, aparecem menções a pessoas e personalidades como referências especiais, que influenciaram na formação, na vida e na educação, como Marcelo Jabu, um educador nato; Vanzolini, da zoologia; Aziz Ab'Saber, dom Paulo Evaristo Arns, Carmem Vitor, instrutora do Curumim Sesc Santos; Mário Filho, Marise de Santos, Maria Alice Oieno de Oliveira Nassif.

Outras marcas que guardam consigo são referências a filmes, suas narrativas e conteúdos, como *A balada de Narayama*, que trata das tradições culturais; *Criança, a alma do negócio*, que trata do incentivo ao consumo infantil; *Vermelho como o céu*, que trata da aceitação da deficiência e da capacidade da criança produtora de cultura e conhecimento; *Tomboy, A guerra dos botões*, que trata das crianças e pela via da brincadeira, pondo por terra o mito da inocência; e *Pink Floyd – The Wall*, sobre o autoritarismo das instituições escolares e dos professores reprodutores.

Essas inspirações para pensar a educação praticada também alimentam a ideia de que o educador deve ser formado. Nesse sentido, os gestores referem-se à necessidade de que a equipe tenha muita energia, tenha formação heterogênea, com tempo para trabalhar e não acumular funções. A necessidade demonstrada pela prática cotidiana de pessoas com experiências de vida na heterogeneidade – tanto quanto a formação acadêmica –, que vivenciaram experiências brincantes em espaços livres, tais como ruas e quintais, e que demonstram grande habilidade para trabalhos em grupo, inclusive na mediação de conflitos tão comuns nessas situações:

– Eu cresci numa vila pertencente a Santo André, mas uma vila que tinha muito verde, muito morro, muita rua. A gente brincava muito na rua. A rua era nosso encontro. E essa vivência me deu possibilidade de criar muitas coisas.

– O que a gente buscava? Primeiro, alguém que tem um gosto imenso e um reconhecimento da integralidade da infância. Que aquele não é um ser para ser formado, é um ser que existe na sua complexidade, que nasce com a inteligência, que a relação com o mundo vai transformando essa inteligência em algo cada vez mais complexo, mais rico, que aquela criança, ela não está ali para ser formatada, ou seja, alguém que reconhecesse na criança um ser humano da mesma estatura que a sua, apenas em momentos distintos da vida. Com menos referências, com menos experiências. Esse era um perfil importante. Segundo, que tivesse uma facilidade, ou pelo menos um interesse, de buscar na brincadeira uma ferramenta de diálogo com a cultura da infância. Ou seja, aquele educador mais pensador, mais racional, menos corporal etc., eu achava que ele ia ter muita dificuldade de vir para uma atuação no Curumim. Então, é pensar no profissional que tenha essa mesma paixão que eu tenho pelas pessoas.

As dificuldades da seleção de pessoas com o perfil desejado para trabalhar com as crianças são desafiadoras, em virtude do grande número de candidatos inscritos, aproximadamente 5 mil candidatos para o cargo de instrutores, 36 mil inscritos para o cargo de animador cultural e 17 mil que realizaram a última prova. Há depoimentos citando a validade de provas extremamente bem elaboradas, seguidas de dinâmicas e entrevistas com muitas etapas, que vão selecionando os candidatos até restar um número possível de ser entrevistado até chegar à escolha final por parte da gerência de pessoal. Também são mencionadas as leis federais a serem atendidas e cumpridas, impostas verticalmente pelo Estado, como empecilhos, muitas vezes.

– Eu acho que os processos seletivos anteriores eram melhores. Agora a gente teve que se submeter a algumas leis que eu particularmente acho que limitam muito a nossa ação. Hoje a gente tem um processo seletivo que nos leva a uma nota numérica. Seja o que for que a gente faça, a gente tem que converter em número. Lá no fim, os caras pegam esses números e aí, conforme a maior nota, o cara escolhe pra onde ele quer ir. E obrigatoriamente, como ele não trabalhou ainda no Sesc, ele não tem noção do que ele vai ver pela frente (e eu não posso interferir).

– Eu participei das últimas duas bancas de processos e sempre vem essa discussão de se pode ser prova, não pode ser prova, se a prova garante que a gente consiga "encontrar" competências que a gente deseja para o educador que vai trabalhar com o Curumim. E a gente percebe que só a prova de fato não permite isso. Então, a prova acaba sendo uma peneira, como um filtro para depois poder ter outras etapas.

– Participei da banca pra instrutores de Curumim em que o Sesc estava visando uma contratação de instrutores pra espaço de brincar e trabalhos com jovens, também com o Curumim. O que eu percebo é que, dependendo da quantidade de profissionais que a gente tem pra avaliar, quanto mais profissionais, menos você tem a qualidade e a possibilidade de identificar com a dinâmica que a gente propõe os profissionais mais adequados. Eu entendo e sei que o Sesc tem uma preocupação muito grande com isso. O RH tem um trabalho muito bom, mas o volume é muito grande. Então, quem trabalha na banca sabe o quanto é difícil estabelecer várias situações pra que aquele profissional consiga ser avaliado e que a gente consiga realmente tirar a essência desse perfil. Se é o adequado pra o que a gente está querendo. Não acho que a gente acerte absolutamente todos. Eu acho que a gente acerta bastante nessa seleção.

– Eu acho que a formação acadêmica é muito importante. Já te mostra um caminho e o quanto que a pessoa foi buscar de interessante. Agora, numa seleção a gente precisa conseguir extrair muito mais dessa pessoa. O que essa pessoa viveu até hoje e de que forma ela lida com as situações da vida, com conflitos, com situações que ela vai se deparar no cotidiano. Isso não está na formação acadêmica. Então, pra mim, [é importante] a experiência que essa pessoa pode ter na infância, na adolescência, na vida adulta.

Atentando para as terminologias que aparecem nos discursos desses depoentes, percebemos que o Programa Curumim ora é chamado de programa, ora de projeto, havendo variação nas nomenclaturas entre as unidades. Isso não é mero detalhe, pois implica uma perspectiva mais aberta e flexível, maleável ou mais fechada, estruturada, com poucas aberturas para invenções em termos de organização e metodologias. Em suma, para as pedagogias postas em prática.

O mesmo acontece com os termos referentes aos cargos e funções assumidos, o que acarreta diferenças salariais, de carga horária e entraves com a legislação trabalhista para a escolha de categorias profissionais. Consideramos referências históricas quando em determinado momento é mais usual um termo do que outro, em razão da criação de novas funções dentro de campos educacionais, como o animador cultural. Entretanto, para além disso, essa é uma característica que tem estado presente no campo da educação não formal, especialmente nas instituições do terceiro setor. A ideia de divulgar tecnologias educacionais produzidas via formação tem como consequência superações, inclusive de ordem trabalhista. Nos depoimentos aparece a necessidade de uniformização para as nomenclaturas, pois elas implicam determinadas concepções do trabalho do profissional da educação não formal:

– Isso é bem complicado. A legislação emperra. A gente tem que trabalhar praticamente com nome fantasia!

– Pra mim a terminologia é educadores. Instrutor pra mim remete a uma coisa de instrução. Aí ele vai dar instrução. Ele é o dono da verdade e está instruindo a criança a fazer tal coisa. Então, essa terminologia pra mim não serve mais. Não serve pro Sesc. Eu acho que até o Sesc já concorda, mas pra mudar é uma coisa tão difícil, tão demorada, tão amarrada, burocrática. Agora, a gente há trinta anos é assim: é seleção de instrutor, é treinamento de instrutor. Se isso não mudar institucionalmente, é muito difícil você mudar, tanto que, quando a gente faz cartas pros pais, não põe instrutor, a gente põe educador. Mas eu acho que a gente precisava ter mais cuidado porque isso influencia muito mais do que a gente imagina.

– Pode ser que elas fizessem muito sentido quando foram criadas. E diria que a gente tem discutido essa preocupação com a gerência de pessoas. É uma discussão permanente. Os educadores do programa se sentem muito incomodados com esse nome.

– Eu entendo a instrutoria como aquele profissional que instrui, que forma, nas condições de aprender uma dada técnica. Não acho que isso seja, de fato, o que os educadores fazem. Agora, o que eles fazem varia também. Tem profissionais do Curumim que se aproximam muito do perfil do professor da escola. [...] A gente trabalhou muito dentro dessa definição de algumas pessoas das nossas áreas, não só do Curumim, mas de outras áreas também, pra que eles fossem educadores sociais. Porque no nosso entendimento do que é o educador e do que é o social teria tudo a ver, por que é a pessoa que te educa, enfim, te conduz, te auxilia a criar um caminho, um rumo a uma sociedade melhor.

– Existe uma comissão discutindo a nossa política de atendimento à criança, daí virou política de acolhimento à criança, daí uma das pessoas que fazem parte dessa comissão levantou que não podia ser acolhimento, porque acolhimento no jargão jurídico está associado a abrigos, exatamente. Essas crianças que não têm família e aí são acolhidas no abrigo. A gente não podia falar em política de acolhimento, porque já existe uma política de acolhimento associada a essas atividades lá desses casos. Então, a gente está pensando, talvez, em chamar de política de atenção à criança. Estamos finalizando esse documento agora.

– Nós temos muitos coordenadores de Curumim que são animadores culturais. Animador, na concepção do Joffre Dumazedier, da década de 1980. Ele construiu lá uma denominação que nós adotamos, mas a gente descobriu que existem outros termos pra animador cultural, como monitor de esporte.

Quando se trata de discutir um campo educacional específico em processo de construção, como é o caso da educação não formal, as nomenclaturas precisas são muito importantes. Se queremos gestar conhecimentos sem nos referendar apenas nas produções teóricas vindas de pesquisadores de países, como Espanha e Portugal, onde se destacam Trilla, Afonso, Ventosa e Palhares, a partir dos contextos e problemáticas de lá, é preciso se debruçar seriamente sobre esse aspecto para elaborar ou sistematizar o conhecimento de alguma maneira, inclusive ouvindo os profissionais que estão atuando na prática, porque eles também desenvolvem conceitos. E, nessa tarefa, o Programa Curumim auxilia com sua tradição de 28 anos de atuação no campo educativo, sofrendo mudanças e realinhamentos ao longo de sua história.

Nesse sentido, aparecem os contrapontos e as especificidades em relação à escola e à educação formal, em uma tentativa de manter inter-relações, mas sem competir ou substituir o papel atribuído a cada um. A busca é para garantir tempo, flexibilidade, metodologia e pedagogia que sejam mais adequadas a esse o que fazer, que visa se colocar como diferença.

– Ao mesmo tempo em que o Sesc apresenta um programa de educação, ele não tem os conteúdos e a característica que tem a escola. Então, de alguma forma a gente acaba tendo esse conflito. Porque a gente tem uma preocupação muito grande com o desenvolvimento da criança de uma maneira ampla. Então, se eu acho que é importante passar algum conteúdo pra criança, mas essa criança me traz alguma outra coisa, eu posso passar esse conteúdo hoje ou amanhã. Enfim, eu não tenho essa cronologia ou essa obrigatoriedade e nem a hierarquização.

– Eu acho que não é papel do Sesc questionar a escola. É papel do Sesc oferecer aquilo que o Sesc entende que pode contribuir para o desenvolvimento da criança. A gente ali respira cultura, expressão.

Um dos entrevistados sugere, de forma bastante competente, que um intercâmbio entre escola e Sesc pode oferecer ganhos a ambos, pois a criança ficará mais amparada em suas necessidades formativas.

– A escola ligou pra gente porque tinha uma turminha que frequentava e a criança não estava indo mais. Estava faltando muito. Estava meio que abandonando a escola. E uma das regras pra entrar no Curumim era estar na escola. Então, a gente fez esse papel de mediador e chamamos a mãe. Só sei que no final da história essa criança voltou a frequentar a escola.

A relação do Sesc com a cidade aparece na fala dos gestores, entendendo a cidade como um lugar de educação não formal e educativa no sentido de uma ideia-força, segundo Trilla[11], que a vê como um lugar a ser mais bem conhecido e vivenciado, um lugar de encontro e sociabilidade, de consumo e produção de cultura. Entretanto, embora aconteçam algumas experiências, ainda são tímidas, e os motivos elencados são a dificuldade de operacionalização e a violência na cidade. O Sesc tenta congregar em seus próprios espaços físicos o que a cidade oferece de forma espalhada e dispersa em diferentes bairros e no centro, de forma a facilitar para a população. Mas, ao lado disso, também pode acabar restringindo as experiências mais diretamente na cidade e que são dever do poder público proporcionar e estimular em termos de políticas públicas sociais, de lazer, de cultura, de educação.

– A essência do programa é explorar muito mais o espaço da cidade do que a gente consegue fazer. A gente consegue fazer muito pouco perto do ideal que eu acho que deveria, porque envolve várias questões. Envolve a questão da segurança da cidade. Envolve a questão da logística. Quando você sai com um grupo de criança, qual é a preocupação do educador, e como que ele tem que se organizar pra fazer um trabalho em campo, em rua. Nós já tivemos vários momentos aqui onde [sic] as crianças eram estimuladas a perceber mais a cidade. Mas mesmo esse trabalho, por exemplo, que foi olhar a cidade, que tinha uma preocupação de realmente a criança se apropriar da sua cidade, dos espaços que tem na sua cidade, o que significa, historicamente, é um trabalho logístico complicado. E, às vezes, você está com uma equipe extremamente motivada a isso e um pouco mais destemida, e, às vezes, se tem uma equipe que está com medo da questão da segurança. Porque há um risco.

– A gente ia com as crianças fazer os passeios com ônibus de linha e atravessava a praia do Góis, de barquinho com colete salva-vidas, ia pro outro lado, explorava, subia em morro, trilha. Então, a gente fazia muitas coisas que depois a gente falava: nossa, a gente é louco. A gente foi um dia e aí virou o tempo. A barquinha veio com chuva, e se acontece alguma coisa? Então, a gente fala assim: às vezes,

---

11 Jaume Trilla, *op. cit.*

a gente era destemido demais. E, pra mim, o Programa Curumim envolve risco... Aliás, a vida é risco.

– Como os equipamentos são muito potentes dentro do Sesc, as pessoas [pensam]: "Está bom, está suficiente aqui". Eu me esforço pouco para ir para fora. Quando a unidade provoca, elas fazem coisas incríveis. Eles vão para a Sé, pegavam o metrô com as crianças para ir nadar no Consolação, ou seja, eles se apropriavam da cidade, e eu acho que isso é fundamental.

– Eu sempre digo: "É claro que o importante é que eles tomem contato com aquele elemento estético que eles vieram ver: um espetáculo, uma exposição; mas a gente precisa decifrar os códigos de acesso dos equipamentos". Então a gente tem que dar um bilhete, o cara tem que sentar na poltrona... Porque, quando ele desvenda os códigos, ele vai acessar sozinho depois, e eu perco o medo. A primeira vez que entrei em uma galeria de arte foi uma amiga que me levou, porque antes eu tinha medo. Eu dizia: "Não tenho dinheiro, eu não sei o que dizer, eu tenho vergonha de não saber comentar a obra". Eu não tinha os códigos de acesso. Aí uma amiga me levou e disse: "Bom, primeiro, eu não preciso pagar. Ótimo, eu não preciso ter dinheiro para entrar em uma galeria de arte. Segundo, ninguém fica me fazendo questionários: o que você achou dessa obra?", mas eu precisei de uma amiga que me fizesse isso, porque o Estado não fez isso para mim e nem essas instituições. Acho que a cidade de São Paulo é incrível em generosidades, mas, infelizmente, o que fica evidente são as atrocidades, as crueldades: o trânsito cruel. A gente tem muita gente assaltando hoje mesmo. É verdade isso, não é mentira. Mas a gente tem muita generosidade também. A gente tem muitos espaços edificantes, humanizantes que, se esse menino, talvez, que está em dúvida ou está vendo poucas coisas na vida dele, se ele acessasse, talvez ele desejasse tanto estar lá que ele diria: "Não vou perder, não". É que ele nem sabe que existe, né?

– A gente saía de metrô com as crianças. A gente ia ao Parque da Água Branca, à Caixa Econômica Federal, que tem o museu. A gente ia à Torre do Banespa ver a cidade de cima. Quer dizer, a gente circulava em todos os lugares. Eu me lembro que a gente também não tinha quadra, então pegamos aquela praça perto da Secretaria da Fazenda. Antes não tinha o Poupa Tempo ali. E ela era um pouco

mais livre. Assim, a gente utilizava aquela praça como espaço de lazer, de brincadeiras. Levava coisas, montava coisas, barracas, chegou a fazer acampamento ali, um piquenique com as crianças. Quando chegou o Poupa Tempo, precisava pedir autorização. Fizemos uma parceria com o Sindicato dos Bancários aqui [para utilizar a quadra]. Em contrapartida, às vezes, eles usavam algumas salas, algumas coisas do Sesc.

Nos cursos de formação que acontecem, são priorizadas palestras de convidados com temáticas do interesse dos educadores e dos gestores e apresentação e discussão de situações-problema do cotidiano do Programa Curumim, mas nos depoimentos aparece a sugestão de haver troca e compartilhamento de materiais produzidos na prática educativa, que ajuda a construir a metodologia e a pedagogia do programa. Além dessa valorização do que é produzido pelos próprios educadores, outra sugestão é a dos grupos levarem seus materiais e o palestrante convidado fazer uma mediação que estimule a reflexão e os exercícios práticos, pensando possibilidades com o grupo. O aspecto da produção de registros pontuais e reflexivos do cotidiano é um elemento a ser enfatizado, pois no campo da educação não formal é frequente e comum os educadores não considerarem determinadas ações como registros ou não se importarem em construí-los, ficando com a prática calcada na memória oral. É tão importante sistematizar e organizar como refletir e deixar registros que compõem a história do programa.

– Eu entendo que esses cursos devam ser eminentemente de troca de vivências, por teoria a gente pode individualmente se desenvolver. Eu pego livros, eu acesso todos os canais de informação que eu tenho. Eu quero ler a teoria de Freinet, eu leio. Eu quero Vygotsky, você tem acesso a isso. Na hora que você junta profissionais, a gente tem que jogar situações.

– A gente tem como prática e eu estimulo bastante isso, depois da atividade no Curumim os instrutores não vão embora. Eles têm um tempo. Porque na hora em que termina a atividade é fundamental que os instrutores se reúnam pra discutir alguma situação que aconteceu com determinada criança.

– Eu acho que, na maioria das vezes, o Sesc sempre acerta nos nomes das pessoas para esses cursos de formação, mas acho que sempre fica faltando o intercâmbio entre os instrutores, a discussão entre os instrutores, a troca de conhecimento, a troca de informação.

– Existem várias formas do educador acessar cursos de formação. A instituição promove alguns cursos e são disponibilizadas vagas que esses instrutores, educadores, podem pedir para participar. Os educadores têm possibilidade de pedir cursos de interesse.

– A gente solicitou que todas as equipes produzissem um pequeno vídeo com uma síntese do trabalho, e a partir desse pequeno vídeo eles pudessem sentar em rodas e contar detalhes de como tinham sido essas experiências. E percebemos que isso teve um resultado muito significativo, no sentido de que essas experiências exitosas pudessem ser compartilhadas e de que os problemas que dificultam que essas coisas aconteçam em cada uma das unidades fossem discutidos, fossem trazidos.

– Eu acho que esse grupo de profissionais que compõe o Curumim se apropriaram [sic] de uma ferramenta importante hoje para todo mundo, que são as redes sociais. Eles promovem discussão e colocam dicas de leitura, de filme, ali tem um volume interessante [de material].

CONSIDERAÇÕES FINAIS

Neste percurso de longo fôlego, importantes dados e análises permitiram olhar mais de perto os fazeres e pensares sobre o Programa Curumim, a partir do olhar de quem está diretamente envolvido com ele.

Cabe, aqui, fazer algumas escolhas mais pontuais sobre itens que merecem um pouco mais de atenção e que dizem respeito ao Programa Curumim e sua pedagogia em construção, os contextos que criam os cenários, as paisagens e os territórios que circunscrevem e configuram a educação não formal posta em prática pelo Sesc São Paulo e os sujeitos que dão sustentação para que as práticas aconteçam nas instituições, sendo eles os educadores, os coordenadores, os gestores e demais envolvidos.

O fato de o Programa Curumim ser um programa de longa duração (28 anos de existência) permite perceber sua historicidade, permanências e mudanças, mostrando sua relevância para as crianças e as famílias, bem como para a educação praticada na cidade.

No início do programa exigia-se dos frequentadores a matrícula na escola; posteriormente, com mudanças conjunturais sociais, as demandas dos públicos passam a variar e tal exigência não pode mais ser mantida, uma vez que se incorporam a ele grupos de ciganos nômades e de crianças abrigadas em instituições. Atualmente, a relação com a educação formal existe, mas dentro da concepção da educação permanente, que ocorre ao longo da vida, sendo o sujeito e as famílias os responsáveis por sua formação ou a formação das crianças e dos jovens, e isso está diretamente ligado às exigências da sociedade do conhecimento, na modernidade.

A concepção do brincar e da brincadeira no Programa Curumim se mescla à concepção de criança e quase podem ser traduzidas em duas imagens trazidas pelos depoentes, a do tempo lúdico e a do ser brincante.

Na pedagogia curumim, a roda é prioridade, mas em alguns momentos e para alguns educadores ela é entendida mais como estratégia do que como metodologia do modo de ser das práticas, mais do que um instrumento de diálogo ou conversa. Nesse sentido, manter grandes quantidades de crianças não soa funcional, porque se perde a valorização da escuta e da fala, e o que é para ser dialógico se torna ruído e balbúrdia, como dizem algumas crianças. Ao lado disso, a configuração do circular não deve ser "quebrada" sentando-se em arquibancadas, por exemplo.

Constata-se que existe o desejo de que, cada vez mais, o trabalho seja realizado por projetos, pois esse é um bom meio de romper com a compartimentalização dos saberes, característica do modelo escolar.

Todos apontam positivamente a construção das relações afetivas, entretanto, isso pode ficar prejudicado ou comprometido quando se diminui o tempo de frequência ao longo da semana, tornando quase fortuitos e fugazes os encontros que se solidificam no tempo e permitem a construção de turmas e de amigos. Esse é um comentário dos frequentadores em que há um tom de ressentimento.

Outra queixa diz respeito à necessidade de terem de sair do Programa Curumim por atingirem o limite etário e ao aparecimento de uma lacuna educativa no percurso formativo deles. Para tanto, faz-se necessário indicar outros programas dentro do Sesc São Paulo para os jovens, para tentar amenizar as sensações negativas sentidas pela necessidade de deixar o programa, pois é recorrente a menção dos sujeitos à alta frequência e permanência ao longo do tempo, que acabam por oferecer acolhimento, inclusão, afeto e conhecimento.

A pedagogia do Curumim que está sendo posta em prática precisa ser conhecida, reconhecida e assumida como escolha e posicionamento, tendo todos os praticantes a clareza dos princípios do programa, de sua "espinha dorsal", o que é também um desafio, já que ao longo do tempo há bastante flexibilização em sua estrutura.

O horário livre, outro elemento da pedagogia, é o tempo destinado às crianças para escolherem o que querem fazer e com quem querem brincar, escolhendo, ainda, poder brincar sozinho (como mostra a pesquisa Tauari sobre alguns desejos infantis). Nesse momento, os educadores se questionam sobre o que lhes caberia fazer ou no que consiste o trabalho do educador no horário livre, já que têm como objetivo a não interferência frequente. Um dos coordenadores sugere que, nesses momentos, os educadores se dediquem a exercitar um olhar cuidadoso sobre o que acontece, tentando montar um diagnóstico das relações e interações, fazendo anotações, observações, impressões em um diário de campo, que auxilie nas práticas e alimente as reflexões e discussões.

A arte tem sido uma linguagem privilegiada na educação não formal e há depoimentos de educadores que exploram o entorno, dando a conhecer às crianças o que de arte existe para além do institucional e a reconhecê-las dentro da instituição. Essa é uma bela forma de relacionar arte e educação e de buscar a arte na cidade. Outro exemplo interessante são as trocas entre as instituições da cidade, havendo cessão de usos de espaços na medida das necessidades e possibilidades.

Ao lado do aprendizado não formal está presente o aprendizado informal pelo ambiente do Sesc, por meio de sua arquitetura, com os espaços verdes, os parques lúdicos, o trânsito de profissionais, o contato com pessoas conhecidas, desconhecidas e reconhecidas, as programações culturais e artísticas. O desfrute disso tem a ver ainda com a ampliação de repertório para as crianças e as famílias, que o Sesc São Paulo assume também como seu papel, assim como a possibilidade de circular entre as unidades do Sesc São Paulo, um sentimento que aparece nas falas com alta valorização.

É evidente que há retroalimentação nas relações entre o Programa Curumim e a escola, mesmo sem haver deliberadamente a intenção de ser complementar ou suplementar, mas o que se vê é que ambos acabam sendo relacionais (um exemplo são as trocas de informações sobre as crianças-curumim e as mesmas crianças-alunos). É nesse sentido que Palhares escreve sobre a importância da diversidade de experiências significativas no percurso formativo e educativo dos sujeitos, para que não haja excesso de presença na escola, ou ainda, uma "risco de hiperescolarização da vida das crianças, com consequências imprevisíveis nos futuros percursos escolares dos alunos"[12].

Pensando no item que chamamos de "contextos", um ponto importante se refere às terminologias que perpassam o universo e os discursos na educação não formal.

Tomando por base a coletânea intitulada *Palavras-chave em educação não formal*[13], cotejamos diversas nomenclaturas citadas, lidas, discutidas, tabuladas e podemos concluir que inúmeras delas são utilizadas segundo as concepções dos autores especialistas, tais como: educação

---
12 José Augusto Palhares, "Reflexões sobre o não escolar na escola e para além dela", *Revista Portuguesa de Educação*, Minho-Portugal: 2009, v. 22, n. 2, pp. 53-84.
13 Margareth Brandini Park; Renata Sieiro Fernandes; Amarildo Carnicel (org.), *Palavras-chave em educação não formal*, Holambra: Editora Setembro, 2007.

não formal; educação informal; animação sociocultural; animador; aprendizagem; brincar; cidadania; cultura; arte; lúdico; esporte; monitor; inclusão digital; museu; pedagogia de projetos; relações intergeracionais; socialização; sociabilidade etc.

As escutas nos levaram a alguns questionamentos sérios sobre as terminologias utilizadas, começando pelo próprio Programa Curumim, que ora aparece como programa, ora como projeto nos documentos pesquisados. Salientamos aqui que se trata de um programa. As concepções para os termos "horário livre" e "registro" são também bastante díspares. Há educadores que se sentem desconfortáveis por não desenvolver atividades com as crianças, assim como há educadores que têm a convicção de realizar um trabalho importantíssimo de avaliação das práticas e orientações do programa durante as observações das crianças.

Quanto ao registro, há educadores que entendem como algo realizado somente por ele, muitas vezes como uma prestação de contas, enquanto outros têm a ampla visão de que os trabalhos das famílias, crianças, convidados são importantes formas de registros e devem compor relatórios e afins.

Isso mostra que há necessidade de assumir concepções claras sobre ambos.

A necessidade de registros das práticas tem a ver com a história, a memória das ações educativas e para não ficarem calcadas na oralidade; entretanto, ainda há confusões ou indefinições por parte dos educadores sobre o que é ou o que pode ser registrado (como entender que as produções infantis são registros). Ao lado do pensar e realizar registros pontuais e sob diferentes suportes, há que se dar especial atenção aos registros reflexivos. Cabe aos educadores e aos coordenadores se debruçarem sobre o assunto e fazer disso um elemento tanto do planejamento como das práticas cotidianas.

Registrar não implica produzir algo reflexivo. A reflexão é uma ação posterior, em que as habilidades do pensar, como estabelecer agrupamentos, categorizações, classificações, ordenações, relações, generalizações, extrapolações, comparações, sínteses, composições, sobreposições, seleções, edições, análises, esforços de interpretação, estão presentes de forma consciente e assertiva.

Como diz Madalena Freire:

> O ato de refletir é libertador porque instrumentaliza o educador no que ele tem de mais vital: o seu pensar. Educador algum é sujeito de sua prática se não tem apropriados a sua reflexão, o seu pensamento. Não existe ação reflexiva que não leve sempre a constatações, descobertas, reparos, aprofundamento. E, portanto, que não nos leva a transformar algo em nós, nos outros, na realidade[14].

Alguns educadores se valeram de suas experiências para produzir trabalhos acadêmicos e dar visibilidade às suas reflexões, como é o caso do trabalho de conclusão de curso de Vita, José e Salomão[15], que estudaram as práticas socioambientais realizadas no Sesc São Paulo oferecendo subsídios teóricos e conceituais para uma educação sustentável. Sente-se falta também de um mapeamento das produções que são feitas sobre o Programa Curumim e por sujeitos que trabalham no Sesc São Paulo como modo de conhecer e se dar a ver o que é feito e pensado.

Tanto no que se refere à educação ambiental posta em prática nas unidades do Sesc São Paulo quanto em relação a outros temas de interesse, como as produções de qualidade que são feitas em razão de haver infraestrutura de materiais e recursos humanos (vídeo, radionovela etc.), é preciso sistematizar o que já existe. Há material à disposição para isso e há espaço para a construção. Dessa forma, estimula-se o ser educador-pesquisador de suas próprias práticas ou das que são postas em ação nas unidades do Sesc São Paulo.

Com relação ao que denominamos "sujeitos" na instituição, especialmente os contratados do Sesc São Paulo, há uma crítica contundente e adequada a uma dita "cultura da polivalência e da burocratização",

---

14 Madalena Freire, *Observação, registro e reflexão: instrumentos metodológicos 1*, São Paulo: Espaço Pedagógico, 1996, p. 39.

15 Hélio Shornik Vita; Mário Filho José; Sônia Joana Jabour Salomão, *Pedagogia da Terra e cidadania planetária como alicerce na inserção da questão socioambiental no Programa Curumim do Sesc SP*, Monografia (Trabalho de Conclusão de Curso), Centro Universitário Senac, São Paulo: 2007.

que atrasa e atrapalha o que deveria ser rápido e imediato. Essa crítica é feita principalmente porque se trata de um trabalho que acontece no trato direto com as crianças, sujeito a imprevistos e improvisos e que precisa acontecer com encadeamento de ações e, muitas vezes, os assuntos e ideias surgem de um dia para outro e, como não há agilidade e presença de superiores para auxiliar, corre-se o risco de esvair ou de cair no vazio o que deve e faz parte do que é próprio do trabalho por projetos e da pedagogia do Curumim.

Nesse sentido, é preciso dar atenção especial à seleção do coordenador, fazendo-se escolhas criteriosas por meio de um elencar de características específicas, habilidades e competências necessárias que ajudem a compor o perfil do profissional do Programa Curumim, no sentido da manutenção ou de sua melhora qualitativa.

A nomenclatura mais recente usada para nomear os profissionais que trabalham com as crianças no programa é a de "instrutor de atividades infantojuvenis", porém a ideia de instrutoria, segundo nossa concepção, não traduz o trabalho exercido por tal profissional. A discussão da nomenclatura desse profissional ocorre junto com questões trabalhistas complexas, segundo os entrevistados. Porém, acreditamos que a instituição deveria eleger os termos que quer e pode legitimar para dirimir confrontos entre leituras/formação e a prática cotidiana. O termo "mediador" tem sido apontado, em discussões institucionais, como o que mais se aproxima das atividades exercidas. Nossa sugestão encontra-se pautada no desejo institucional de socializar as tecnologias educativas produzidas.

Na esteira do pensamento e das práticas de Tonucci, haveria a necessidade de criar mecanismos de escuta da criança, como uma instância denominada Ouvidoria Curumim, tomando a criança como indicador de "desenhos" de educação mais adequados e/ou um Observatório da Infância, fazendo diagnósticos, propondo ações educativas de acordo com demandas dos próprios públicos, indicando leituras e produzindo bibliografias e demais recursos audiovisuais e sonoros que divulguem pesquisas sobre o que é ser criança na modernidade, valendo-se da sociologia da infância e de outras áreas do conhecimento.

Para facilitar levantamentos e mapeamentos sobre aspectos do Programa Curumim é preciso que haja padronização dos modelos de formulários para coleta de informações semelhantes em todas as unidades do Sesc São Paulo, assim como autorização para uso de imagem e voz, conforme foi apontado na pesquisa Tauari, pois isso impede um conhecimento de perto, ou "fotografias" de momentos específicos do programa.

Do mesmo modo, para facilitar esse conhecimento, todas as unidades do Sesc São Paulo precisam datar os registros produzidos nas unidades, pois nem sempre houve esse cuidado.

A preocupação do Sesc São Paulo em focar na reeducação alimentar, um dos eixos de trabalho assumidos pela instituição, precisa ser realizada concomitantemente com crianças e famílias, porque envolve mudanças de hábitos arraigados em contextos culturais e sociais diferenciados.

Pelos relatos aparecem poucas menções a outra preocupação do Sesc São Paulo, que trata da educação ambiental. E, dada a importância do discurso da sustentabilidade, é surpreendente que isso não esteja marcadamente contemplado. As coletas de dados demonstram o que as análises da pesquisa da Tauari já anunciavam: que o índice de crianças que escolhe ou que prefere atividades ligadas à natureza e ao meio ambiente varia de 10% a 11% nas unidades do Sesc Santana e do Sesc Santo André, sendo um índice bastante baixo em consonância com a proposta de Vita, José e Salomão[16], que indicaram a necessidade de desenvolver trabalhos de formação nessa área para os educadores.

Quanto ao aspecto da formação em serviço, há a sugestão de que esses processos formativos envolvam diretamente os gestores, coordenadores, educadores como ministrantes de cursos e palestras, com base em suas trajetórias e experiências, e também palestrantes, que poderiam, inclusive, a fim de ajudar a pensar as práticas já exercidas, apropriar-se do que já existe no Programa Curumim, estabelecendo diálogos. Outra sugestão é fazer intercâmbios dentro do Sesc São Paulo, estabelecendo trocas entre educadores e demais profissionais.

16 *Ibidem*.

Outro pedido que aparece nas falas e merece atenção é a falta de tempo para o amadurecimento de leituras, para se debruçar sobre detalhes de textos a fim de se apropriarem do que foi estudado.

O papel da supervisão também deve ser entendido e encaminhado como um processo formativo, sendo este profissional um acompanhante das ações educativas, de modo a extrair delas problematizações que enriqueçam o fazer e o pensar dos educadores.

No caso dos educadores, é preciso pensar com cuidado o processo seletivo, que se mostra hoje um grande desafio, considerando o número de inscrições (em torno de 12 mil). Valorizar as experiências informais ajuda a compor o perfil desejado e isto pode se dar por meio de redação ou por meio de criação de situações-problema.

As equipes podem ser montadas de forma heterogênea em termos de formação profissional, incluindo profissionais das áreas humanas, sociais, artísticas, biológicas e exatas, já que há uma preponderância da área de humanas, especialmente a educação física e artes.

Em suma, esses foram os pontos que escolhemos para apontar relevâncias e sugestões que contribuam para o Programa Curumim do Sesc São Paulo, bem como para pensar as problemáticas que envolvem a educação não formal no Brasil, na atualidade, a partir do desenvolvimento de crianças de diferentes contextos socioeconômicos e culturais.

Diz poeticamente Calvino que:

> [...] não se pode observar uma onda sem levar em conta os aspectos complexos que concorrem para formá-la e aqueles também complexos a que esta dá ensejo. Tais aspectos variam continuamente, decorrendo daí que cada onda é decorrente de outra onda; mas da mesma maneira é verdade que cada onda é igual a outra onda, mesmo quando não imediatamente contígua ou sucessiva; enfim, são formas e sequências que se repetem, ainda que distribuídas de forma irregular no espaço e no tempo[17].

---

17 Italo Calvino, *Palomar*, São Paulo: Companhia das Letras, 1997, p. 8.

Para a construção do exercício de reflexão neste artigo, o primeiro momento foi o do mergulho, da imersão nos dados do cotidiano e na experiência dos diferentes adultos e crianças; o segundo momento foi o exercício do distanciamento, do afastamento, na tentativa de construir um olhar e uma escuta "estrangeiros", que pudessem suscitar perguntas questionadoras, provocadoras, intrigantes, desafiadoras, curiosas, pontos de partida para a busca de hipóteses e respostas ainda que relativas, provisórias, verdadeiras.

Foi seguindo essa concepção que nos debruçamos sobre as inúmeras representações do Programa Curumim. Para tantas versões que aqui oferecemos, deixamos tantas outras que poderão ser oferecidas em outros momentos.

REFERÊNCIAS COMPLEMENTARES

O QUE LER
Rumos Itaú Cultural. *Visões singulares, conversas plurais.* São Paulo: Itaú Cultural, 2007.

Michael Ende. *Momo e o senhor do tempo.* São Paulo: Martins Fontes, 1995.

Madalena Freire. *A paixão de conhecer o mundo.* Rio de Janeiro: Paz e Terra, 1983.

Italo Calvino. *As cidades invisíveis.* São Paulo: Companhia das Letras, 1990.

_____. *O castelo dos destinos cruzados.* Rio de Janeiro: Record/Altaya, 1973.

Selma Maria. *O pequeno tratado de brinquedos dos meninos quietos.* Minas Gerais: Peirópolis, 2009.

O QUE OUVIR
Antonio Nóbrega. *O marco do meio-dia.* São Paulo: Eldorado, 2000.

_____. *Na pancada do ganzá I e II.* São Paulo: Eldorado, 1997.

Palavra Cantada. *Canções do Brasil.* São Paulo: MCD Gravadora, 2001.

O QUE VER
Como estrelas na Terra. Direção: Aamir Khan e Amole Gupte. Índia: Aamir Khan Productions, 2007, 140 min, son, color.

O jarro. Direção: Ibrahim Foruzesh. Irã: Cult Filmes, 1992, 86 min, son, color.

Sonhos. Direção: Akira Kurosawa. Japão/Estados Unidos: Warner Bros., 1990, 119 min, son, color.

V de vingança. Direção: James McTeigue. Reino Unido, Estados Unidos, Alemanha: Warner Bros., 2006, 132 min, son, color.

SOBRE OS AUTORES

Margareth Brandini Park é graduada em pedagogia, com especialização e doutorado pela Universidade Estadual de Campinas, São Paulo. Como pesquisadora da área da memória, escreveu e organizou livros e artigos decorrentes de pesquisas em prefeituras, escolas, entidades. Foi diretora do Departamento Educacional da Prefeitura de Campinas. Atua como assessora de prefeituras para projetos de formação nas áreas da memória, educação e educação não formal. É autora de vários livros na área educacional e nos últimos anos tem escrito também literatura infantil.

Renata Sieiro Fernandes é graduada em pedagogia pela Unicamp, mestre em educação e doutora em educação pela Unicamp. Foi bolsista Recém-Doutor (Capes-Prodoc) na Faculdade de Educação da Unicamp, no Departamento de Ciências Sociais na Educação (GEPE-DISC). Atualmente é docente do Programa de Mestrado em Educação da Unisal – Americana (SP). Tem experiência na área de educação com foco principalmente nos temas educação formal e não formal.

Anete Abramowicz é graduada em ciências sociais pela Universidade de São Paulo, mestre em educação, história, política, sociedade pela Pontifícia Universidade Católica de São Paulo e doutora em educação pela Universidade Estadual de Campinas. Em 2010, concluiu o estágio de pós-doutoramento de 13 meses no Cerlis (Centre de Recherche sur les Liens Sociaux), na Universidade Paris Descartes, em Paris, na área da sociologia da infância. Tem experiência na área de educação, com ênfase em educação para a infância, atuando principalmente nos seguintes temas: criança e infância, sociologia da infância, diferenças, relações raciais, etárias e de gênero. Atualmente, é professora associada nível 3 da Universidade Federal de São Carlos.

Henrique Barcelos Ferreira é mineiro, educador, curioso, apaixonado por gente, pela natureza, pelos fenômenos do esporte e da educação. A relação entre esses elementos o levou ao curso de educação física e a simbiose entre esporte e educação o levou ao Sesc São Paulo, empresa que trabalha há 14 anos. Fez graduação, especialização, mestrado e doutorado na Universidade Estadual de Campinas. É integrante do Grupo de Estudos e Pesquisas em Pedagogia do Esporte (Unicamp) e do Grupo de Estudos Ócio e Lazer na Contemporaneidade (CPF/Sesc São Paulo). No Sesc São Paulo já trabalhou em seis unidades: atuou como instrutor e gestor do Programa Curumim e dos programas ligados a área de atividades físicas e esportivas, e trabalhou como assistente da Gerência de Programas Socioeducativos, na coordenação estadual dos Programas Curumim e Espaços de Brincar. Atualmente é coordenador de programação do Sesc Bertioga.

Ilona Hertel é pedagoga, especialista em educação, sociologia e história. Atuou em diversas instituições ligadas à educação formal e não formal. Desenvolveu projetos com pessoas em situação de rua e experimentou o encontro da educação com a dimensão social. Trabalha no Sesc São Paulo desde 2004, instituição que não distingue cultura de educação, coordenando projetos, programações e equipes. Atualmente exerce a função de gerente adjunta no Sesc Campinas.

José Carlos Ferrigno é psicólogo, mestre e doutor em psicologia social pela Universidade de São Paulo. Especialista em gerontologia pela Universidade de Barcelona. Especialista em Gestão de Programas Intergeracionais pela Universidade de Granada, Espanha. Docente dos cursos de gerontologia da PUC-SP, Unifesp e Universidade São Camilo. No Sesc São Paulo foi assessor da Gerência de Estudos e Programas da Terceira Idade, editou a revista *A terceira idade* e coordenou o programa Sesc Gerações. É autor dos livros *Coeducação entre gerações* e *Conflito e cooperação entre gerações*, publicados pelas Edições Sesc SP.

Leila Cristina Bonfietti Lima é bacharel em comunicação social, com habilitação em jornalismo pela Pontifícia Universidade Católica de Campinas e mestre em divulgação científica e cultural pelo Laboratório de Estudos Avançados em Jornalismo (Labjor) da Universidade Estadual de Campinas (Unicamp). Possui experiência em comunicação empresarial e institucional, jornalismo impresso e telejornalismo. Tem como objeto de pesquisa as assessorias de comunicação de instituições ligadas à pesquisa, especificamente a Gerência de Comunicação da Fundação de Amparo à Pesquisa do Estado de São Paulo (Fapesp).

Mara Rita Oriolo de Almeida é coordenadora do setor de programação do Sesc Vila Mariana. Mestre em educação pelo programa de Pós-Graduação da Faculdade de Educação da Unicamp; em ciências sociais na educação, pelo GEPEDISC - Grupo de Estudos e Pesquisa em Educação e Diferenciação Sócio-Cultural, com pesquisa em educação não formal. Graduada em Comunicação Social, habilitação em Relações Públicas, pela UNESP Bauru.

Maria Alice Oieno de Oliveira Nassif é bióloga, gerente de Programas Socioeducativos do Sesc São Paulo.

Maria de Lourdes Spazziani é graduada em ciências biológicas e pedagogia. Mestre em educação pela Universidade Federal do Rio de Janeiro, doutora em educação pela Universidade Estadual de Campinas, com pós-doutorado em educação ambiental pela ESALQ/USP.

Atualmente, é professora assistente da Universidade Estadual Paulista Júlio de Mesquita Filho, *campus* de Botucatu, e credenciada no PPG Educação em Ciência, do *campus* Bauru. Tem experiência na área de educação ambiental, ensino da saúde e ensino de ciências, com ênfase teórico-metodológica em psicologia histórico-cultural.

Maria Isabel Ferraz Pereira Leite é graduada em pedagogia e mestre em educação pela PUC-Rio. Doutora em educação pela Unicamp, com pós-poutorado em arte-educação pela Roehampton University, Londres, na área de educação em museus (2007). De março de 2003 a julho de 2008, foi professora titular do Programa de Pós-Graduação em educação (curso de mestrado) e dos cursos de artes visuais e pedagogia da Universidade do Extremo Sul Catarinense – Unesc, em Criciúma (SC). Foi uma das fundadoras e coordenadoras do Museu da Infância, de 2005 até o fim de 2010. Atualmente, é pesquisadora e consultora autônoma na área de educação, infância, formação e espaços formais e não formais de educação. Permanece membro do Conselho Gestor da Rede de Educadores de Museus de Santa Catarina (REM-SC) e associada ao International Council of Museums (ICOM).

Valéria Aroeira Garcia é graduada em pedagogia e doutora em educação pela Unicamp. Possui longa experiência profissional no campo da educação não formal, na atuação prática e como educadora e coordenadora, atuando na gestão de programas públicos no campo da educação não formal em Secretaria Municipal de Educação. Atualmente, é supervisora educacional da Prefeitura Municipal de Campinas (SP), onde atua na gestão de ações intersetoriais, com foco na proteção da criança e do adolescente e no fortalecimento de conselho de escolas.

AGRADECIMENTOS

Às crianças e ex-frequentadores que nos brindaram com seus inventivos pensamentos, falas e desenhos de forma a nos darem acesso aos seus imaginários, suas formas de sentir e de se expressar;

Às famílias das crianças curumins que aceitaram partilhar suas experiências, bem como autorizaram a participação de seus/suas filhos/as nesta pesquisa;

Aos educadores do Programa Curumim que gentilmente nos auxiliaram, deram suporte e contribuições importantes para entendermos um pouco do muito que desenvolvem com as crianças em seus trabalhos pedagógicos;

Aos coordenadores e gestores do Programa Curumim que facilitaram o acesso, forneceram materiais, sanaram dúvidas, proporcionaram maior conhecimento sobre o programa destinado às crianças;

Ao Sesc Memórias pela abertura de seu acervo, pelo levantamento de materiais significativos e disponibilidade constante;

Ao Sesc São Paulo e os Programas Curumins espalhados em muitas unidades, por acreditarem e validarem a crença na educação ampliada na cidade e por se importarem com as crianças e seu tempo de infância.